HERMES

在古希腊神话中，赫耳墨斯是宙斯和迈亚的儿子，奥林波斯神们的信使，道路与边界之神，睡眠与梦想之神，亡灵的引导者，演说者、商人、小偷、旅者和牧人的保护神……

西方传统 经典与解释 **HERMES**
Classici et Commentarii
政治史学丛编
Library of Political History
刘小枫◎主编

普遍历史中的政治单元及其权力

Philosophie der Politik
Einheiten und Mächte der Universalgeschichte

[德] 奥托·韦斯特法尔 Otto Westphal ｜ 著

罗晓军 ｜ 译

中国人民大学科学研究基金
"'普遍历史'观念源流研究"项目成果(项目批准号:22XNLG10)

"政治史学丛编"出版说明

古老的文明政治体都有自己的史书,但史书不等于如今的"史学"。无论《史记》《史通》还是《文史通义》,都不是现代意义上的史学。严格来讲,史学是现代学科,即基于现代西方实证知识原则的考据性学科。现代的史学分工很细,甚至人文—社会科学的种种主题都可以形成自己的专门史。所谓的各类通史,实际上也是一种专门史。

普鲁士王国的史学家兰克(1795—1886)有现代史学奠基人的美誉,但他并非以考索史实或考订文献为尚,反倒认为"史学根本不能提供任何人都不会怀疑其真实性的可靠处方"。史学固然需要探究史实、考订史料,但这仅仅是史学的基础。史学的目的是,通过探究历史事件的起因、前提、形成过程和演变方向,各种人世力量与事件过程的复杂交织,以及事件的结果和影响,像探究自然界奥秘的自然科学一样"寻求生命最深层、最秘密的涌动"。

兰克的这一观点并不新颖,不过是在重复修昔底德的政治科学观。换言之,兰克的史学观带有古典色彩,即认为史学是一种政治科学,或者说,政治科学应该基于史学。因为,"没有对过去时代所发生的事情的认知",政治科学就不可能。

亚里士多德已经说过:"涉及人的行为的纪事","对于了解政治事务"有益(《修辞术》1360a36)。施特劳斯在谈到修昔底德的政治史学的意义时说:

> 政治史学的主题是重大的公众性主题。政治史学要求这

一重大的公众性主题唤起一种重大的公众性回应。政治史学属于一种许多人参与其中的政治生活。它属于一种共和式政治生活,属于城邦。

兰克开创的现代史学本质上仍然是政治史学,与19世纪后期以来受实证主义思想以及人类学、社会学等学科影响而形成的专门化史学在品质上截然不同。在古代,史书与国家的政治生活维系在一起。现代史学主流虽然是实证式的,然政治史学的脉动并未止息,其基本品格是关切人世生活中的各种重大政治问题,无论这些问题出现在古代还是现代。

本丛编聚焦于16世纪以来的西方政治史学传统,译介20世纪以来的研究成果与迻译近代以来的历代原典并重,为我国学界深入认识西方尽绵薄之力。

刘小枫
2017 年春
古典文明研究工作坊

目 录

中译本说明（刘小枫） …………………………………… 1

第一章 序言或当代合唱 ………………………………… 1
 世界大战 ……………………………………………… 1
 德国观批判 …………………………………………… 2
 民族主义者 …………………………………………… 4
 和平主义者 …………………………………………… 6

第二章 德国的政治元素 ………………………………… 10
 一 政治人 …………………………………………… 10
 二 认识系统 ………………………………………… 14
 三 德国的国家形成与科学 ………………………… 27

第三章 东方文化圈 ……………………………………… 32
 一 外在条件 ………………………………………… 32
 二 内在形式 ………………………………………… 36
 三 东亚 ……………………………………………… 42

第四章 西方和希腊人 …………………………………… 46
 一 范围 ……………………………………………… 46
 二 胜利 ……………………………………………… 50
 三 后续影响 ………………………………………… 57

第五章　西方和罗马 ………………………………… 63
　　一　恺撒和奥古斯都 ………………………………… 63
　　二　上帝之城 ………………………………………… 70
　　三　皇帝与教宗 ……………………………………… 77

第六章　西方和海外 ………………………………… 90
　　一　文艺复兴 ………………………………………… 90
　　二　国家的诞生 ……………………………………… 102
　　三　西班牙和荷兰 …………………………………… 109
　　四　法国 ……………………………………………… 115
　　五　英国 ……………………………………………… 125

第七章　德意志文化圈 ……………………………… 144
　　一　新教 ……………………………………………… 146
　　二　辩证法家和象征主义者 ………………………… 154
　　三　普鲁士 …………………………………………… 176

第八章　结语：过去和未来 ………………………… 196
　　历史认识的界限 ……………………………………… 196
　　回顾 …………………………………………………… 198

附录　歌德的色彩学所反映的世界历史 …………… 204

中译本说明

刘小枫

"一战"后的德意志共和国（史籍多称"魏玛共和"）的国名仍然是 Reich［帝国］，它有 14 年历史，但其历史面目却因随后德意志第三帝国的 12 年历史而迄今模糊不清。晚近美国的一位自由主义政治史学家这样写道：

> 没有任何历史事件是事先注定要发生的，纳粹的胜利无疑也是如此。魏玛时期的冲突和局限当然助长了纳粹运动，但如果将魏玛［共和］只看作第三帝国的序幕，那就是一派胡言。魏玛德国是一个精彩而激动人心的时代，这一时期诞生的很多艺术作品、哲学思想和政治想象提供了一个更美好世界的光明前景。这些远见卓识对于今天的我们仍然是有意义的。①

这位史学家是以研究启蒙运动闻名的德裔美籍史学家彼得·盖伊（1923—2015）的弟子。盖伊也写过研究魏玛共和的专著，他关于当时普遍流行一种"集体幽闭恐惧症"的说法十分著名，据说这种"集体幽闭恐惧症"（kollektive Klaustrophobie）来自"令人不快的生存空间"，尽管这并没有妨碍魏玛文化史成为一部

---

① 埃里克·韦茨，《魏玛德国：希望与悲剧》，姚峰译，聂品格校译，北京：北京大学出版社，2021，页 xiii。

"短暂而璀璨的文化传奇"。①他的学生韦茨把这一论断提升到更高层次:"魏玛德国是一个精彩而激动人心的时代",其"民主制度、文化创新、性开放、社会改革"等等,即便在"百年之后"的今天,也"应得到认可和褒扬"。②

这两位自由主义的文化史学家都没有提到,魏玛共和时期在史学方面的丰富成果是否也算得上是这个"精彩而激动人心的时代"的表征——抑或不过是"集体幽闭恐惧症"的表征。路德维希·德约(1888—1963)是老派自由主义的政治史学家,而且不是盖伊那样的德裔美籍人士。魏玛共和立国那年,他刚30岁出头,亲身经历过那14年动荡而又波谲云诡的历史。在他看来,当时的德国知识人并没有因战败而灰心,"反而变得更加自信",更加体会到德国"作为一个国家拥有的力量"——所谓"集体幽闭恐惧症"根本就无从谈起。魏玛共和时期的智识人对战败念念不忘,"不是为了弄清德国为什么失败,而是想证明它不应该失败"。③

德约尤其指的是当时的德国史学家。由于德意志成为统一的"人民国家"为时不长,仍处在成长过程之中,相比于那些发展比较成熟的国家而言,德国的史学研究对国家成长走向的影响更大。史学家奥托·韦斯特法尔(1891—1950)的这部世界史著作,可以佐证德约所言不虚,尽管两人的政治思想立场和史学观念几乎南辕北辙。

韦斯特法尔比德约仅小3岁,19岁那年(1910)上大学,起初就读弗莱堡大学,不久转到柏林大学,受教于新兰克学派的大

---

① 彼得·盖伊,《魏玛文化:一则短暂而璀璨的文化传奇》,刘森尧译,合肥:安徽教育出版社,2005,页111。
② 埃里克·韦茨,《魏玛德国:希望与悲剧》,前揭,页 vii。
③ 路德维希·德约,《德国与20世纪世界政治》,章利钦等译,北京:中国社会科学出版社,2025,页25。

师之一马克斯·伦茨（1850—1932）。后者在魏玛共和时期发表了著名的反思性史学论著《大国圈中的德国：1871—1914》（1925），此书的确"不是为了弄清德国为什么失败，而是想证明它不应该失败"——如果德国没有背离俾斯麦所规划好的发展道路的话。①

"一战"胶着之际（1917），韦斯特法尔在慕尼黑大学获得博士学位，其导师埃里希·马尔克斯（1861—1938）同样是新兰克学派的殿军人物，他的两卷本大著《帝国的崛起：1807 至 1871/1878 年的德意志史》（1910/1915）是这个学派的标志性作品之一，至 1935 年印行 28 版。②获得博士学位后仅仅一年，韦斯特法尔就经历了德国帝制转型为共和制的大动荡，而他则在动荡中写下了自己的第一部世界史论著《普遍历史中的政治单元及其权力》——时年刚好 30 岁。

此书的主标题虽然是含混的"政治的哲学"，但从目录就不难看出，作者试图从世界史视角反省德意志帝国的历史命运，以此扫除笼罩着魏玛共和国的沮丧阴霾：起头两章直接针对当时的德国知识界发议论，然后从"有人居住的地球第一次成为一个统一的政治舞台"的"东方文化圈"开始讲述普遍历史，最后以"德意志文化圈"结束。史学史家认为，此书表明作者以揭示史

---

① Max Lenz, *Deutschland im Kreis der Großmächte*, 1871-1914, Berlin: Deutsche Verlagsgesellschaft für Politik und Geschichte, 1925。比较 John L. Herkless, *Idealism and the Study of History. The Development of the Historiography of Max Lenz*, Birmingham, 1977。

② Erich Marcks, *Der Aufstieg des Reiches. Deutsche Geschichte von* 1807-1871/1878, 2 Bände. Band 1: *Die Vorstufen*, Band 2: *Bismarck*, Stuttgart: Deutsche Verlagsanstalt, 1936; 详参 Hans-Heinz Krill, *Die Rankerenaissance. Max Lenz und Erich Marcks. Ein Beitrag zum historisch-politischen Denken in Deutschland* 1880-1935, Berlin: De Gruyter, 1962, S. 249-255。

学与形而上学、政治与宗教、权力与精神之间的历史联系为使命，试图将黑格尔式和兰克式的世界史这一"对立"模式融为一体。与黑格尔和兰克一样，对韦斯特法尔来说，德意志帝国是世界历史发展的顶点，而它在第一次世界大战中之所以战败，不过是因为它一直被其他列强及其联盟所包围，但"他们用毁灭我们的意志提升了我们"——这话足以佐证德约的那个论断。

完成这部史书的 24 年后，韦斯特法尔再次亲睹了德国的战败——德意志帝国是世界历史发展顶点的信念成了美军航弹和苏联喀秋莎火箭炮下的一堆瓦砾。德国的这次战败同样可以被归因于它一直被其他列强及其联盟所包围，但韦斯特法尔已经不能再说"他们用毁灭我们的意志提升了我们"。他重新开始史学反思，打算写一部篇幅更大的普遍历史论著——由于突然病逝，他仅完成了名为《诸神相遇》的世界史大著的最后部分。①

不过，韦斯特法尔临终前还是留下了一部篇幅虽然不大却别开生面的世界史作品——《歌德的色彩学所反映的世界历史》。这是德国的两次战败促使韦斯特法尔思考普遍历史的最后成果，他的思考从历史与政治的关系转向了历史与自然的关系。若与韦斯特法尔在 1921 年发表的普遍历史论著对观，德约还会说他"不是为了弄清德国为什么失败，而是想证明它不应该失败"吗？

---

① 奥托·韦斯特法尔，《东西方之间的欧洲：现代世界政治史（1750—1950）》，刘齐生译，北京：中国社会科学出版社，2025。

第一章　序言或当代合唱

> 政治家和学者的智慧执着于既定之物，琐碎地固守日常的微薄利益，从不追问国家建筑的根基，这种智慧能持续多久？这种堕落也许会将后代埋葬于废墟之下？
>
> ——达尔曼（Dahlmann）

世界大战

[9]上一次战争的历史特征体现在两大现象上。这次战争是整个世界的首次共同经历，是世界时代纪元（Weltperiode）的第一次显明表现。在世界时代纪元中，各种各样散落在全球的特殊发展凝聚为一种共同发展的运动。德意志人作为引燃全球体验的引芯，作为各国权力意志和情感世界的汇聚点出现了。理解这一德国立场不仅仅是一个民族问题，更是一个智识关切。

我们承认批判精神的合理性。这种精神在评价生命体时，不会像个体或民族的英雄主义那样强行占据事物中心，因为这样会败坏纯粹思考的根基。我们寻求一种认识的力量，这种力量即便在自身存在受到质疑的情况下，仍能在一个世界时代广泛的力量较量的基础上确立自身。然而，谁若要抵抗因意志（Wille）而导致的认知麻痹，他就更有理由去对抗因不情愿（Unwillen）而引发的认知麻痹。认知的目标不仅可能因道德上的强势而被遮蔽，也可能因道德上的无力而被蒙蔽。

[10]当世界历史进入各民族和各文化在同一舞台上全面交汇的阶段时,当普遍生活重新拓展并首次真正席卷全球时,普遍历史同时也成为德国历史的一个命运。世界的所有代表们联合起来反对我们,以使我们陷入孤立。他们想要摧毁我们的意志,这反倒使我们振奋。

海外的、西方的、东方的生活都陷入了危机。德意志文明圈同属于这些生活圈,在它出现之后,这些生活共同崛起,最终达到了顶点。德国的命运始终是将对立的力量吸引到自己身边,并发展更全面的人性潜能来平衡其土地上它们之间的无限冲突。

最初,德意志是哈布斯堡王朝(Habsburg)和法国争斗的战场,或者是为争夺加拿大和东印度而博弈的地方;最后,它成了一座堡垒,俄罗斯人、法国人和美国人都无法进入,德意志的战壕就设在他们的边界之前。经过一个伟大王朝两百年的努力,核心王国得以建成。

世界历史在一个宇宙性的转折点上与聚集于此的精神相遇,从此带领他——迄今为止仍坚持默默沉思自身和周围力量的精神——从黎明走向存在的正午。

德国观批判

[11]这是我们的命运。但在正午的阳光下,我们的视线变得模糊。我们灵魂的形象仍被痛苦地遮蔽着。来自西方和东方的陌生学说赋予我们灵魂。而我们还没有从自身的局限中解脱出来,仍然困于对风景和无限的向往。因此,这场战争的事变还未结束。敌人试图从自身出发来描述这场游戏。他们早已熟悉自己的角色。相反,我们还无法理解那赋予我们意义的世界精神。"1914年

理念"(Ideen von 1914)尚未成形。但排练不是演出。我们走下了舞台,但我们并没有失去它们,除非我们沉沦于对自己错误的微小诠释。

我们坚持我们抵抗的意义。否则我们又如何能够战胜自身呢?在这个被毁坏的帝国中,不会有安宁和恢复,不会有经济的复苏,也不会有精神的安逸!不,我们感到,即使面对全球级别的动荡,穿透人类核心的力量仍然鞭策着我们前进。正是对上一次世界阵营分裂的记忆,重新唤起了我们实现生存意义的激情。

在战争的深层时刻,我们已经意识到隐藏在事实背后的象征性权力对立:并非二十二个力量,而是整个世界[12]的敌意促使我们逼近自己本质的核心。从后一个方面来说,这场斗争并不只是关于平等民族之间的较量,而是一场更深层次的冲突。

我们与敌对世界之间存在着一个普遍的区别。我们感到,我们面对的是那些从完全成熟、封闭的存在中汲取力量的强权,它们具体代表了世界发展至今的理想,因此它们能够毫无困难地在各处传播这一事实,无论是在它们自身的国家、在中立国,还是在我们的国土上。而且我们意识到,我们应该捍卫的不是一种封闭的、已完成的生活,而是一种正在形成的、强大无比的生活。从这种最高的自由认知出发,我们认识到,这场斗争远没有带来实质性的德国胜利,最多只是德意志人的一次胜利,因此在这种时刻,我们已经超越了对失败可能性的恐惧。我们从一开始就感觉到,我们面对的不是一场剧烈的危机,而是一连串的抉择。

确实,这种命运妨碍并最终瓦解了我们在这场战争中的抵抗。在此过程中,我们遭受了双重的诱惑和迷失。这些诱惑和迷失必须首先得到关注和正视。

一方面,我们忘记了自身的不成熟、我们的自由和未来,陷入了一种[13]虚假的权力感之中;另一方面,我们忘记了我们的历史、我们的局限性和我们的当下,沉溺于一种糟糕的无力感中。

民族主义者

我们来描述一下这些势力吧！首先，尽管存在各种政党的分歧，尽管我们能激烈地感受到他们彼此的对立，但在关于人类结构的问题上，出现了一个出人意料地团结的方阵。这个方阵主要由各个科学领域的顶尖学者组成，包括历史学家、哲学家、国民经济学家、神学家和地理学家。他们通过源自我们伟大教育时代的理想主义脉络而团结在一起，通过一种以特定的实质性理想为目标的意识而相联系，这些理想主要是爱国、民族、自由和个性。这是一个具有相同的终极价值观的群体，从泛德意志派（Alldeutschen）到"德国派"（deutschen）和社会民主党派（Sozial-Demokratie），尽管他们在内部特别是在对权力与法、权力与自由的关系的看法上，在根据当时的情势而形成的见解上，可能会有很大的分歧。他们不再像在[19世纪]70年代"民族自由主义"（nationalen Liberalismus）的古典时代那样能够在政党政治上组织起来，而恰恰那些在最终意义上以民族伦理为导向的政党（例如泛德派和部分民主党人）相互之间展开了最激烈的日常争论，但这并不会否定这种思想史上共同性的真实存在，[14]而只是证明了这种过程的矛盾性。因为它陷入了人为的、策略性的矛盾之中，所以它甚至无法形成对自身的充分意识，从而出现了那混乱的"祖国党"（Vaterlandspartei）理想的典型局面。

在"祖国党"以及与其对立的"政党"中，物质与精神都陷入了混乱。从左翼到右翼，物质利益都掌控了民族思想。这种物质主义的思维方式产生了一种精神上的相对主义，因而导致民族思想的凝聚力逐渐丧失。而那些支撑它的最深层、最有价值的力量，即旧普鲁士的力量，也无法赋予它新的生命。相反，这些旧普鲁士的力量似乎更像是一种分裂性力量,而不是一种组织性力量。鲁登道夫(Erich Ludendorff,1865—1937)关于民族精神可加以纪律约束的信念完全破灭了。

严肃的精神调解完全无法应对这种分裂。首相霍尔维克(Theobald von Bethmann Hollweg,1856—1921)的个性再一次展现了理想主义立场的纯粹典范,他站在国家的领导位置上,但已经不受欢迎。他与我们的历史内容的联系不再能带来安慰。这种联系在他自身内部是否还具有力量呢?

霍尔维克的垮台实际上是精神危机的一种症状。因为无论是取代"权力"而呼吁简单地追求"权力与法",还是一些更敏锐的思想家[15]反思那条介于乌托邦与暴力政治观点之间的"狭窄界线",都已经没有再生性的思想在其中起作用了!

确实,一种危险的态度可能在这里萌发,这种态度饱含了时代的追求。因为当全面理解的意图与自我批评的意图相结合,再加上推动生活的意图,往往会轻易发展出一种辩证法。这种方法似乎暗中沉湎于对立本身所带来的快感,并从单纯的对立出发误构出一个关于中庸与丰富的伪概念。这就是对事物的错误历史化。这一点也许在民族自由主义与俾斯麦(Bismarck,1815—1898)的关系中表现得最为明显。在旧帝国时期,历史学家们操心于把我们生活的命运轨迹引向俾斯麦,把他们自己带有偏差的假设献给俾斯麦所创造的事实,而现在,他们却想把这些轨迹从俾斯麦那里逆转过来,并且准备从历史的角度来看待他们自己的观点,从而让民族对他们的教诲产生怀疑。就连诗人也敢于把我们的命运描绘成田园诗,甚至表达一种对我们当前与未来"也许会好"的虚妄的信心。

> 因世界精神也可能利用
> 伪善者(即敌人),

以便通过令人警醒的失败
拯救最重要的灵魂(即我们的灵魂)。
——托马斯·曼,《孩童的田园牧歌》

[16]黑格尔辩证法的力量已在这些人的怀疑中消耗殆尽。对未竟的德国可能性怀有敬畏,并未妨碍他们承担起我们现实历史存在的使命。但是,我们必须克服那种浪漫主义,这种浪漫主义在"现实主义"历史学家和伪哲学家的时代比在诗人和思想家的时代还要根深蒂固。我们绝不能激发德意志民族性的历史伟力,那只会让它越来越远离我们。正因为它日渐远离,我们才对它怀有敬畏之心,并不是因为已经阐明的事物,而是因为我们前行道路上的未阐明的事物。新的内容当然只能从生活和权力的核心中产生,但这是通过一种从未来而非从过去汲取力量的意志来实现的。这种意志不会将民族的神圣财富当作满足需求的容器。它可能更深地亵渎这无形的精神吗?

和平主义者

艺术和文学早已走上了不同的道路。它们以果断的极端主义抓住了这里的时间性和那里的永恒性,因此摆脱了平衡政治与精神、民族与普遍人类、过去与永恒之物的意志的紧张状态,摆脱了某种非创造性的形式。因此,我们的自然主义与"新浪漫主义"-神秘主义诗歌就从这种相似的对立根源中诞生了。这种体验再次突破了一种为历史和道德的总体性[17]所束缚的意志。人们以崇敬之情称呼那位将这种体验重新引入哲学和历史的大师威廉·狄尔泰(Wilhelm Dilthey,1833—1911)。他之所以成为一代人的英雄,正是因为他从那种纯粹观照的立场出发,打开了新的视野,即自身的国家与时代也不得不被置于条件性和可变性之下——这一法则支配了一切时代之最终性格。于是,"理想化现实"的桥梁便不再可能建立起来。

然而,这一代人却充满了一种对"反对本身"的激情。思想的深度退居其次,取而代之的是表达的力量和纯粹生命的概念。尼采成了他们的领袖,超人变成了他们的理想。他们从自然科学中引入了未经批判就投入使用的生物学类比。最终,纯粹的生命概念还得到了神秘主义的深化。即使在最新的悲剧中,也未能摆脱那种同情感所引发的神秘自然主义,几乎没有表现出任何悲剧的秩序。在此过程中,一种纯粹、形式严谨之物力图表现自己,仿佛要在世界的接触中圣化自身。斯蒂芬·格奥尔格(Stefan George,1868—1933)的抒情诗便是这样形成的。他在抵抗的同时,创作了他的战争颂歌。在更年轻的一代中,彻底形成了一种富有幻觉色彩的倾向,即试图在事物之间塑造无形之物,去表现一条道路的流动感或一种动物的感受。这种倾向在心理学与绘画的结合中达到了顶峰,充分体现了那个时代的趋势。因此,那个时代在面对[18]"本质"时屈服了,缺乏构建"体系"的能力。有一些最新的绘画作品,尽管展现了对精神内容的卓越直觉,却因目标的不纯洁性而彻底丧失所有的艺术力量。

这刻画了当代德国情感的特点,即历史处境的实证性没有进入任何艺术意图之中,因为德国情感未能接近当下世界的政治内容。相反,当我们的诗歌受到战争的启发时,它完全背离了事件的意义,没有在其人性中寻找,而是在其非人性中寻找灵感。战争在这里被视为一场道德的灾难。

当时的战争被孤立地看待,仿佛它是为了自身的目的而存在,展现出一种赤裸的非理性。人们希望以这种方式理解战争,以便使消除战争的决心成为出发点和最终目标。这种思潮被称为"激进主义",它不仅反对被视为传统观念的历史导向思维,还反对那些不关心政治的所谓"无用之人"。

　　精神的激进化和政治化在这里得到了宣扬。然而,这种激进化和政治化最终引发一种"毁灭我们的神圣闪电"的观念。甚至在鲁登道夫的民主派对手中,这种无耻态度也受到了一种不光彩想法的诱惑,即认为德国的胜利本身就与世界计划背道而驰。正是出于一种真实的世界感受,即意识到现存民族理念在展现未来生活方面的绝对不足,我们在一开始就扼杀了自己的胜利。

　　但是,只有那些坚定地追求德国胜利的人[19]才有权持有这样一种立场,即如果当前不能将德国法律强加给世界,那么现在的胜利者就不会再出现在立法权力机构中。其他人——他们的奖赏也止于这个和平本身——无权质疑或否认敌对力量的理想使命。这种结局恰如其分地反映了他们的态度,他们无法通过道德约束将苍白思想的尾声转化为对现实的理解和执行。

　　我们普遍冒犯了物质的崇高性。我们相信,凭借纯粹的思想和受难者的纯粹道德,可以创造出一种新的、更好的尊严。在这一点上,康德主义者和陀思妥耶夫斯基分子(Dostojewskianer)达成了一致。当我们欢迎1801年那种日子的回归时,当我们在历史的"节奏"中高兴地承认深渊时,我们亵渎了席勒那崇高的安慰之言——德意志人的独特价值并不依赖于政治的伟大。

　　文化界这种强调政治态度的反对精神,尽管宣称了各种积极行动,但其本质上仍然具有完全的文学出身。针对现存之物——国家和文化的民族-政治领导——的"表达"发展成了对事物本身的逃避,发展成了一种不受以客观方式证明自己的意愿影响的智慧,它不反对破旧的文化内容,却对虚幻的景象抱有强烈的舒适感。这种智慧展示了那些因没有抵抗而很容易把控的[20]幻象:没有什么能阻挡根本对立面的崩溃。怀疑论、辩证法和非创造性的历史化也为此奠定了基础。西方的激进启蒙也许可以与东方的静观神秘主义相结合,以迎接虚幻,仿佛虚幻注定要战胜真实;犹太人尤其敏锐地感知到了这一精神时刻。

为了概览这种精神在各个领域的影响,人们付出了巨大努力。我们的主要出版商都对此予以了关注,并创造了巨大的经济繁荣。然而,尽管人们热情高涨,但这种努力终究只是对"天才"的讣告式拔高,而绝非一次真正有组织的重建。同一种势力在一个夏天盛行,而在另一个夏天,另一种势力以卓越的理智明晰性论证前一年的荒谬。

因此,在新帝国的几十年间,我们的精神状态同时受到了我们意志的过度紧张和分裂的影响,以及我们内心深处渴望的急剧更替的影响。

一种刀剑文化虽然不乏艺术的伟大,正如在卢登道夫的经典文学作品书中无意流露出来的那样,却缺乏对外政治领导,是一种相对堕落的物质繁荣,是一种单纯主观上得体的历史反思,是一种革命的激情,其最后的生物学凭证无法胜任战争的需要——这些都是[21]在战争和革命中伴随我们的力量编织而成的地毯图案。这正是死亡形而上学的材料!

负责的画家会将所有这些特征融入时代的画面中。而对于我们这些并不渴望如此详尽画面的人来说,仅仅指出这一点已经足够了:我们虽然经常自诩具有历史洞察力,但实际上我们最多只是从外部观察历史现象,我们并没有培养出深刻理解政治关系的能力。

第二章　德国的政治元素

> 哲学——它不再是科学,而是成了生活——柏拉图所说的 politeuein[理想城邦的生活],即伴随并且身处道德总体中的生活。
>
> ——谢林,《全部哲学尤其是自然哲学的体系》

一　政治人

[25]我们所体验的奇特的国力上升超出了我们的沉思力量,这摧毁了我们。我们不再能够思考自己的存在,也就是不再能够领悟到存在的真理。我们所做的不是思想劳动,不是对我们命运的思辨把握,而是对发生在我们身上的事情单纯的描述、观察、赞美、盲从和无意义的讨论。

尽管我们也能沉浸在对康德、歌德和黑格尔等伟人的怀念中,以期赋予他们在一个毕竟截然不同的世界中思考和创作的内容新的意义,但这只会得出有关我们过去的错误见解;我们虚构了一种所谓和谐的人性形象,而这其实是源于我们自身思维的懒惰与疲软,并将其强加于我们所自豪地宣称的祖先身上。

如何能够理解歌德的真正悲剧,从而使他的"奥林匹亚品性"(Olympiertum)真正变得可以理解?而对歌德真正悲剧的认识又怎么会导致我们通常面对令人费解的事件所抱有的那种傲慢而消极的宁静呢？半真半假的精神遗留观念浮现出来，伴随着一系列无用的范畴，这些范畴支配着我们的思维，[26]却未能促使我们去塑造客观世界。① 随着对上述关联的探究、批评，以及继续胡编乱造，最终再无人试图去适应时代的残酷。

我们是否会在自己的内心循环中沉沦，有时毫无原则地爱上材料，有时又用绝对的方法强行扭曲它？我们有一个点，从这个点出发，我们可以重新组织我们的力量。现在关键是要到达这个点。

我们的种族有一种独特能力，能够在元素及其本质的最终趋势中徘徊，即使不能赋予它们解放性的创造表达。这当然不是一种永恒的生活，也不是一种不可战胜的持久性赋予了这种能力。如果这种能力以懒惰的信念依赖自身，它就必然走向自我毁灭。然而，它仍然赋予我们重新呼吸的力量。在我们性格的深处，在这个世纪的思想史中所有精神忙碌的深处，我们仍然能感受到我们思想的最后元素。即便是对于后黑格尔时代那个既立场鲜明又缺乏想象力的文化，我们仍然明白其中的要旨。仔细观察[27]当前德国党派中的主流立场，我们可以看到，这场冲突虽然不够充分，但仍然是一场神圣力量的较量。历史的反思与纯粹的理念、温和、内心的恐惧、讽刺、严肃与否定，这一切都可追溯到我们精神的两个主要目标：追求绝对性（Unbedingtheit）与反思性（Besinnlichkeit）。

我们始终被两种意志趋势所充盈：一是追求绝对文化形式的倾向，另一是体验所有可能文化的倾向。无论是陷于物质、沉浸于幻想，还是被历史主义-理想主义的综合所束缚，无论是在此处僵化为范畴，或是在彼处消融于无尽，我们生命的源泉尚未完全枯

---

① 似乎康德关于精神主观立法的学说在此承担了一种灾难性的角色。它僵化为一种形式主义的方法论主义，从而失去了与客观事物的有益摩擦。它不再与物质的力量和抵抗相互渗透。因此，甚至国家的重大问题也被新康德主义的科学以文化哲学和社会学的方式埋葬了。

竭,依然保留着那些能够推动我们上升的元素。

我们的精神如何能够从绝对性与反思性这两个基本要素中重塑其自由?

这两个基本要素之所以在我们的现实行为中未能发展为一个精神整体的有机部分,是因为缺少使它们在逻辑上相辅相成的部分:政治性格。唯有在一种真正的政治体验中,"对所承担之物"的意志(即绝对性的意图)和"对既定之物"的理解(即反思性意图)才能重新汇聚一体。

当然,这里涉及的是最高意义上的"政治"人性:它不仅仅是对"国家"这个对象的关注,而且是在国家之中的一种灵魂样态,一种主观的[28]人世行为,可以说是一种宗教。

这种人世行为将无限视为既定之物,将有限视为必须承担之物(而不是相反)。它是从无限的、可能的物质中产生出有限的、现实的形态的过程:对这一可能性领域的洞察——无论涉及的是哪一个文化领域,无论是实践的还是理论的领域——这正是我们所理解的"政治"天才的任务,无论他是政治家、学者还是艺术家。在自身的完整有限性中表现出任何既定可能性的无限性,这样的现实化才可以称为我们意义上的"政治"现实化。并不是所有的文化形式在任何时候都能代表无限。有些只是形式主义的,所谓的不可能的存在状态。政治智慧的任务是区分具有代表性的现实化与仅仅是依赖传统或其他条件的现实化,区分形式的现实与糟糕的经验。政治智慧同时关注权力和形式。

那些在埃斯库罗斯(Aeschylos)的戏剧创作和伦勃朗(Rembrandt)的绘画呈现中所体现的追求普遍深度的最深层次的法则,同时也形成于特定的时代氛围:前者的戏剧表达的生命力源于东西方世界的第一次冲突,而后者的绘画反映出的则是[29]西方与东方交融最终的成熟形象。这一文化冲突的开端始于波斯战争,其终结则体现在十字军东征中,并通过艺术作品的纯粹法则得以展现——如在埃斯库罗斯戏剧中合唱队与演员关系的崭新悲剧性秩序中，或在伦勃朗绘画中明暗对比的分布中。在艺术从戏剧性的自由走向绘画的深邃的过程中，所有的东西方政治联系都被"扬弃"于艺术之中。当伦勃朗定居于阿姆斯特丹的犹太区时，他的艺术便接纳了所有这些联系，使其内化为创作的精神结构。

并非所有精神的影响在任何时候都是可能的。一个小说化的时代只会产生附庸风雅的模仿或戏剧的大段断简残编。时代人物的伟大并不在于对小说、绘画、戏剧或历史的永恒意志，而是在于能够从那个时代虔诚的情感中读取出形式的能力，这些形式正是物质存在的理由。

这不是在概念中表述政治人本质，而是一些在此只能给出的提示。

但是我们应该如何掌握政治人呢？是否会有重复我们本质的两个基本倾向至今未解决的危险，一个是虔诚情感陷入对时代条件无创造力、无形的反思，另一个是绝对的意志消解为对个别艺术、科学、国家宪法等可能性或不可能性的抽象演绎？

[30]这使我们更清楚地定义了问题。到目前为止，我们仅通过政治人性的概念表达了一种精神上的前提，一种尚未具象化的态度，我们已经使其成为一个宗教概念。

能否从宗教中产生新的德意志形式，这样一来，我们新存在的价值是否在根本上将是一种宗教价值？

只有当宗教的基础能够催生出具体且独立的精神现实时，我们的生活才能在其形式中得到完善。从单纯的内在世界无法发展出客观的形态，它只有在作品的自由中才能得以展现。

在其他国家，可能会有一种通过纯粹宗教激情的语言表达出来的东方生活的完成：个人的独立成为一种安于自身的终极力量，就像基督在十字架上所表现的那样，这在德国是难以想象的。我们的英雄不是殉道者。站在东方与日耳曼可能性交汇处的伦勃朗,已经在他的绘画表达中,将个性文化与客观文化结合了起来。

然而,我们既无法抵达那种纯粹宗教主观性的完成,也难以臻于那种作品的完成,其中并未将内在性转化为对象的形式,而仅仅映照出一种精神的无表现性。即便在西方生活中存在一种精神独立于宗教情感而产生的成就,也许这些精神形式[31]既适用于永恒,也适用于日常生活:然而,在夹在东方的虚无与西方的幽灵之间的德国,无限(Unendliche)只为圆满(Vollendliche),而圆满只产生于无限。

在德国,无限是被给予之物,而完美的有限则是必须从中生成的使命。无限包含着我们的宗教情感,当这种情感受到伤害时,就会产生野蛮行为,比如新德国的纯粹权力者。我们的组织性力量在文化的各个领域都在追求有限性,当这些力量疲惫不堪时,就会出现放荡行为,比如新德国的浪漫主义者。

因此,关键在于将这两种力量结合起来:一种是确保自身无限性的宗教情感,另一种是在塑造和实现有限性中得到满足的自主组织性精神。关键在于这两股力量作为一种统一的政治力量所产生的影响。在德国,只有当我们拥有一种宗教人性,我们的文化才能获得形式,才能实现其法则的自主性(无论是艺术的还是科学的法则)。反之,只有当文化的各种可能的组织都能自主实现时,我们才能实现宗教的伟大。宗教的伟大并不是自然而然存在的,而是只有在文化组织中并通过文化组织才存在。

二 认识系统

对象和方法

[32]由此可见,政治人性的客观化形式取决于当时既有的精

神组织状况。这些组织同时展示了一种内在的、由事物逻辑推动的发展。即使是最伟大的政治意志——以文学中的例子来说——也无法让查理大帝（Karl den Großen）根据现代银行业的原则来建立他的时代的经济，同样，18世纪的历史编纂也受到了限制，因为现代史料批判的思想对他们来说尚未可知。而伦勃朗将其时代的整体内容融入画作的能力，根植于此前各时代绘画技术的发展。这种事物逻辑，在每个精神活动领域中或多或少都起着决定性作用，正是在这里，精神活动的自主性、自由以及自我确立的特性得以显现。

然而，这种逻辑只有在"政治"态度的推动下才会完全激发，并通过表达整个时代的考量及其需求的精髓，才能获得决定性的进展。某些领域——例如精确科学——只为这些"政治"总体考量提供了有限的入口；它们的发展几乎完全是自主的。其他领域，如哲学，则受到这些外部影响的冲击最大；[33]然而，它们的任务始终是将这些影响完全融入学科的内在发展中。这些外部考量之所以施加于它们，只是为了将其转化为自由的形式和客观的规范！

正因为这对哲学来说需要完全不同且大得多的张力，所以在这方面，最后的哲学能量优于最后的数学能量。然而，哲学真正的意义在于，它并不是通过世界观来解释，而是仅通过自身的形式来把握，只是在实现自身法则的过程中表现自己。

这适用于所有在自身中独立的精神学科（Disziplinen），无论是理论的还是实践的。我们这里只谈论科学（Wissenschaft）。

两种趋势之间相互作用——时代的与科学的、异质-活跃的与自主-有效的、物质的与形式的、主观的与客观的（或者根据不同的视角对它们进行命名）——的真正产物，是对象与方法在这一运动中的同步推进，仿佛一方面吸收了所有糟糕的、随意的、无法客观化的内容，另一方面则消除了原始的、无原则的、非科学的表现手法。

只有通过物质,科学才能获得其客观形式,而科学同时也只有通过其客观形式才能获得其研究对象。那些原本[34]互不关联、仅以倾向性方式存在的东西,只有在彼此作用下才能发展为完全的现实存在。可以说,这是一种从两个方面协调的过程,是一个系统。这排除了以下两种情况:首先,排除将某种方法形式主义地应用于任何材料,该方法的适用性仅依赖于自身(或基于被视为公理的特定前提);其次,排除了通过应用任意方法(例如历史描述和分析方法)来处理某种"既定"材料。唯一可能的是在材料和方法之间达成真理的统一。作为材料的真理,它的设定(Setzung)只有通过自主认知的理解才有可能,而作为方法的真理,它的证明(Erweisung)则只有通过对客观事物的呈现才能实现。从逻辑角度来看,这种设定与证明的相互关系似乎包含了所有系统性科学的本质:这种相互关系是系统性认知可能性的表达。

因此,如果我们试图从一种形式化的科学理论中寻找关于为什么科学有资格参与政治人实现的答案,这将违背我们所提出的科学的"政治"前提。相反,答案是从科学的研究对象中得出的:政治人之所以也必须通过认识得以实现,是因为他是科学认识的最高对象。[35]这项任务是同一的:通过自主的认识推进政治人性的实现,同时,通过政治人性的实现,自主的认识也得以推进。

这些基于相互关联的思考,我们统称为"政治哲学"。这个标题首先要表达的是一种主观条件,即自由的科学思考感受到自己是在为一项任务服务,这项任务就是揭示一个具体情境、一个时代、一个民族、一代人的可能性。然而,这种感受在其宗教和道德结构中尚未直接成为哲学的真正对象;时代的自我表达、其灵魂的宣告、一个民族的精神救赎并不是哲学的直接目标。哲学并不受恐惧驱使。然而,正是通过对时代的整体感受和对时代的普遍意志,哲学才能找到自己的真正对象和最终目标。

当然,这只是主题的一面,即其主观性的一面,在其自身尚未完全实现之前,才会有客观性的一面加入进来。"政治哲学"不仅意味着一个主观的出发点、一种倾向性的态度,同时也包含了对这种态度的认识任务——这种认识并不是单纯经验-心理学的描述,而是包含了对政治人性的概念把握。

历史学

[36]我们只能略述研究政治人的科学客观体系,以及构建"政治哲学"所需的各部分之间的联系。可以从三个方面来看待政治人:要么是经验的实在性(empirische Realität),要么是绝对的观念性(absolute Idealität),要么是观念的实在性(ideale Realität)。在第一种情况下,问题涉及的是经验成分如何附加到政治人的观念形成上;在此过程中,并不涉及任意的、无限可能的情况,借此人类与其观念脱节,而是只涉及特定的、历史上给定的可能性。具体的验证必须像每一个历史性伟大成就一样,凭借其遗传条件而再次成为未来统治者的素材,假如他真的出现的话。因此,每一个过去的伟大都仿佛在为未来的到来使自己经验化。

如果我们仔细研究一下现实与观念之间的现存关系,历史学的观点就会以批判的形式来把握这一关系。它不放弃对绝对概念的追求,但赋予该概念一种批判性、形式化的功能。它必须小心谨慎,避免赋予绝对概念某种实证内容,例如添加一种内容上确切的道德或审美标准。不仅如此,历史学必须从外部借用这种绝对的内容充实性,即使承认这种借用是可行的,[37]它仍会破坏历史材料的客观性。①

---

① 历史学家在定义其研究领域时仍有许多工作要做,这一点可以从像哈纳克(Harnacks)的《教义史》这样宏大的著作中看出。在这部作品中,基督教本身——至少是在某种特定的(新教)解释下——是作为一种内容充实的绝对而存在,从而借此来理解和评判历史上的单个现象。特别是路德派与歌德式虔诚的混合有时显得相当天真。相反,很少有人试图根据这些现象各自

然而,尽管历史学家必须警惕内容充实的绝对价值或理念体系,但他也不能没有一种形式上的绝对概念,这正是为了赋予他的研究对象以形式和客观性。对他来说,仅仅观察内容上的既定事实是不够的,还必须将既定事实理解为带有形式的内容,也就是,将设定状态(Aufgegebenheit)视为带着某种任务的存在,并且正是在这个任务中,它们才发展成形式。必须从不可见之物的功能中将形式阐明显现出来。历史学家只能从对绝对人物的感受中获得这种设定状态的立场,这种感受既来源于直觉,也来源于批判,使他能够理解每一种既定现象与其理念的关系。正如我们将要看到的那样,这只是一种绝对的感觉,一个主观的瞬间,[38]这表明了历史认识的特殊性,使我们清楚看见它既完成自身,又为了另一种认识超越自身的界限。历史学家通过对这种关系的再现与再体验——因为每一种真正的直觉体验同时也是一种批判性体验——得以深入探究历史现象的根源和尺度,从而"政治地"理解它们,并进一步基于这种尺度认知,构建历史的关联性、历史的单位和权力,从而理解历史的普遍性。并非所有的历史内容都适合作为形式化的实体,从而作为普遍历史的单位而得到凸显。关键在于这种区分:只有将历史内容归结为某种形式价值,历史实体才能获得活力,进而与联系、历史、关联性和政治产生交集。

我们最终将不再仅仅将民族视为一种单纯的自然实体,并试图在此基础上构建一个统一的历史图景,正如我们过去对待自身历史时所做的那样。自阿尔米尼乌斯(Arminius,前18—19)①时代

对其自身理念的承载能力,来理解和规定它们在一千五百年精神发展中的地位。哈纳克拒绝了这种心理学上的"升华"(Sublimierung),认为它涉及过多主观的风险。当然,这些风险几乎是不可克服的。但对于历史学家来说,一个以特定内容定义的绝对是否比心理学主义更严重地背离了客观性? 这并不是否认哈纳克在处理这些问题时所展现的宏大而扎实的洞察力。

① 阿尔米尼乌斯,德语中常称为赫尔曼(Hermann),日耳曼部族切鲁西

以来，我们作为一个民族在感官、语言和血缘上都是直观可见的存在，但历史和体验并不是从这种存在中产生的。试图将德意志的历史从阿尔米尼乌斯时代到俾斯麦时代连贯地讲述为一个连续的统一体，这是徒劳的——就好比试图将雅典的政治从伯里克勒斯（Perikles）到韦尼泽洛斯（Venizelos, 1864—1936, 译按：现代希腊共和革命家）的时代连贯地追溯一遍一样。因此，一个与世界感知疏离的世代，[39]将一个仅仅是外在的、孤立的事实——民族的感性外观——当作事件的纽带，从而把一种伟大的经历转变为一种习惯。然而，即便可以描述这些事实，也无法通过这些事实的总和使它们具有历史性并加以理解。只有通过直觉才能进入将民族性作为一种形式价值来构建的过程，而不只是将其视为民族存在的内容。只有这种构建的事实，才能赋予德意志民族统一性、普遍正当性和影响力，并使之成为历史。①

让我们回想兰克（1795—1886），他在 16 世纪和 17 世纪这一民族觉醒的时代，捕捉到了民族历史。当时，各民族正发展成为那个时代的伟大存在。他以这样的方式将普遍的进程引入这些民族的生命中，并描绘了它们的历史片段。他将民族早期的历史阶段描绘为世界历史的准备阶段。

如果历史学家不想陷入毫无原则的、最多是以自然主义为基础的现实抄写，或者依赖于非科学的因素（例如艺术家的鲜血

人（Cherusker）的首领。他于公元 9 年在条顿堡森林战役中伏击并歼灭了罗马将军瓦鲁斯率领的三支军团，这场胜利重创了罗马帝国向东扩张的计划。在后世德意志民族主义思潮中，阿尔米尼乌斯被塑造成"第一位德意志民族英雄"，象征着对外来统治的抵抗与民族自由。19 世纪，在普鲁士崛起和德意志统一的背景下，他的形象被进一步神化，例如位于德意志森林中的"赫尔曼纪念像"（Hermannsdenkmal）就是这种历史建构的代表。

① 参见兰克关于某种一般德国历史的"爱国思想"的评论（《世界历史》第七卷，序言），这些评论本应受到后人的关注。

滴——对历史学家来说是毒药),那么他就需要形式上的绝对性来客观化经验性事实,即证明真正的历史现实存在于何处。这些现实嘲笑了其经验性颜色的简单呈现,[40]相反它们只能被一种从其自身成长出的观念所推动,并且只能从这种观念中得到理解。

在这个意义上被理解的绝对性元素如何成为历史认知的对应表达,只需看看其最新的发展即可明了。它产生于这样一个时刻和环境中:历史作为物质总体的经验性内容的正当性问题,成为人类的紧迫议题,这一紧迫性源自此世思想与彼岸思想之间的深层紧张关系,而这种危机在18世纪末到19世纪初的德意志达到了顶峰。整个新教本身就源于这场危机——在路德(Luther,1483—1546)和梅兰希通(Melanchthon,1497—1560)那里,基督、历史性的上帝或历史中的上帝是主导的形象,历史学本质上是一种新教的产物。因此,在精神史的背景下,批判性的新教方向显然是所有历史书写的理念。

形而上学

此外,政治人还表现为绝对的理念,即纯粹的公设(Postulat)。在这里,他的认识从历史学转变为形而上学。如果说历史认识是指向过去的存在(Sein),那么形而上学认识则指向未来的应然(Sollen)。未来的存在是不可知的,充其量只能被预言。然而,它的应然是可以被把握的,甚至可以如此深刻地被理解,以至于这种认识能够成为未来时代的实际立法者;例如,奥古斯丁[41]通过他的"上帝之城"的形而上学,不仅以认识的形式规定了后续千年的政治形式,还以实践的形式掌控了它。

如果我们看一下形而上学的思考与"绝对"概念的关系,我们就会发现,当"绝对"进入形而上学的认识领域时,它呈现为一种充分展开的内涵。形而上学的倾向是通过认识来确立某种"绝对",即科学表现为形而上学的过程,只要绝对在科学中尚未被实际给出,而是作为一种观念被提出,就仍需通过科学本身来创造它。

在这里,"绝对"之显现的基本思想是:它只能通过设定(Setzung)来获得内涵。如我们所见,纯粹历史学的结论是,为了将其形式的"绝对"概念应用于经验对象,它不得不对其对象进行后设。对于形而上学而言,其认识不是后设(Nachsetzung),而是纯粹的设定。因此,形而上学认识的元素不是过去,而是未来。对过去的客观化是通过形式的"绝对"概念对已给定事物的后设,而对未来的客观化则是通过内容上的"绝对"概念对所假定事物的设定。

因此,历史学和形而上学都以时间性为导向;因为未来和过去一样,都是确定的、时间性的存在;它们都受到将它们分开的个体时间性现在这一切点的限定。两者都是[42]关于精神本性的科学,研究精神在存在与应当之间的张力关系,同时包含过去与未来的张力关系;因此,在过去中,存在具有主要特征;而在未来中,应当具有主要特征。

然而,历史学与形而上学的根本区别在于科学探究的方向性上的深刻差异,这取决于当下的人是向后看还是向前看。这种差异,即某种道德关注的转变,通常无法完全贯彻执行,因此导致了形而上学的视角停留在历史学上,或者反之亦然。这种交错正是现代德国人文学科中的主要混乱之一。①

通常,最终还会加入第三种态度,这种态度必然会使形而上学的视野产生混乱,那就是对无时间性的执着。

所有形而上学都是关于未来的科学,而不是关于无时间性的科学。每当形而上学试图对无时间性进行阐述时,它便与某种超

---

① 在这种双重倾向的混乱中,恰恰是那些代表性人物显得迷惘与挣扎。无论是狄尔泰方法论的冷静,还是韦伯(Max Weber)方法论的激动,都反映了这种混乱。前者的寂静主义(Quietismus)和后者的悖论主义(Paradoxismus)同样有问题;无论是试图从历史学导向未来,还是试图将过去客观化的终极问题归结为一个明确承认其主观性的"游戏规则",都难以成功。

验心理学结合在一起——例如康德及其追随者,他们总是试图从某些被视为永久不变的心理状态中[43]推导出无时间性的、普遍有效的命题。然而,由于这种推导的内在矛盾,这些命题无法真正拥有永恒的尊严。

事实上,所有伟大的形而上学——包括康德的形而上学——都自觉或不自觉地以对未来的热情为基础,有时表现为对一种无限的期待,有时则表现为对一种有限的、即将到来的"完成"的期待。当形而上学似乎完全关注当下时,例如在黑格尔的哲学中,其背后的思想却并非对经验性和观念性世界终结的思考,而是对进一步发展的思考。这种发展并不再陷入庸俗的经验,而是永远无法摆脱那座由形而上学洞见所建造的堡垒的阴影,它像是有限性战胜无限性这一过程的统帅。

在这里显然可以得出一个重要结论,即根据过去与未来的生成性联系,即使在形而上学中,也存在某种与各自的经验事实的关系。形而上学也似乎与一个时代中的可能任务的复杂体联系在一起,无论它以国家学说、科学理论、艺术理论或其他规范的形式呈现。每一个逻辑学、审美、伦理学、国家哲学和法哲学等体系都必须与特定的、由时间条件所决定的状态相关联,在这个状态中,它的研究对象才得以呈现(例如,康德的《纯粹理性批判》就与当时占主导地位的自然科学思维联系在一起)。批评者[44]认为必须借助于一种无时间限制的精神能力进行工作,但这对于阐明问题没有任何帮助。这种观点的基础是对形而上学未来性质与永恒性质的深刻混淆。如果在一个哲学体系中,所有可以想象的关于人类行为方式的学说——无论是政治的、审美的、逻辑的、伦理的还是宗教的——都被视为永恒的、自然的精神事务的学说,这种混淆就更加明显了。这种观点忽视了艺术家、科学家等都是历史本身的产物,是一种政治的(而非自然的)并因此无法系统化的存在。形而上学并不是一种百科全书式的历史自然主义。①

根据形而上学在各种情况下占有经验事实所具有的超越性价值的程度,将会涉及一种绝对终极现实的设定,这种设定可能与近期或遥远的未来有关。

一方面,人们认为形而上学已经可以近似地推导出某种绝对终极现实,例如在古代晚期的罗马教会等级制度或普鲁士国家的弗里德里希主义(Friederizianismus)中。这种沉思方式将包含最深刻的内容,如同奥古斯丁的《上帝之城》或以不同形式混合的黑格尔法哲学所展示的那样。

[45]另一方面,在没有类似现实存在的地方,精神上的建构将类似于所谓的乌托邦。虽然这些建构与现实主义的建构一样,都是面向未来的形式,但它们的不同之处在于,精神上的建构完全不依赖于任何现有的经验实体。或许可以说,如果这些乌托邦确实源于精神力量,那么它们可以被视为一个明确的标志,表明一个时代已经失去其理念,或至少对深刻的观察者来说,正处于失去其理念的边缘。例如,在卢梭(1712—1778)的世纪中,这位思想家从原始人类的状态中构想出完美的乌托邦;他的德意志追随者进一步发展了这一理念,将自然状态替换为一个传说中的历史状态,如理想化的阿卡狄亚式(arkadisch)的古希腊。此外,东方思想中的末世论也属于这一范畴,在这种思想中,所有尘世的发展最终都会通往来世的救赎。东方人执着于现世的甜美,同时又因现世的束缚而痛苦,这种矛盾在他们的天堂想象中得到了表达。在天堂中,物质精神化了,肉体复活了。

---

① 将从历史经验中出现的个别的、经验性的人的精神行为方式从其当时的历史功能中脱离出来,并根据一些形式逻辑的观点进行分类,这是否有可能并有益仍然是悬而未决的问题。在这种情况下,无论如何都不能形成一个"体系"——不要贬低这个概念。因为在这种分类中,精神力量的目标并没有得到探究。

相反,现实主义的形而上学建构则昭示着一个无比强大和充实的时代:例如,在那个被千禧年思想(Chiliasmus)完全充满的"千年"神圣罗马帝国时期就是如此。最终,在那些最具张力的时代中,未来的思想几乎[46]同时以当下思想的形式呈现出来:这种情况下,我们称之为"经典"时代。

心理学

第三种观点认为研究对象是充盈的绝对现实:只有在这里,心理学的认识才得以提升。这种认识完全脱离对特定时间形态(无论是过去还是未来)的反思。它并不是对人类心理问题的认识——人的心理问题本身从来不能独立存在,只能通过历史科学在各个现成的政治背景中得到客观展现——而是对心理完美状态的认识,即精神超越了存在与应然之间的张力关系的状态。

这样理解的心理学——作为关于政治人的最终理论——所提出的问题,首先是一个内容上的问题。

我们尝试将历史学和形而上学视为两种不同的观点,以此来理解"政治"人性的概念。但是,问题在于,是否仅通过这种方式就能充分理解历史学和形而上学的本质,即它们的所有任务是否都可以归结为对"政治人"这一对象的构建,从而使这一对象成为其整体观念的构成部分,还是说,政治人只是诸多可能对象中的一种,而我们不过是在其身上运用了历史学和形而上学这两种视角,这样的话,这两门学科[47]在定义其本质时,可能还需要其他的方向指导。只有到了这个时候,才能决定是否以及在多大程度上可以在"政治哲学"这一标题下形成一个系统的科学研究体系。是否有理由将历史学和形而上学视为这个整体中系统连接的两个部分,还是说它们必须在自身内部或在另一种定义的整体中圆满完成?

我们指出了在政治哲学这一概念中首先包含的双重意义:对

政治人的哲学认识，以及在实现政治心理的前提下达到这种认识。哲学的这种转向是否有必要将其预设作为其最终和真正的对象？精神认识的最终目的，因而也是所有精神的局部认识的意图，是否就是精神的自我认识？

哲学只有在能够强有力地把握精神的概念，以至于精神可以被视为所有科学努力的核心统一体，而不仅仅是各个科学努力的概括性表达时，才可能成为最终的自我认识。也就是说，只有当精神走出单纯的心理或意向阶段，并通过作品实现客观化时，才能成为心理学的对象。只有完全在作品中实现的精神，才能成为心理学的研究对象。而精神的自我认识只有在绝对客观化的精神领域中才是可能的：精神在其仅仅趋向于绝对的状态中，还未达到其绝对的现实性的过程中，[48]无法自我认识，而只能认识到其个别的历史性折射（而非被折射的整体），或者在形而上学层面上感知其应然，而非实然。在此情况下，作为认识主体和被认识对象的精神在原则上是无法同一的。

绝对心理学的对象是这样一种精神：在这种精神中，（主观的）本质与（客观的）表现之间已不存在差异，其作品不再需要通过一个独立的个性来理解，也不是象征性的"信仰碎片"。这种精神背后的客观化无法得到进一步揭示，无法像历史学那样使之变得流动且易于观照。这种作为心理学对象的精神是超越历史的，其本质是永恒的。

由此可以得出结论：与那些受时间限制的、尚未完全脱离历史与主观性的精神不同，这种精神不需要在其作品背后寻找和理解，而是与其作品完全一致的。因此，作为绝对精神的客观化，其本质即为绝对精神本身。因此，所有的精神文化最终都以精神的概念为其终极标准，也就是说，凡是科学性的精神文化，最终都归结于心理学。由此，心理学成了一门必然的边界学科（Grenzwissenschaft）。这种心理学源于一种需求，即不仅要将精神视为过去或正在形成的集合体,还要将其视为一种超越时间的存在。也就是说,这门学科旨在获得一个视角,从这个视角出发,精神可以理解其在时间中所达到的局部完满性与它自身所处的无限时间过程之间的不可通约性。

[49]因此,历史精神的批判态度和形而上学精神的设定态度的对立在澄明的情绪中消解了,而这种情绪只有精神在超验心理学取向中才能实现。

当然,在这个阶段,精神还能被称为"政治"精神吗?政治性概念不正是建立在特定的时间可能性之上的吗?它不正是基于主观和客观力量之间的相互关系吗?然而,对于"精神"一般而言,如何解释主观与客观的关系呢?诗歌将它描绘成盘旋在水面上的上帝之灵。

然而,科学能否迈出这一步,超越人类领域,脱离人类有意义的意志和行为领域?反过来,科学难道不正是被束缚在与人类时间性相关的、政治性的领域吗?难道科学不是一种对应的形式,用以把握那个在其中主观与客观同时现实地分离开来并理想地融合在一起的政治性精神吗?事实上,任何超越这种精神状态的科学都将变得充满问题。当科学仍试图以某种形式出现,例如在泛神论意义上理解的形态学(Morphologismus)中,它不仅只是世界的诗意描绘,甚至可能发展到危及纯粹人类领域意义的程度。我们已经彻底体验到了最终形态学观念对那些次一级领域的破坏性影响,例如对伦理学和历史学的影响。政治神经已被植物神经所取代。

[50]然而,正是那些看到无时空限制的科学将带来危险的人,那些希望保护政治力量免受无限性的侵袭的人,会感到有必要提出某种边界学科的概念。然而,他不会将这个概念推向极端,而是仅仅延伸到其逻辑可能性所允许的范围,即对精神理想状态形式的纯粹思考。一旦他试图进一步为这个理想领域提供具体内容,

他就会再次陷入一种在这个层次上动机自相矛盾的形而上学。然而,在到达这个纯粹思维可能的领域之前,他会达到一个极限,在这个极限处,思维仿佛找到了自身。

然而,特别是对于那些需要在内容领域中运作的思想来说,这一立场的意义在于:通过将永恒精神的世界之谜安置在彼岸领域,它防止了无限的矛盾扰乱有限的形态。我们之前将无限理解为精神的既定事实,而不是精神需要解决的课题,从中解放出有限的任务及其独特性,在此情况下,混沌不仅可以作为宇宙的起点,还必须环绕宇宙的终点。只要我们的精神尚未彻底超越并放弃将宇宙视为精神能量发展的受时间限制的表现方式——我们仅在此暗示这种状态的可能性——它就不会允许科学将混沌本身纳入其研究对象。只有这样,精神才能满足科学对宇宙目标的追求。

[51]一个发展到超验心理学的边界科学的系统能够实现的目标,正是将历史学和形而上学学科引导回自身,使其认识到完全在自身内部构建的必要性,并且避免依赖于通过抓住世界秘密来获得意义。历史学和形而上学将继续存在,并且能够更纯粹地发展,不是为了适应某种补充它们的世界观,而是从困扰和混淆它们的世界观中解脱出来。然而,历史主义(Historismus)和形而上学主义(Metaphysizismus)将会消失。只有在那时才会有"宇宙"的客观化、真正的法则和完全的有限性,而混乱的主观性、冷漠的情绪和空洞的无限性将消散。那些在这一精神意图下发展起来的科学成果构成了"政治哲学"。

三 德国的国家形成与科学

我们仍深深陷于历史和形而上学的思维方式中。绝对性和反思性的观念仍然交织在其中。在我们的日常生活和当代科学习惯中,纯粹的政治文化还没有完全显现出来。特别是在科学领域,这种状况对我们来说尤为不利。它不仅威胁着科学本身,还威胁着我们的整个存在。

[52]因为我们德意志人是一个科学的民族。如果我们无法纯粹理解这一核心诉求,整个有机体就会受到影响。这主要表现为我们至今仍将国家和艺术与科学直接融合在一起。正因为科学尚未自我具体化,从而摆脱为国家和艺术存在提供基础的异质性任务,它也未能让德意志的国家和德意志的艺术独立发展。我们进行文学创作、绘画和国家建设,仿佛是在历史主义对历史学以及形而上学主义对形而上学的过度依赖中进行的。

德意志人创造的两个最伟大的国家——旧帝国和新帝国——可以理解为,分别是精神上形而上学化时期和历史化时期的实现。

德意志民族的神圣罗马帝国是奥古斯丁形而上学的相应政治形式,而普鲁士-德意志帝国则是19世纪德意志伟大历史书写和浪漫主义运动的体现。即使是德意志人第三个创造性的国家理念——以弗里德里希大王(Friedrichs des Großen,译按:即弗里德里希二世,又称腓特烈大帝)的国家为代表的分权主义-领土主义理念——最终也不得不屈服于自主精神的统治,甚至是暴政之下。

在艺术领域,我们只需看看莱辛(1729—1781)、席勒(1759—1805)和黑贝尔(Hebbel, 1813—1863)的理论,或者小说和绘画中的历史学派。[53]浪漫主义对我们的意义——尤其是面对启蒙时代的作品神圣性(Werkheiligkeit)时所带来的反动内在化,这种内在化促使了德意志政治意识的觉醒——无人能否认。但我们是否要将浪漫主义浪漫化呢?我们是否要在觉醒中再次觉醒?不,我们应该意识到我们今天的清醒状态!这种状态为我们带来一种新的、更纯粹的统一体,这种统一体将孕育出新的创造。在这种清醒中孕育出的是客观的、自我确立的创造。这是超验心理学的政治功能:它将精神科学召回它们自身的宇宙,并使它们抗拒从自己的尺度而非国家的尺度构建国家的行为。

然而,这种解放具有更广泛的意义。科学与国家之间未解决的关系也导致了前者受到后者的限制。我们理应反对那些最新提出的完全政治性甚至是"党派官方"的说法,这些说法荒谬地宣称,我们最自豪的思想家,如特赖奇克(Treitschke,1834—1896)的科学性因荒唐的、追名逐利的民族主义而受到玷污。我们不为我们伟大人物的错误"辩护"。不是辩护,而是敬畏才是适当的态度。这不是错误,而是决定性的历史发展时刻,这些时刻具有深度,在其中没有追名逐利的空间。伦茨(Max Lenz)这位最受尊敬的精神代表之一正确地指出,这种权力与自由之间的特殊关系在我们父辈的德国中具有根本地位。

[54]然而,毫无疑问,我们还在继续发展这种关系,而不是试图在概念中完全展现它。更为粗糙的民族主义倾向肯定已经在许多方面出现。解决这些问题是一项必要的任务,但必须在科学自由的框架下进行。此外,这不仅仅涉及民族主义方面的问题,还涉及其他意识形态方面的问题。精神自由有时因为过度依赖国家而陷入瘫痪,有时又因国家的不足而过度劳累。现有的或理想化的国家形象有时以异己的方式强加于科学,整个历史进程按照1870/71年的方式被民族化,最精妙的关系被"现实政治"化,并被大刀阔斧地移植到社会环境中去。而德国的抒情诗则试图走向"欧洲化",甚至"人性化"。因此,不仅权力成为精神的附属品,精神也成了权力(或无力)的附属品。然而,如果科学放开国家,国家也将放开科学。双方必须自我约束。而科学具有率先行动的权利和义务。

在这种纪律化的过程中,统一生活之流的纽带会失去吗?恰恰相反。只有在有意识地反思生活时将"生活"作为哲学的一个主题来探讨,它才会失去其组织力量。正如同样的道德力量在此推动国家生活的完善,[55]在彼推动科学或艺术生活的完善一样,所有的构建在一个真正的政治文化中都是相互关联的。这在希腊的Polis[城邦]中得到了体现,这种文化的名称正是由此而来。如果一个民族存在的整体性要成为现实,它只能自然而然地从理论和实践的客观化总和中产生。那些将其视为理念而非现实的人,或许会写一部生命哲学的著作。

当我们最后把历史科学作为我们真正的目标时,我们再次进入了主流精神的危机。历史主义依然广泛存在于历史学中。最新的历史哲学发展主要从这些混沌的水域中崛起。对某个历史时期的热情使整个世界历史进程被塑造成某个时期的样子。因为先验的主观主义时而发现哥特式精神,时而发现巴洛克或印象派精神,以便在整个历史领域与更早的古典主义和文艺复兴主义(Renaissancismus)展开斗争。新唯心主义(Neuidealismus)喜欢探究柏拉图、费希特、谢林、黑格尔、孔德和狄尔泰等是否能够回答其问题。尽管法兰克福圣保罗教堂(Paulskirche)的革命事业和俾斯麦的国家建构有明显的不同,但在历史写作中它们被反复对比。历史的时期和事件被重新划分。西美尔(Simmel,1858—1918)关于歌德和伦勃朗的著作则被当作自传来对待。为什么现在没有不加掩饰的自传了?世界文化仿佛出现在旅行日记中。[56]不要从严格的科学角度过于高傲地看待那些受到媒体和宣传欢迎的事物。这些现象涉及的是与科学相似的东西,或者是对科学本身产生直接影响的反作用。

谁能完全摆脱所有对历史对象的心理化?谁能不参与这种世俗主观主义的激动?谁不会被驱使去不断加深理解与同情的层次?我们隐约感到,最终的客观可能性正从深处向我们招手。对不同人类时期的热情会在这种旋涡中升起,而在这个状态下,我们能够与所有时代同样亲近,完全投入其中,而不再将自己视为研究的产物。因此,普遍历史的关联将我们从自身中解放出来,而我们也从这种关联中解放出来。如果我们彻底洞察这些关联的客观强大力量,它们就会升华为一种结构,在自由的光辉下为我们提供庇护的阴影,使我们能够在完全当下的存在中安身立命。

现有的草案是一次各个方向的尝试。如果没有利用我们研究领域中大师们的工作,它是不可能完成的。草案是在上文简要阐述的政治原则的基础上制定的。为了给历史科学赋予客观的形式,而不是停留在描述性解剖和拼凑的层面,这一理论努力本身就成了确定这一原则的起点。

第三章 东方文化圈

一 外在条件

[59]世界历史似乎伴随着一种隐秘的空间牵引展开。它的核心可以理解为不同文化圈之间逐渐开放的过程:近东文化圈、西方文化圈、海外殖民地文化圈、印度文化圈和东亚文化圈。我们至少可以这样解读这一进程,从最早可知的民族分布到当今的运动,有人居住的地球第一次成为一个统一的政治舞台。此外,这种逐渐趋近的过程是否仅仅是对早期被地质和生物的黑暗所包围的过去时代的分散状态,对自人类的"原初之所"(Ursitze)以来就存在的分散的回应? 而且,当前所达到的统一状态是否会因新生的、隐秘的生命力量而再次分裂,我们无法预见。然而,可以确定的是,我们所能接触到的人类历史的片段,正是被这种贯穿始终的空间运动所决定,并因此被提升为一种几乎具有宇宙特征的统一体。

世界历史运动的起源实质上位于古代世界的交汇处,即亚洲、非洲和欧洲的交汇点。这里是[60]多种多样特殊文化发展的汇聚地,例如尼罗河谷、幼发拉底河与底格里斯河谷、叙利亚海岸,它们同时也是沙漠纵横交错、为普遍征服提供空间和疆域的地区。在公元前3000年,美索不达米亚第一次建立世界帝国,从那里西至叙利亚海岸建立起来的那些帝国的基础缺乏内在的稳定性,并且是由本土的苏美尔文化与入侵的闪米特文化之间的对立引发的,但它们已经揭示了这个地区的生存需求。正是在这些地区,能够爆发普遍性(Universalität)与特殊性(Partikularität)之间的激烈斗争。自公元前2000年始,这种斗争迫使即使通过长时间在自然边界内发展而成熟的埃及文化,也不得不介入周边的低洼地带;埃及文化必须屈服于各民族文化圈的跨民族发展要求。

然而,当埃及退回旧的边界时,它已经无法再有力地维持其独立的存在。与埃及人一样,以色列人也未能作为一个独立的政治实体重新崛起。在这里,无论是胜利者还是失败者,都无法从普遍生活的潮流中重新站起来,重新确立独立的存在。由于一次次被征服、统一,在摧毁的反复锤炼下,这些民族像是被钉在了一起,从而形成了一个东方统一体。在这个统一体中,无数美好而充满活力的事物消亡了,并且注定会一再[61]消亡。然而,这种统一体却具有一种独特的克服性力量,始终以其全部力量紧紧抓住不断变化的载体。因此,东方形成了伟大的统治形式和深刻的精神可能性。东方借助这些形式对外部世界产生了影响,并且将外部影响重新融入自身,仿佛这一切都建立在东方地域的不可侵犯性之上。

有两个主要思想从这里出发,走向了更广泛的成就:君主制思想和一神论思想。

东方的普遍主义最初是剑的普遍主义。然而,当外在的暴力受到限制时,这种暴力在内部产生了具有无比重要意义的影响——宗教性的人在这里被唤醒,达到了历史性的伟大。尽管我们可以看到原始民族的生活到处都被宗教观念所支配,但在其他地方,宗教天才从未像在这里那样塑造整个存在,与伟大的政治体系结盟。①

在征服与建立帝国的过程中,权力的观念逐渐升华为一种超

---

① 西方从东方的分离过程与宗教因素逐渐从政治体系中的退位是并行发生的。

验的进程。半闪族的国王纳拉姆辛(Naramsin)①一路征战至地中海,自称为四方之主,并在自己的名字前加上了神的符号。以色列人在穿越沙漠征服迦南的过程中,[62]有雅威(Jaweh)作为领袖和盟友,以色列人为祂而战。阿拉伯人也是为了他们的神的统治而出征。无论这种过程是否最终导致统治者自身的神化,还是让指导者神灵占据位于统治者之上的地位,一神论和普遍主义都出自同一根源。相反,埃及人因为局限于一个河谷地区,依旧奉行着对多个地方神灵的崇拜,这些神灵之间的权力等级仅根据相应地区的划分而形成。直到他们将统治扩展至亚洲时,也许是直接受到亚洲影响,他们才暂时从星象中推导出一种一神论的世界观。

宗教发展的主要推动者是闪米特部落。虽然我们所了解的巴比伦宗教似乎更多受到苏美尔的影响,但之后的精神进步在很大程度上受到了闪米特人的影响。正是犹太人凭借他们伟大的先知文化,主要促成了东方精神与进逼的希腊精神的融合;而阿拉伯人则使建立在理性道德基础上的波斯宗教成为牺牲品,这种宗教本身并无发展成世界宗教的潜力。

征服民族崇拜的剑的普遍主义对应于一种战神或复仇之神被置于生命的至高无上的地位,例如摩西的神,这种对神的理解仍然回响在《诗篇》(*Psalter*)中。然而,只有当征服和暴力的思想与屈服和受苦的思想结合时,[63]这种神的观念才得到了真正的深化。东方精神的形成正是基于这两种思想的相互关系。

这正是以色列人的精神历史成就尤为突出的地方。巴比伦的神马尔杜克(Marduck)对其他神灵仍然是宽容的。亚述人和波斯人也并不将自己与"异教徒"区分开来。以色列人最初也没有认为雅威统治其他民族。但他们现在推断自己是被拣选的民族。在艰难的命运重压下,这个民族发展了与上帝的关系:在失败和被征服

---

① [译按]阿卡德帝国开创者,公元前2291年至前2255年在位。

的时代,不再是外部历史的辉煌,而是民族在即使未能理解神的世界计划时仍然侍奉祂,将上帝和民族结合在一起。神不再是民族扩张的象征,而是获得了独立的内在意义。因此,侍奉神成为这种存在的主导概念。由此,这个民族的命运得到了双重的塑造。

统治激发了集体意识和民族意识,侍奉则激发了内心意识和个体意识。因此,在以色列人中诞生了历史上第一批真正意义上的伟大个体——以色列民族的先知。"个体人类灵魂的无限价值",这一被认为是耶稣教义核心的理念,是一种[64]东方的发现。唯有在这里,而非在希腊城邦的自由中,个体才因其自身而变得重要。

但与此同时,这种个体又被独特地束缚住了。整个共同体从外部被击败,它是否还有可能继续侍奉上帝?共同体缩小自身的本质范围,确立了一种关于自身纯洁的观念!将自己的本质融入固有的习俗中,而这些习俗正是使自己的苦难得以神圣化的方式!这种僵化现象——尽管无法发挥作用,却保留了一种奇妙的力量——继续存在,在受压迫的东方民族的发展历程中多次出现。比如,埃及人在新王国灭亡后,在祭司统治下,重新采用了他们在公元前3000年时的宗教观念。同样,在以色列人被放逐后的时代,犹太教产生了。属灵的统治意志取代了世俗的统治意志。

因此,这两种形式——高度发展的个人主义(Individualismus)和等级制度(Hierarchismus)——都建立在同一个前提之上,即受伤的民族观念。但是,它们之间难道没有最根本的矛盾吗?当然有!东方历史上真正的戏剧性冲突正是源于这种对立。耶稣的历史就是一个例子。然而,这两种可能性的特点是,它们尽管矛盾却依然属于同一体的统一性。因此,它们总是相互激发。我们试图在这种统一性中理解它们。

二　内在形式

[65]东方精神的基本特征在于对生命的二元回应。然而，这种二元性并不是善与恶、真理与谎言、光明与黑暗之间的对立。这里决定性的并不是生命的规范性特征：这也是将闪米特人与波斯人和希腊人区分开来的原因。闪米特的神并不是光明、真理或善的理念的拟人化，而是光明与黑暗的主宰。在《旧约》传说中，神以造物主的身份出现，这在希腊的前柏拉图神话中从未出现过。然而，在以色列人那里，神种下了分辨善恶的知识之树，象征着犯错的人类。天堂状态基于这样一个事实：真正的生活和认知相互排斥，我们有意识的行为和关于规范的知识，会违背自己的本性。耶稣指出，我们必须再次成为孩子，才能进入天国，这也是在表达同样的观点。相反，天堂更像是另一种二元论的表达：它象征着超越尘世，超越由有知识的、迷失的凡人所经历的生活，是一个只能通过被动性、献身、理解和自我弃绝才能进入的"本质"领域。现实并不是通过人类的行为变得善或恶，而是本身不分善恶，原本就是一种无价值的悲惨境地。只有当天堂状态透视它、照亮它时，现实才获得其"本质"。

[66]这并不是现实中善与光明的象征，而是存在本身的象征，是尘世形象的原型。犹太人的不朽信仰体现了这种观念。犹太教的不朽信仰与柏拉图式的不同，不仅教导灵魂不朽，也包括肉体不朽，甚至认为耶路撒冷的圣殿和圣器在天堂中都有原型。而安拉（Allah）许诺给信徒们的那个描绘得栩栩如生的来世也表达了同样的思想：不是对存在的理性化，而是对存在的神秘化。一个看不见的、本质的世界支撑看得见的、无意义的世界。

即使在这些关于来世的观念中出现了审判（Gericht）的思想，

它最初也并不是针对善与恶的区分,而是针对虔诚与不虔诚、信仰与不信仰的区分。"若不借着我,没有人能到父那里去。"(只有理性主义者才会将此理解为对道德效仿的号召。)审判并非基于绝对的道德,而是基于绝对的信仰,这反映了东方人如何通过对生活的宗教礼仪性理解和渗透来应对尘世存在。

这同时揭示了神秘论(Mystik)与神权政体(Theokratie)之间的内在联系,以及个人奉献与祭司统治之间的关联。祭司式习俗和律法的排他性与个体奉献和自我纯洁的意识紧密相连。看似矛盾的事物在彼此间产生火花:直觉、神秘主义、增强的个体主义[67]与体系(Konstruktion)、外在法律、基于家庭的观念、民族或社群团体的培养。即使是道德伦理也保留了这种等级性特征。道德最初并不颁布法律,而是接受法律。从根本上说,这是一种为犹太隔都文化(Ghetto)做准备的文化——这种文化似乎在特定的封闭社会发展中反复出现。城市元素在其中起着至关重要的作用。值得注意的是,犹太民族在流亡归来后在城市基础上重建,而在流亡前的以色列历史中,城市并未发挥任何政治作用。

因此,我们在犹太人身上发现了一种罕见的结合:一方面,他们严格遵守自身的习俗,紧紧依附并固守在自我设定的生活轨迹上,甚至有时会变得过于内敛;另一方面,他们对一切人类事务保持开放态度,表现出为了直觉"本质"而自我弃绝。这种特质也是许多犹太人在医学科学方面作出重大贡献的原因。然而,这种方法最终是分解的,而非治愈的。一些杰出的犹太精神病学家在构建体系时有时会陷入极端的激进主义,或者一个由抽象线条崇拜所构建的无机联系会吸收哲学家们常常非常精妙的洞察力。甚至在斯宾诺莎(1632—1677)的思想中,他的数学化认识也带有这一点影子。

因此,这种存在感形成于对事物自由客观关系的消解,[68]同时表现为既受束缚又放荡不羁、既严谨又沉醉不已的状态。此行为模式存在一个生理学上的定位,一种特定的身体文化与之相对应,这常常伴随着退化的迹象。或许在这一过程中,机体意识到自身必然衰亡的命运,而这种意识正是在其对一切生命不可捉摸的特质的理解中爆发出来。一种激情攫住了他,使他成为一个容器,在其中流逝的事物——那些他为之敞开心扉的奇迹——能够托付给他的纯净。生活与死亡仿佛都被纳入这种态度中。这就是激情的力量所在。

> 今日,死亡矗立在我面前,
> 如病人痊愈,
> 如病后外出,
> 如莲花的芬芳,
> 如坐在醉意朦胧的岸边。
>
> (——来自埃及,公元前2000年左右)

然而,这种广阔与严谨却缺乏统一,物质与精神被一同对待,无法自然地融合为一体。这导致了对自然的背离,转而投身于圣礼。肉体既被视为污秽,同时又被视为神圣。肉体的享乐在物理意义上是被禁止的,但在圣礼中却被追求。神圣与不洁在此相遇。对圣物的崇拜——这一西方世界肉体复活学说的残余——表达了同样的抽象与感性的融合,这种融合是东方生活方式的极致体现。

贯穿东方历史的永恒冲突由此产生了。[69]东方的历史总是不断陷入人性悲剧之中。因为在这里,无论是个人意识还是集体意识,尽管拥有韧性,却缺乏使连续性得以实现的能力,无法肯定持续的存在,因此也无法达到政治上的延续。它们被束缚在一种自我观察中,这种观察意味着对生命的不断否定和重新确立,意味着一种重生和再次受洗的过程。"改变你们的心意";"人若不重生,就不能见上帝的国"——耶稣对尼哥德慕(Nikodemus)说。①

从本质上说,约翰和耶稣也是法利赛人,他们从个人深处重新塑造了法利赛人的意识。因此,他们虽然陷入了律法之中——但这只是一个纯粹的东方内部冲突。在个体灵魂的觉醒与对律法的遵从、在宗派与教会、隐修(Eremitentum)与皇权至上论(Cäsaropapismus)的对立与交织中,我们可以看到双方的相似性:耶稣、斯宾诺莎、托尔斯泰(1828—1910)、再洗礼派(Wiedertäufer)和光照派(Alumbrados),②以及伊斯兰教中的逊尼派神秘主义者,都展示了所有源于东方信仰的宗教团体如何容纳与自己不同的个体解释,以及东方精神如何在这两种倾向中分裂开来。

在东方,这两种对现实的理解也相对应地发展了起来:世界作为历史的领域和世界作为虚无的领域。这两个概念,即通过虚无和通过历史对现实的描述,[70]都是东方拟人化的二元化思想的产物。

对历史的感受基于上帝的启示,对虚无的感受则基于上帝的隐匿。人们曾相信,可以通过对人类不变的历史事实的评判来把握人类的本质和意义。由于人们只专注于人本身,而非"超人"(Über-Menschen),生成(Werden)和历史本身并没有成为一个由目标和任务构成的人类生存的形式。然而,这种历史进程基本上是消极的,与上帝的背离这一消极的因素一起,成为历史构建的过程。基督教在未受希腊文化影响之前所经历的转折就是:它正是从这种堕落(Schlechtigkeit)中发展出神性(Gottheit)的概念,因此神性必在卑微中显现,屈身服务"心灵贫穷者"。确实,卑微是它

---

① [译按]参见《新约·约翰福音》3:3。
② [译按]16至17世纪盛行于西班牙的神秘主义运动,Alumbrados意为"光照者",最早见于1498年,领袖人物之一伊莎贝尔(Isabel de la Cruz)被西班牙宗教裁判所判为异端。

的行为。神性在自我弃绝和自愿赴死、在谦恭和乞讨中表现出来。

东方教义的社会激情基于这样一种理念：骆驼穿过针眼比富人进入天堂还容易。最近，俄国人又传播了这种思想，并在布尔什维克中复兴了。陀思妥耶夫斯基（1827—1881）的小说，通过对白痴、被侮辱与被损害的人的美化，成为这一思想的伟大见证。然而，传道者与大众的关系在这里也很有特点，类似于东方观念中灵魂与肉体的关系：[71]世界大同主义是知识分子的事务，他们需要大众、下层阶级；他们真正追求的并非启蒙和改善世界，而是要为罪犯争取对抗社会的"权利"。他们去找税吏和第五等级（这些福音故事也不能仅仅用启蒙的同情心来理解）。但是，在领导者，即"本质上的人"与物质上的群众之间存在着一种巨大的矛盾。许多革命正是在这种欺骗中失败的。例如：萨伏那洛拉，① 以及基督在星期日受到欢呼，到了星期五，人们却赦免罪犯，弃他于十字架下。

如果通过历史预示的未来救赎与通过逃避世界、归于虚无而宣告的即时救赎相结合，那么在这方面，教会与个人也可能产生冲突。关于显现之神的教义有助于在信徒心中为教会作为上帝的代理人和荣耀的管理者赢得一席之地，而对隐藏之神的奉献则会引导个人进入狂喜之境。值得注意的是，教会曾通过谴责诸如埃克哈特（Eckhart，1260—1327）的神秘主义来进行干预，因为在这种神秘主义中，神作为中介和启示者的角色受到了威胁。基督将这两种意图结合在自己身上：他将自己视为弥赛亚，并承诺了神的国度即将到来，但同时也宣告神的国度"在你们心里"。

原始教会曾在狂热的迷醉中体验到这一点。随后的时期理所

---

① ［译按］萨伏那洛拉（Girolamo Savonarola，1452—1498），佛罗伦萨神父，意大利战争期间号召佛罗伦萨人起义，建立神权共和国，拒绝教宗的权威。共和失败后，萨伏那洛拉被罗马教廷判处分裂教会及异端罪名，在佛罗伦萨被处以火刑。

当然传播了对即将到来的世界末日[72]和上帝审判的平衡观念：启示录(Apokalypse)以这种形式支配了西方世界，直到西方的启蒙运动将东方的这些深邃教义埋葬。

在东方人的思想中，生命总是归于死亡，起点总是走向毁灭，历史总是归于虚无。每一个尘世的瞬间，即使它在历史上体现了精神统治的意志，也只有在最终、将所有过去时刻带向完美的那一天中才被超越。东方首次将人类历史作为一个独立的整体从永恒的事物循环中抽离出来，但同时也将这一过程带入了矛盾和未解的状态，认为这一整体不过是一个虚幻的存在，一个在上帝面前的虚无，仅仅是一个创造物。因此，东方的精神特质也显现出来：追求宇宙的同时又被困于沙漠和广阔的内陆地区。他们的激情不在于简单，而在于神秘。

谁能不被这种灵魂所展现的真挚而强大的创造魔力触动呢？在这里，自然被赋予了梦幻般的抽象诠释，这种诠释充满了《诗篇》和埃及的赞美诗。金字塔建于法老的墓上，使法老的灵魂在数学世界观的崇高中得以安息，正如在金字塔顶端发现的一块铭文所写：

> 阿门内姆哈特(Amenemhet)凝视太阳之美。阿门内姆哈特国王的面容已经开启，他看到了穿越天空的地平线之主。阿门内姆哈特国王的灵魂[73]比猎户座(Orion)的高度更高，并与冥界(Unterwelt)融为一体。

自然、历史和建筑环绕这个人。沙漠和广袤的平地与他相邻，吸引着他，迷惑着他。一个创造之神在其上运作。人类只有在这种全能面前，才能真正感受到自己。他的生活是服侍神。那些伟大的人物不是从单纯的内心深处出发，而是在宏伟的构造中，在一种悲剧性的自我展现中行动。基督在十字架上的最后一句话是："成了！"而苏格拉底则在临终时提醒人们，我们欠阿斯克勒庇俄斯

(Asklepios)一只公鸡。这里的生命以自然而然的优雅结束,而在那里则在一场壮丽的戏剧中结束。因此,保罗(Paulus)宣讲"被钉十字架的基督,这对犹太人来说是绊脚石,对希腊人来说愚拙",他宣讲"神的愚拙比人有智慧,神的软弱比人还刚强"(《哥林多前书》1:23)。

但在保罗的神旁边,荷马的神也崛起了;在神圣的软弱旁边,奥林波斯(Olympier)的众神也站立起来。

三 东亚

东方文化圈的区域空间上包括从中亚高原向西和向北延伸的地区,向西经过印度河,越过波斯、阿拉伯,直到尼罗河以外的非洲沙漠,经过叙利亚和小亚细亚到达地中海,向北则包含东欧和西伯利亚的低地。这是一个没有明显[74]内部结构的世界,向海洋延伸却又与海洋没有内在联系,没有强大的沿海发展,因为受到西部的内陆海和北部的冰冻海洋限制;这个世界由各类随意混杂的民族群体构成,不断形成新的世界帝国:从最早的美索不达米亚征服到毁灭性的亚述远征,再到波斯、阿拉伯和土耳其的建立,一直到我们这个时代的俄罗斯帝国的形成和解体。这是一种几乎没有时间性的力量,犹如未被拯救的存在,突破了周围越来越形式化的历史形态。

在这个从喜马拉雅山到北冰洋、从太平洋沿岸到大西洋分支地带的复杂区域周围,分布着一些具有独特封闭文化的边缘地区:喜马拉雅山以南的印度文化圈、大江东流的洼地和前沿岛屿上的中日文化圈,以及围绕地中海、北海和波罗的海的西方文化圈。从这个中心地带与那些或多或少独立发展的边缘文化之间的关系中,普遍历史的进步逐渐涌现。

欧洲舆论中的偏见和无知倾向于将印度和中国及周边地区纳入西方文化与东方文化的对立之中。然而,我们不仅缺乏将近东和远东结合在一起的连贯的政治历史依据[75]——即便要追溯到公元前3000年发生的雅利安人分化为伊朗人和印度人的事件,这些事件在随后几千年中也未曾重复——而且这些文化的精神特征也存在如此大的差异,以至于只能从色彩鲜明的外部印象中考虑如此广泛的东方生活统一性。

佛教(Buddhismus)是"远东"最伟大的现象,它一直被排斥在其他东方地区之外。它在印度、中国和日本的命运或许最能说明这个边缘区域的特殊性。

印度几乎从未在一个普遍的理念下统一过!由于各个区域在五花八门的混乱中自我维持,一种强烈的尘世快乐成为主导特征。彼岸世界被视为此世的直接延续。同时,这里还发展出纯粹的思辨自由——"把握完全的认知",这是吠檀多的训示。这里不存在闪米特人那样的智识原罪。当佛教在印度传播,阿育王(Asoka)在这一宗教变革期间建立了一个印度帝国时,这个区域展现出一种与闪米特历史完全不同的宗教态度。佛教的兴起并非征服者民族文化的表达,它的神秘主义也不像闪米特宗教那样,伴随着等级制度和政治倾向。相反,它完全从自身展开,试图[76]以神秘主义进行传教——这是宗教历史中唯一的例子。然而,佛教在印度的传播失败了。随后,婆罗门的智慧也逐渐衰退,印度完全不同于狭义上的东方国家,最终在多样的印度教文化中分裂,落入跨海而来的外族统治之下。

虽然佛教在其发源地印度几乎完全消失,但在蒙古民族中却得以长久立足。佛教能够成功地在这些地区传播,与它在印度的失败一样,显示了这一宗教的"非东方"特征:它并未与任何民族的权力扩张联系在一起。在这一点上,佛教似乎只能与基督教相媲美,因为东方首次在基督教中超越了宗教与民族之间的紧密捆绑。

然而，基督教的进一步发展主要在西方教会中，罗马的权力观念将基督教的内容重新发扬光大；而在东方教会中，在斯拉夫民族中，它再次与原始东方的民族观念联系起来。相比之下，佛教在中国作为一种自我安定的神秘主义也得到了传播。与西方的等级制度和东方的皇权至上论不同，佛教在中国通过纯粹的寺院制度传播开来。佛教在中国建立了大量寺院，随后经历了古老儒家这一国家宗教的反击。在残酷的镇压中，中国摧毁了寺院运动，并在自己的传统[77]观念中巩固了自身：中国虽有别于印度，是一个有组织的世界体系、一个帝国、一个有着统一意志的君主国，却缺乏那种追求发现和征服世界的东西方共有的冲动。巴比伦人、西班牙人、英国人开辟了通向大海和跨越大洋的航线，而中国却修筑了长城。

在日本列岛上无法像在中国那样实现同样的集中。佛教在日本长期占据主导地位，类似于基督教在罗曼-日耳曼世界中的作用。随后，本土的民族宗教——神道教（Shintoismus）——与佛教展开了较量。19世纪现代日本的崛起带来了神道教的短暂复兴，使之成为唯一的统治宗教。在此过程中，普遍性的宗教元素与民族性的宗教元素之间发生了相互作用，类似于西方国家的情况。与德国一样，在日本也有两种宗教并立——尽管日本的两种宗教之间的内在关系不可直接类比德国的情形。因为佛教不像天主教那样在本国之外建立普遍的组织，而神道教的复兴则更类似于德国沃坦（Wotan）①崇拜的复兴，而不是基督教的"抗罗宗"。在日本，这种相互作用不像在德国那样深刻，两种宗教在各自的传统领域中并存，分布在特定的社会阶层之间，更多的是并行而不是对抗。[78]然而，我们可以看到，即使在日本也发展出了一种文化，其关键组成部分与我们所描述的东方特征无法相比。宗教性和民族

---

① ［译按］又译"奥丁"（古诺斯语 Óðinn，德语 Wotan），意为"狂暴者"，北欧神话中的"战神"，阿萨神族（Æsir）的主神。

性、精神和政治生活形式在这里,以及在中国和印度,都以独特的方式得到了发展。尽管佛教接触了中国、日本、印度这三个地区,却并没有在其中产生如内陆东方那样的普遍主义特征。所谓的"黄祸"(Die gelbe Gefahr),即黄色人种普遍扩张的威胁,是西方错误类比癖的产物,它不过是和"黑祸"一样无稽的说法。实际上,是俄罗斯对中国而不是中国对俄罗斯表现出侵略性。

第四章　西方和希腊人

[神]曾把[宇宙]灵魂置于这个身体的中心，并把灵魂拉伸得充满整个身体，直到以灵魂从外面完全包裹身体，从而设置出按圆周自转的浑圆物，一个单一而孤独的天宇。于是，天宇基于美德而有能力自己陪伴自己，而不必需其他任何事物，因为天宇自己足以做自己的熟识者乃至朋友。正是基于这一切，他曾把天宇生产为一个幸福的神。

——柏拉图，《蒂迈欧》，34b（叶然译文）

一　范围

[81]当印度和蒙古世界逐渐封闭并形成自身独立的文化时，地中海-欧洲文化的历史却起源于东方本身。它不是从自己的中心开始发展，而是在各个时代的演变中逐步将自己推进到这个中心，并一步步摆脱与东方的关系。因此，可以说，西方历史最深刻的分期反映在它逐渐摆脱东方的意图，最终在其自身的形式中安顿下来的过程中。

东方和西方在外表上并未明显地彼此分隔。在地中海以及多瑙河和维斯瓦河地区，边界一直是流动的。由此发展出具有设定界限特性的文化，这些文化的精神活力在于献身两个世界，这以一种调解和发展的能力为基础——希腊、西班牙、德国都拥有这样的特性。西方精神在这种三重夹击下逐渐走向自身。它从未能够完全独立展现自身。当帝国的罗马和教宗的罗马仍与东方、君士坦丁堡和耶路撒冷紧密相连时，法国的历史已经不仅仅是［82］大陆性的，而必须通过海外背景来理解。正是从西班牙人最初构想的海外概念出发，英国人随后发展出一种新的世界体系的统一性，这开启了包括印度和蒙古文化在内的全球历史时代。因此，普遍主义思想最终将所有的文化圈都纳入其中。这种进步实际上早已在近东帝国中奠定基础，这就是为什么世界历史对于我们来说始于尼罗河和美索不达米亚，而不是溯及同时期的中国千年历史。这并非由时间顺序决定，而是由有机的发展推动。东亚直到海洋时代才进入世界历史。

从这些关联中，我们可以理解西方的命运。欧洲如同一个被海洋和山脉分割的小部分，依附于广大的东方内陆，并同时向大西洋开放。在这种限制和破碎的地理环境中，人的生活能够回归到一种新的精神能力上。"理念"（Idee）、"大全"（Summe）、"总体"（Ensemble）、"绝对"（Absolute）成了他们的激情所在。东方的人类总是反复陷入各种壮丽而混乱的可能性中，而在这里，他们努力理解并实现其自然使命。尽管东方的生活在革命性的不足中反复产生相似的形态，西方却追求发展、独特性、起点、高潮和终点。［83］理性化和自我中心化，对内自我界定，对外向东扩展，向海外殖民且忘乎所以，它不断前行。当它完全表达自己时，就会崩溃。它的活力不像东方那样从无限的处境中诞生，而是特定空间和时代的产物，最终会在更广泛的领域中消亡。但正是这些活力，为新的成就准备了力量，而我们所处的时代正站在这些成就的门槛上，自拿破仑战争以来就是如此。

希腊人奠定了不同生存方式的基础。

他们创造的新基础是海洋。当他们大约在公元前2000年接触海洋时，海洋已经充满了普遍运动，促使他们与近东-埃及文化圈接轨。撒丁人(Sardinier)和伊特鲁里亚人(Etrusker)航行在埃及的海岸线上。赫梯部落(Chetitische)分布在希腊、爱琴海群岛和小亚细亚，他们的影响震撼了东方，甚至深入叙利亚，直到埃及的世界强权才将他们阻止。然而，东部的伟大帝国本身仍然受到其内陆性质的限制：无论是从底比斯(Theben)、巴比伦(Babylon)还是苏萨(Susa)出发，海洋思想都未能得到采纳。波斯帝国明确表示，它将所有东方元素集于一身，已经满足于现状。

希腊人在此前东方与海外之间无序的运动中建立了一个固定的中心：希腊。希腊三面临海，并通过一系列[84]岛屿与对岸的海岸相连。在几百年的殖民运动中，希腊人占领了小亚细亚、忒腊刻(Thrazien)、黑海、利比亚、西西里岛和意大利南部的海岸；只有在西班牙，迦太基人(Karthager)比希腊人抢先一步。因此，海洋不再是东方的边界，而是成为文化的核心。世界的分界线不再在于陆地与海洋，而是在于海岸与内陆。

一种新的居住系统依赖于东方的模式。东方文化以其辽阔的土地为基础，受征服世界和拯救思想的启发；而在这里，生活从其中心开始理解自己。一种自我平衡且稳定的人类存在得以确立。因此，希腊人能够抛开邻近的大陆、拥有千年历史的文化区域以及新兴的民族区域，抛开亚洲与欧洲、过去与未来，就像荷马史诗的信仰将生命的鬼魂和死者的灵魂送过忘川(Lethe)，进入遗忘和阴影的王国。

可以深入探讨，海洋如何解放了人类，将他们从土地的束缚中解放出来。希腊的国家学说并不认为国家必须依赖于领土。赫拉克勒斯的英雄主义克服了通过接触母土而重新获得力量的安泰乌斯精神(antäischen Geist)。罗马人所敬奉的祖先和家园在他们的祭坛上得以保持，但并非[85]主导性的崇拜。那些从祖国迁往海外的部落，离开了他们的圣地，克服了对土地的依赖和不朽信仰。与洞穴和森林中的地方神祇相对的，是由自由的诗意创作而诞生的神祇,他们被安置在希腊最高的山峰上,作为超越单一地域崇拜的泛希腊神灵。只有在那些保持内陆农业思想的地方,如赫西俄德的波伊俄提阿(Böotien),才滋养出一种对救赎和黄金时代的渴望。

这种扩展既不需要一个全能的神,也不需要一个全能的国王挺进到世界尽头。君主制和一神教思想基于统治和拯救,希腊人则基于多神教和各民族的独立性,而不是统一的政治意志。在宙斯旁边还有其他神祇,就像在阿伽门农身旁还有那些和他一起攻打特洛伊的诸侯。部落国家形成了,土地的自然分割带来了更大的多样性。这就是希腊"自由"的意义,也是公元前5世纪历史中的口号。希腊的殖民地并没有像现代西方民族的殖民历史那样依赖于母国,而是从一开始就取得了独立的地位。它们并没有依赖从母国带来的文化,而是在精神上与母国势均力敌。来自伊奥尼亚(Ionien)和意大利南部的重要思想驱动反作用于母国。

[86]然而,希腊的命运并不仅仅在于这种自发的扩展和无拘无束的发展。它通过应对外部威胁才得以形成自己的特性。

希腊已经面临着受到东方影响的危险,而且东方的影响正变得越来越强烈。这一点可以从希腊采用东方的货币和度量单位中看出。物质上的渗透也伴随着精神上的渗透。最明显的例子是异域元素,尤其是埃及元素,渗入希腊的造型艺术。所谓的古风时期的希腊艺术在很大程度上已显露出东方的情感和表现形式。希腊人只有在这个时期才会以几何和象征的方式感知世界:这不是"原始思想",而是对迈锡尼时期世俗文化的有意识反抗。宗教和哲学运动也是如此。在从忒腊刻引进的俄耳甫斯秘仪中,宙斯被剥夺了奥林波斯神的身份,被作为大地母亲盖亚(Gaia)的儿子来崇拜。像毕达哥拉斯(约前580—约前500)和恩培多克勒(前495—约前435)这样的人物,带有浓厚的东方色彩,充满了神秘主义的激情,宣扬自我净化,并在自己周围形成了宗教团体。数字的意义从东方传来,毕达哥拉斯学派的宇宙论就建立在这一基础上。甚至克莱斯忒涅斯(Kleisthene)赋予雅典的民主宪法,似乎也是基于一种数学抽象的意图,而这种意图可能是立法者接受自东方地区,也许是萨摩斯(Samos)。因此,爱琴海和西西里岛有在东方怀抱中消亡的危险。

[87]直到萨拉米斯(Salamis)和希梅拉(Himera)战役的那一天,希腊的天才才真正觉醒。

希腊的殖民扩张之所以没有遇到任何阻碍,是因为在同时期的东方历史中,各大帝国迅速更替。然而,随着波斯帝国的稳固,希腊与东方必然会发生一场重大冲突。希腊人自己发起了进攻。扩张的想法伴着对外争战观念兴起,希腊的自由理想转变为秩序的概念,史诗式的理想变成了戏剧性的思想。胜利的象征在这种生活方式中显现,并矗立在被毁灭又重建的雅典卫城之上。希腊精神在这一象征下得到了完整的表达。

二 胜利

然而,这样一种在内部如此多样且分裂的生活方式,如此具备融入外来文化的能力,如何能够回归自身?它如何能够在与东方的冲突中保持自身的独立性,并最终形成两个世界理论(ZweiWeltentheorie)?在荷马时代,这种生活方式还不认识"野蛮人"(Barbaren)这个术语。直到希罗多德的历史意识出现,这个术语才正式引入。正是通过这个术语,《伊利亚特》的诗歌与希罗多德的历史叙述区分开来,形成了特洛伊战争与波斯战争的区别。

那么,这种精神上的对立是通过什么方式实现的?我们只能用一个希腊的概念来回答:[88]"理念"(Idee)。正是通过这一概念,希腊世界与蛮族世界对立。这种对立与东方民族之间由宗教信仰差异所形成的对立完全不同。

这里所涉及的远不只是权力的对立。

一个东方民族对自身的更深层次理解,往往是其权力或无力感的表达。因此,以色列人自称为上帝的选民,斯拉夫人(Slawophilen)的宗教浪漫主义与俄罗斯帝国主义相联系。然而,希腊人对其民族的"理念"并不是出于自我保存的驱动,而是一种自由的精神使命。这个"理念"也不是一个抽象的概念或先验的生活规则,而是标志着一种新的生活体验的意义,以及一种精神力量的觉醒。

雅典人对抗波斯人时发现了一种新的生活内容:民主自由对抗专制压迫。这是埃斯库罗斯(前525—前456)政治悲剧中的核心思想。这种思想早已在希腊的国家体制中萌芽,在外界威胁到政治生存之前便已存在。而现在,在成功保卫的意识下,它作为胜利的自由光辉,作为战斗的内在真理,或者说作为它们的"理念"显现出来。与东方不同,科学和艺术不再受制于外在或内在的、政治或精神的功利性,而是一种自由的、自主的生活方式。[89]在伯里克勒斯(约前495—前429)的旁边,阿纳克萨戈拉为宇宙的思想性及其认识的外在无功利性赋予了深刻的表达。一个强大民族的生活感受,在与绝对规范、美和自由的尺度相结合中,捕捉到了其存在的巅峰。

在政治的基础上,这种联系在希腊人生活态度的各个领域中都显现出来,尤其是在他们成熟的雕塑艺术中。

那种古风时代自觉抽象的姿态已被抛弃,但并没有换成一种现代反古典主义观点所描述的自然主义。相反,人性超越了所有的相似性或扭曲,在自身中得以完善,并通过其理念表达出自身的本质。

人性既非单纯的本能,也非单纯的形式,既非狄俄尼索斯式,也非阿波罗式,亦没有以悲剧性的结合统一这两种意图。那些在两千年的发展末期重新回到希腊的德意志主观主义者，将这种矛盾错误地描绘为希腊人的自由中的一种限制。然而，希腊古典艺术超越了歌德及其追随者所错误解读的那种典型性与特征性构成之间的区别。

希腊人物描绘的审美是英雄化。英雄，即半神，是神与人相遇的典型希腊形象。[90]他在统治世界和崇拜上帝的东方思想之间坚持自己的立场。希腊英雄并未升格为神圣的世界统治者，但他的服务也不是出于奉献，而是源于力量。赫拉克勒斯不是统治者，而是净化世界的人，但他并非顺从于一位天父的意志，而是臣服于一位被冒犯的女神。

希腊人以这种方式将神本身英雄化了。神谱（Theogonien）诞生了，诸神世代更替。或许在普罗米修斯的形象中，这种更替的意义得到了最深刻的表达。统治的神族必须将其最高的财富，即其存在的秘密，交给未来的神族；只有通过出卖他们最高的财富，神才能让人类得以生存。埃斯库罗斯在《俄瑞斯忒亚》（Orestie）第三部中有力地描绘了人类自己如何进入神的领域，以及人类的建立如何直接成为诸神的真正事务。或许从未有一个普遍事件以如此自由而强有力的方式回归到一个历史场所。雅典成为旧神与新神世界和解的场所；当这座城市崇敬自然与血腥的黑暗力量时，它将这些力量转变为保护神，将仁慈而可怕的存在安置在其城墙内。

在这种将人类生存提升到宇宙世代联系的过程中，英雄主义的生活观没有[91]留下任何空间来展现纯粹的现成事物、偶然存在的多样性。

因此，戏剧超越了叙事诗（Epos）而崛起。戏剧最深刻的特点或许在于埃斯库罗斯发明的主角与合唱队之间的关系。所有相关元素、悲剧事件的单纯素材、人类和山石的回响、因果关系都由合唱队承担——广义地理解，连配角也可以视为合唱队的一部分。悲剧的英雄只有与这一切对抗并从中解放时，才能获得自己的完整内容,步入展现激情力量(Leidenskraft)和反抗力量(Trotzkraft)的另一个层面,在那里其他的纠葛和全新的正当性发挥着作用。

因此,现象的客观性和真理并不在于对生活的描述和叙述,而在于揭示生活中一个完全不同的、更自由的领域。修昔底德的历史编纂或许是最伟大的尝试,他试图在真实中而且通过真实把握人类历史。正因为不存在关于偶然之物的客观知识,而只存在关于理想实现的客观知识,所以希腊史学必须在其最高点转变为文学创作。简单地复述偶然的言辞或重现经验的场景,并不能提供完全的真相;创造性的任务在于认识到在伟大时刻中本该说些什么。正是在修昔底德虚构的演讲中,希腊人找到了最高的真理。

[92]即使是这种存在的概念性形式表达——柏拉图哲学,他的理念学说,也只能通过这种关系来理解。他在感性事物背后设立的理念王国,并不像东方人的天堂那样将尘世贬低为无价值的世界,而是作为一种不断提升但又在这种提升中自我安顿的现世存在的表达。它的真正意义是伦理的。理念的任务不是拒绝现实,而是实现现实。柏拉图深刻地表达了这一点,他把朝向理念王国的救赎描述为回忆,而不是否定。在他看来,偶然之物是对普遍之物的模仿。因此,这些理念不是被造的现实,而是现存的现实。认识是观看(Erblicken),而不是设定(Setzen)。正是在对现存的理想现实的观看中,才有了创造性的行动。

因此,柏拉图得出结论,因为经验现实只能通过感官知觉获得,所以根本不可能成为客观知识的对象。但他并没有由此得出一切知识都必须受主观条件制约的诡辩结论,而是通过以特殊的现实、更高的真实,即经验之物的理念,作为真正的思维的对象,从而将真正的思维"从与知觉的自然关系中"解放出来。只有从理想的现实出发,才能对五彩斑斓的经验世界进行认识和客观化。

[93]因此,柏拉图用哲学表达了这种生命感,这种感受使西方世界永远与东方对立,尽管西方未能完全保持古典思想的主权。

这种思想认为，人类存在的意义不在于神圣化，而在于提升生命，不在于消极对待现实，而在于实现那些被赋予的任务。我们看到，东方那些充满了原罪与末日审判的观念，即忏悔观念，最终通向虚无，走向纯粹的彼岸。不应该首先用东方的观念来替代希腊的观念作为西方发展概念的基础。柏拉图，而不是明确反对柏拉图哲学世俗性的奥古斯丁，才是西方思想的真正祖先。

据称，希腊人只懂得关注变化中的永恒，关注静止的存在。当然，他们并不单纯追求生成(Werden)，他们与历史没有情感上的联系，至少与作为人类心理变化缩影的历史没有关系，这些变迁通过人类的努力达到目标，或者目标本身可能根本不存在。他们并未赋予独立的人类问题研究以重要性。对他们来说，纯粹的起源(Genesis)是一个无法理解的概念。但是，在静止的存在中，精神的所有能量都得到保留，而这正是知识的宝库。在这种对风格化、抽象化和细节化的克服中，在这种极度放松中，谁不想认识到最高的内在活力？[94]希腊人怎么称呼灵魂？不动(unbewegten)的推动者(Beweger)！对思维(Denken)的思维(Denken)！这是他们的核心——爱欲(Eros)、活力和不朽。

所有希腊式冲动都包含在爱欲(Erotik)中。希腊式爱欲不是对人、对邻人、对你、对自己或其他性别的爱，也不是对人类失去的统一体的爱。它不是神性的极乐，而是一种中间的力量，是未完成的力量，却没有使未完成的一半在其不完善性中神圣化；它不是对无限的顺从，也不是将人类的最高成就与神圣领域等而视之。因此，柏拉图的爱欲是一种介于东方和西方之间的特殊力量，它与东方和西方的区别在于爱欲冲动不受性欲的影响。东方允许精神作为一种净化形式从肉体中脱离，并把精神的诞生视为一种性的奥秘。相反，西方的启蒙运动则从自然感性的满足中发现人的神性。这种爱欲在东方扭曲了，在西方则习以为常了，这边是神秘主义的态度，那边是理性和感性的态度——他们对希腊精神的活力、感官之美和超感性的自由一无所知。它们彼此之间的关系比与希腊精神的关系更紧密,而希腊精神的自由活力超越了将创造性灵感转化为沉思模仿的行动。只有愚昧的神秘主义者或启蒙者才会误解[95]苏格拉底与他所爱的年轻人的关系,或者帕特罗克洛斯(Patroklos)与佩琉斯之子(Pelide,译按:荷马史诗《伊利亚特》中的主角阿喀琉斯的别称)的关系。

从民族学的角度来看,这些人并不仅仅是文学中的理想形象。事实上,在雅典和斯巴达,如果一个年轻人没有爱人,这会被认为是一种耻辱。同时,如柏拉图所述,父亲们对这些关系持有怀疑和警告的态度,那么这表明,在这里,人们的想象力在最高意识的守护下发挥着作用,而民族的伟大正是建立在这种想象力之上:无论这种想象力在个别情况下如何被压制,它都塑造了整个社会,并通过非凡的理智文化得以延续。

歌德将创造性秘密归于永恒的女性和已逝的时代,即认为男人的爱欲从对妹妹或妻子的爱中发展出来,这种观点与希腊人的观念相去甚远。希腊人虽然热衷于捕捉美的偶然性,却始终守护着精神力量的根源及其自由展现的可能性。柏拉图明确表示,爱欲可以从某个美丽的个体开始,并逐渐扩展到所有美丽事物上。然而,爱欲能够真正并无害地参与到所有美丽事物中,因为它本身是自足的,是不朽的。

希腊的激情就体现在英雄与环境之间的这种爱欲关系中。

这种精神态度并非某位孤独思想家的创造。它并不源自那种以"绝对人"(der absolute Mensch)的尊严为基点的观念——这种尊严常在二元对立结构中[96]获得其象征意义;例如以色列的先知认为,人格的形成根植于"神"与"人"的区分之中。反之,对于希腊哲人而言,个体的孤立是背离整体的堕落。阿那克西曼德(Anaximander)甚至将个体化本身称作一种罪过。

因此,希腊人的内在统一也意味着外在的关联、融入集体、参与统治。

这就是希腊民主的意义！民主是全民的统治，而不是像现代民主那样，是全体代表的统治。希腊民主被视为义务的总和，而非权利的总和。但它建立在公民的概念之上，因而不可避免地伴随着奴隶和外来者的无权地位。团结和排他相辅相成，都基于一种宗教法则。雅典卫城的公民、剧院、科学以及艺术，皆源于这种精神。艺术家和哲学家摒弃了技艺的束缚，以充分展现其自由存在的风采。

这就是希腊精神，"政治"人文精神！

希腊城邦与东方专制并列，公民意志与君主意志并存。当然，只有当它为统治者和主角留出空间时，例如在伯里克勒斯时期的雅典，希腊民主才展现出其创造力。

整个生命的概念是雅典的创造。在公元前5世纪，希腊生活方式[97]在雅典这个中心凝聚成型，尽管它受到了来自各个沿海地区的外来影响，其中很多都比希腊更为古老。尽管希腊历史与源自东方的历史紧密相连，并且希腊历史诞生于东方的边界处，后来又完全融入东方，但必须强调的是，在公元前5世纪的古典时代，一种全新的世界观的自由气息在希腊吹拂。一位个人天才带来了自由——地米斯托克利（Themistokles）。他也许是雅典人中唯一具有世界政治风格的政治家，在他身上，希腊的伟大成为可能。

波斯帝国仅对希腊发起了一次决定性的进攻，那时它的末日已经临近。这也是希腊唯一一次有机会将内部的矛盾搁置一旁，联合成为一股统一的力量。地米斯托克利抓住了这个机会，并建立了这股力量的工具——舰队。伯罗奔半岛人（Peloponnesier）对雅典的进攻始于波斯战争，三十年后战争再次爆发，这表明希腊人的霸权政治动力只能由外部推动。雅典未能维持这种力量，并最终失败，不仅仅是由于伯罗奔半岛人的反对，也源于希腊帝国意志自身内在能力的局限。

雅典的民主在其理念上显示出缺乏超越城邦(Polis)进而控制海洋的能力。它无法[98]与其海外领地结成平等的共同体。雅典人没有像罗马人那样学会解放奴隶并将公民权授予盟友。在这方面,他们也缺乏习惯意识。尽管他们暂时建立了一个海上据点,所有的精神驱动力都奇妙地汇聚在此,但缺乏将海洋思想持久组织化的基础;在爱琴海尚未找到这种存在的基础。

如果认为希腊人摧毁了波斯帝国,那是一种错误的看法。事实上,是希腊内部的局势,特别是斯巴达对雅典的进攻,迫使雅典在公元前449年签订了妥协和平协议,结束了与波斯的巨大冲突。随后,东方和希腊世界都在内部瓦解了。

正是基于这种双重崩溃,历史发展才得以继续。接下来的时代试图建立一种全新的政治基础,同时显现出一种完全不同的精神面貌。

三　后续影响

一种普遍历史景象再次出现了。亚历山大(前356—前323)的世界统治开启了这一时期。东方和西方开始了他们第一次大规模的文化融合。

一个新的权力中心形成了:马其顿。它的奠基者腓力(前359—前336)并不打算将其扩展到[99]古老的势力范围,如希腊和亚洲,也不想向北扩张。腓力征服了整个巴尔干地区,直到多瑙河。然而,这个北方的帝国无法基于自身的原则发展。它只是提供了一个起点,从那里亚历山大介入了世界局势。这个帝国成了一个新君主意志的源泉。从此,马其顿人及其继业者凭借强大的君主制统治着东地中海世界的广大地区。那么,他们的精神特质是什么呢?

他们重新采纳了东方的普遍主义思想。亚历山大本人——他征服了印度边疆并命人绕行阿拉伯,在去世前还计划征服西方——是这种普遍主义热情的最伟大代表。即使在塞琉古帝国的分裂王国中,也实现了罕见的远期效果:经由它,希腊文化与中国和日本文化接触。然而,文明(Oikumene)的进一步扩展几乎没有发生。世界帝国只维持了几年的时间,而这些分裂的国家则缺乏向外扩展的自然力量。

精神上的影响愈发明显地显现出来。东方的君主统治思想与希腊文化的理想主义特质相结合,形成了一种新的普遍主义存在。由于脱离了希腊城邦所处的政治环境,自治(Autonomie)理念在人们的意识中获得了新的地位。伊索克拉底(Isokrates,前436—前338)曾说过,[100]希腊文化(Hellenentum)不是血统问题,而是教育问题。这种观念切断了过去希腊文化的一个重要根源,即其感性价值和物质上的民族性。像亚里士多德这样的反动思想家,即便面对马其顿的征服浪潮,仍固守对希腊城邦的传统解释,也依然相信所有野蛮人都应被希腊人统治。然而,他的学生亚历山大作为赫拉克勒斯和阿喀琉斯的后代,在浪漫主义的氛围中跨越了海峡,推动了决定性的变革:两种文化的融合。他通过让一万名马其顿人与波斯妇女结婚这一极端例子,展示了希腊知识分子的观点。此举标志着希腊精神的新定位:它成为东方地区的主导精神。国王宫廷中的文化是希腊化的,新建城市的行政管理也是希腊化的。事实上,其中一座城市成为新生活的中心:雅典时代之后,接着就是亚历山大里亚时代。

希腊精神不是本身就蕴含着这种进一步发展吗?我们看到,古老的主题在其中焕发出新的共鸣。科学成为这一发展的决定性力量。

科学起源于东西方交界处的伊奥尼亚,时间在波斯战争之前的一个世纪。赫拉克利特(约前544—前483)这位最深刻的思想家认定科学的使命在于,在变化中重新发现[101]秩序。赫拉克利特通过两种生命概念——事物的永恒流动和其上方的永恒理性——展示了,这里实际上是要将两种世界的核心问题联系在一起。进一步看,他的哲学找到的解决办法清楚地表明了,从什么样的存在背景中产生了思辨科学。无论何时,科学成为生活的主导力量时,它似乎总是位于两个对立世界的中间:这正是赫拉克利特用来理解现实的构造。他将现实分解为绝对的对立面,然后从概念向其对立面的转变中推导出理性的过程。于是,运动和秩序这两者得以结合,但不是作为一种有生命的统一体,而是作为一种概念上的统一体。在这个概念的过程中,所有真实的对立面聚集在一起,经验性的对立被重新诠释为逻辑上的对立。

科学相信可以通过辩证的生命感觉来实现两种世界的主张与和解。

辩证法(Dialektik)是希腊精神在其古典时期前后特有的武装。它意味着,科学的自我目的缺乏政治权力的能量,因此尝试进行纯粹的精神征服。一个自成一体的权力存在从未最终以辩证法的形式得以表达。生活的内容以辩证的链条出现时,通常不是为了实现,[102]而是为了准备或保存一种文化。这正是亚历山大里亚与雅典的区别所在。

虽然雅典也独立地发展了科学,但苏格拉底从最高的政治伦理出发,反对那些将理性秩序与政治秩序对立起来的破坏性诡辩思想,奠定了思维客观性的基础。然而,在雅典,哲学如同文学创作一样,必然包含着浓厚的政治情感。直到科学从"广场"转移到"学院",这种政治对精神的影响才转变为精神对政治的影响。因此,柏拉图试图通过认识精神来拯救祖国。他在晚年甚至前往西西里岛,试图在那里建立贤能统治。

在希腊历史从古典时代转向辩证时代之际,柏拉图成了历史上真正的悲剧人物。在他身上,纯粹科学的人类问题及其如何在一个超越自我的领域中表现出来,变得清晰可见。柏拉图发生了转向。在他最纯粹的作品中,这种科学的激情最终退居其次。就像古典希腊史学一样,柏拉图哲学从纯粹科学走向了文学,成为一种艺术形式,尽管如此,这种转变并不意味着对真理追求的放弃。

在内容方面,柏拉图的学说也发生了些许变化。有人称他为神秘主义者,[103]他教导人们只有在疯狂中才能获得最高的知识。但他的伟大之处在于,他将疯狂与教导融为一体。他解释了美德的可学习性,并且在奇妙的感悟中,尽管深信善这一主导一切的理念在理念的等级中处于最高地位,但他不愿将这一信念完全屈从于理性的教条。

当希腊历史中的统一力量消失后,精神上的对立也完全显现出来,这些对立是柏拉图曾试图调和的,包括理念与政治之间的分歧、美德与恩典的问题等。

然而,灵活的希腊天才从这些对立中仍然萃取出了几世纪以来具有决定性的重要形式。

他所坚持并对精神史上所有相关时刻产生持久影响的是理性的系统构建能力。通过这种能力,他仿佛成了对立世界之间的永恒调节者。

因此,廊下学派(Stoiker)兴起了。波希多尼(Poseidonios)将占卜术与科学、圣灵与因果认知、人类的救赎与主张结合在一个体系中。

希腊人决定性地将基督教改造成逻格斯(Logos)的学说。亚历山大里亚的克莱芒(约150—215)十分偏爱关于上帝的知识,更甚于永恒的生命——即便这两者不相容——他以真正希腊式的[104]方式将宗教视为超理性之物(Über-Vernünftige)。他的学生俄里根(Origines,约185—254)将古代文化的所有内容在一种最终的理论平衡状态中都交给了未来。

然后,希腊人追求纯粹知识的意志通过阿拉伯-西班牙科学渗透进西方,这与罗马人的观念相反。

同样的影响也在德意志的伟大辩证法复兴中得以体现。这一复兴主要基于对希腊人的研究,标志着最后一次东西方对抗的突破。赫拉克利特在伊奥尼亚领悟的内容,黑格尔在普鲁士重新采纳了:体系的力量,这不是单纯的知识编纂,而是对事件进行内在和理性的扬弃(Aufhebung)。

几乎所有辩证法的时代都有一种发展成熟的经验主义倾向与之并存。两者都源于科学自我目的感的觉醒。这种觉醒在脱离政治之后,分化为一种抽象英雄主义和一种寂静主义的情绪。因此,廊下派和伊壁鸠鲁学派对相似的生活方式进行了诠释。

亚里士多德作为经验主义者和形而上学家比其他人更伟大。在他旁边,吕西珀斯(Lysipp,前370—前300)在雕塑中以类似的方式离开了珀吕克利特(Polyklet,约前480—前400)的领域,将艺术的重点更多地放在当下的现象,即"印象"(Impression)。科学沦落为单纯描述的形式,不再在现实中寻找提升的特征,而是寻找自然法则的特征。柏拉图通过不同的存在等级[105]最终达到了根据现实内容而建立的现实层级,而这些层级的真正魅力——伦理上的区分——却被剥夺了。层级变得纯粹由给定的内容来填充,能够适应所有内容,并将其视为同样必要的东西,这便是这一类型的特性。因此,多神论得到了辩护,波塞冬尼乌斯(Poseidonios)奇迹般地复兴了多神论(Polytheismus),而俄里根甚至将其重新纳入基督教体系中:天使和圣徒便由此产生。

同样,自然科学的态度也逐渐变成一种宗教形式。它传递了关于宇宙合目的性之美的观念,以至于老年柏拉图也根据其对埃及和意大利南部的印象,委身于非希腊式情绪对世界之美和合规律性宁静的崇敬。这正是自然科学能够促进东方元素复兴的地方。泛神论(Pantheismus)在此找到了它的根基,成为科学与信仰的结合体。

然而,在这种过程中,廊下派伦理学中那种积极的驱动力仍然得以保留。伦理学的活力在于以自由理性渗透宇宙。

谁能否认这些思想的伟大呢？希腊人的辩证法精神在这里得到升华,最终成为一种英雄主义的决断。正是因为坚守辩证法,廊下派的力量得以巩固:他们的学说并非枯燥的理性科学,而是充满了内在[106]活力。当廊下派坚持宇宙整体的完美时,他们推断出,这种整体的完美必然包含部分的不完美。这与柏拉图的看法大相径庭,柏拉图认为整体的完美也意味着部分的完美。而廊下派在信仰善的统治的同时,也创造了善与恶之间的对立,因为善正是从这种对立中产生。然而,这是一种不具政治性的英雄主义,是个人和精神上的提升。像在城邦中那样的公共自由形式已不再得到考虑。正是这种个人色彩构成了这一理性主义的伟大特征;我们将看到,当现实的力量介入时,它会经历怎样的变化。

廊下派的政治思想提出了一个理性的世界城邦(Weltstaate)概念,废除民族之间的对立,实现人人平等。据说其中一位哲学家甚至呼吁废除奴隶制。这种思想的产生并不意外,因为亚历山大的继承者们虽然完全开放了个人在科学和信仰上的自由,却没有在行政以外的任何领域提供政治参与的机会。在这些国家甚至连公民权都没有。廊下派仍然以古希腊的方式将个人与整体,即世界整体的理念联系起来,而在伊壁鸠鲁的花园中,时间的推移带来了另一种思路,那就是将整体视为最初存在的各个部分的产物。

因此,在一种甚至不触及内在运动的外在统治下,[107]东西方生活交织在了一起,东方的个体灵魂的价值在希腊的理性认知中焕发出新的活力,直到整体被新的暴力分解为原子。

罗马帝国和基督教会这两个最初对立、后来联合的力量继承了这一遗产。我们进入了从布匿战争到十字军东征(Kreuzzügen)的时代,这是西方文明真正奠基的时期。这个时代的历史就是罗马的历史。斯基皮奥家族(Scipionen)与英诺森家族(Innozenzen)的伟大成就联系在一起,成为普遍历史的一部分。

第五章　西方和罗马

一　恺撒和奥古斯都

意大利民族和世界帝国

[111]亚历山大以明确的综合意图介入了一个已经两次分裂的世界。他的目标是精神上的综合和领土的拓展。然而,他甚至无法到达希腊的西部,更不用说迦太基的西部了。在那里,希腊人暂时还在顽强抵抗。然而,叙拉古(Syrakus)和阿格里真托(Akrigent)已经失守。西西里岛同时向罗马和迦太基(Karthago)求援。罗马赢得了第一轮战斗。而第二次战斗则具有普遍性。在汉尼拔(前247—前183)的一系列战争中,争论的焦点不是世界将成为罗马的还是迦太基的(punisch),而是地中海将由一个基于埃及、叙利亚、马其顿、迦太基和意大利这五大主要势力均衡的国家体系,抑或由一个意大利主导的世界霸权主宰。希腊化国家也参与其中:马其顿支持迦太基,而埃及支持罗马。在汉尼拔离世的半个世纪后,所有国家以紧密或松散的形式被纳入罗马的统治。

因此,亚历山大的问题重新浮现,一个旗鼓相当的继承者恺撒(前100—前44)出现了。恺撒明确地继承了亚历山大的理念。正如亚历山大东进到印度河,恺撒则向莱茵河和[112]英吉利海峡推进。实际上,恺撒在去世前也有更宏大的计划:他希望通过对斯基泰人（Skythen）的远征，从北方包围黑海，进一步从东部控制潘诺尼亚（Pannonien）和日耳曼尼亚（Germanien）。因此，他将罗马置于东方普遍主义的逻辑之中。

然而，正是从这一点开始，新的局面得以发展。罗马的权力基础与马其顿不同。恺撒无法像亚历山大将其国都从佩拉（Pella）迁至巴比伦（Babylon）那样，将自己的权力中心从罗马迁至亚历山大里亚。他只在独裁统治的最初几年在亚历山大里亚进行过统治。当安东尼（约前83—前30）也试图迁都亚历山大里亚时，屋大维（前63—14）号召意大利人民对抗他，宣称这是针对东方人的民族战争，并重新确立了罗马的统治。三百年后，东罗马帝国才得以建立，而这一事件的结果是东西方世界的分裂，以及独立西方世界的分离。

虽然后来有其他非罗马的力量对这种分裂产生了决定性影响，但西方最初的塑造力量在于罗马的抵抗，在于罗马特有的统治思想与东方的普遍主义意图之间的斗争。希腊人的辩证力量只能建立一种宏大的中间状态，而罗马的造法立制力量最终胜出。经过晚期帝国文化的暂时沉寂，西方的统治力量在教宗的罗马中再次崛起。

[113]与东方宗教式和希腊理念论式的宇宙观不同，罗马人将世界统治视为一项实际任务，是出于政治局势的必然要求。他们的发展基于城市政权的建设，而非乡村基础。罗马的政治从一开始就以城市为核心，从征服亚平宁半岛、意大利北部到控制地中海，都是罗马权力扩张的阶段性步骤。罗马必须占领西西里和西班牙，否则就会将它们留给非洲的对手，因为这两个地区都无法独立维持自己。

罗马人经历了类似埃及的命运，从他们的民族形成中脱离出来，以他们最强有力的文化法则来管理周围的地区。这与雅典海洋帝国中的希腊世界观形成了鲜明对比！罗马的政治力量并没有依靠一个庞大而自足的东方体系,没有依靠海岸线和舰队来维持东西方之间的平衡。海洋并未定义罗马帝国的特征——直到庞培时期,罗马人几乎未能掌握海上霸权。相反,罗马帝国的决定性特点是建立在大陆上的意大利民族性,这种民族性格通过将文化从边缘集中到中心,逐渐形成了一种集中的文化力量。

[114]宏伟的历史进程逐渐展开。它的力量可能正是始于意大利各部族之间的种族对立;这些部族之间并不像关系密切的希腊人那样保持自由共处的理想。某个特定部族,即拉丁部族的能量得以发展:首先是对抗伊特鲁里亚人,然后是对抗萨姆尼特人(Samniten),最后是对抗凯尔特人(Kelten)。这些战斗的神话传说非常壮丽,例如布雷努斯(Brennus)进军古罗马城堡和卡夫丁峡谷(kaudinische Joch)的记忆。最终,历史达到顶峰,罗马向所有意大利人授予了公民权:这是雅典人不愿对他们的盟友采取的做法。同盟者战争(Bundesgenossenkriege)结束后,在苏拉(前138—前78)的统治下,各部族的不同习俗完全融入一个统一的意大利共同体。

这次发展的后果再次使奥古斯都的政策变得至关重要。奥古斯都用双头制(Dyarchie)取代了失败于三月望日的恺撒式绝对君主制:这是古罗马民族的第一罗马元首制(Prinzipat),建立在"第一公民"即元首(Princeps)与共和制元老院并列的基础上。

唯一的罗马文学繁荣也诞生于这同一时期,它表现为维吉尔(前70—前19)的《埃涅阿斯纪》(Aeneis)、李维(Livius,前59—17)的历史叙事,以及贺拉斯(前65—前8)的颂诗。

反对恺撒的情绪在奥古斯都和提比略制定的外交政策中表现得最为明显。他们放弃了恺撒[115]从东方和亚历山大那里继承的普世思想。在对日耳曼人和帕提亚人的政策中,他们放弃了进一步扩张;他们在莱茵河-多瑙河一线而不是易北河-多瑙河一线停止了扩张,这里只有一块由"界墙"围成的赋税区充当前沿阵地。

毫无疑问,当时罗马的力量完全足以征服日耳曼地区,像之前征服高卢那样。切鲁斯坎人(Cherusker)在条顿堡森林的胜利本身并不是决定性的转折点。它之所以具有普遍的重要性,是因为它使奥古斯都意识到,凭借现有的罗马军队编制,无法实现进一步的扩张。而这一编制,即军队完全由罗马公民组成,是奥古斯都民族化罗马政策的核心。恺撒可能会建立一种超国家的帝国黩武主义(Reichsmilitarismus),但这与其继任者的共和国家观念相抵触。

这是奥古斯都为瓦卢斯(Varus)军团哀悼的更深层次意义。它表达了对疆界的承认,即在这些疆界内,民族思想只能在一定程度上满足时代的普遍主义需求。无法继续征服日耳曼人——而与此同时,东方在与希腊化统治的对抗中首次以阿尔撒息(Arsaziden)的帕提亚帝国(Partherreich)的新形式回应罗马的统治——构成了这一发展的最终面貌。在这些边界内,罗马的扩张维持了将近三个世纪,直到北方和东方的入侵导致了帝国的崩溃。

[116]在这种平衡状态下,东方的征服元素和西方的本土元素、恺撒的意图和奥古斯都的意图相互对立,因而形成了巨大的张力。这种对抗构成了这部统治史的无与伦比的魅力:这绝不是一部野蛮民族的历史,因为野蛮民族会将外来文化的丰富精神内涵抽空,将其简化为文明的表象,正如当今世界观类比癖所误解的那样。相反,这是一场独特的碰撞,饱经千年洗礼的东方-希腊文化通过辩证的力量不断自我更新,而罗马人则凭借他们对于新的政治统治形式和新的地理统一的敏锐直觉,推动了这些新发展。

这使得罗马人超越了那种建立在陈旧世界文化上的空虚的权力意志:他们并非顺应时代的逻辑,而是与之对立,他们内心承载着一个新世界秩序的空间意识。这些推动力量之间的内在关系是什么?

罗马精神

罗马成就的核心在于将已达到的时刻表现为一个已完成的状态，或者用法律语言来说，将实证状态表述为自然状态。

[117]他们的出发点始终是应对眼前的实际任务。罗马人，而非希腊人，认为自己的最高力量体现在当下的行动中。希腊的伟大基于天才的先见之明，他们在马拉松和萨拉米斯胜利之时奠定了海军的基础；而罗马的伟大则基于抵抗的能量，这种能量在坎尼（Kannä）战败的那一刻表现出来。由此，罗马人形成了一种倾向，这种倾向或许在决定性的一点上使西方思想与希腊思想分道扬镳：罗马人毫不留情地深入到经验性的瞬间中。

罗马人比希腊人更深入地扎根于现实领域。希腊人试图从人类被赋予的最高成就和目标来理解和巩固每一项成就和任务。希腊人凭借理论的力量，只从人注定要达到的最高效果出发来客观化人类。然而，由于他们认为那些未实现的瞬间在理论上无价值，因此变得无关紧要，成为创造性过程中的"偶像"（Idolen），因而他们忽视了人类整体的问题，即人类实践的伟大。希腊人将人类组织在原则中，而不是在其所有表现的总和中。罗马人则从另一个出发点发展了人类在当下存在（Präsenz）、坚持（Behauptung）和掌控（Macht）的能力。

希腊人相信，他们能够从其内在观念的自由中直接实现宇宙的完美。这种自由赋予他们巨大的动力。那些进入成年阶段的年轻人引领了这一进程，而亚历山大是其中最伟大的一位。

然而，他们喜欢通过一种天才般的奥德修斯主义（Odysseismus）来满足最高的观念；他们徘徊在[118]直觉的理念和经验主义之间，未能真正将这两个领域统一起来。即使在亚历山大身上，他的构想也仍然带有某种天真的色彩。

恺撒在高卢进行了七年的战争，并忍受着他直到年迈都没有为不朽做任何事情的事实——除了将他的政治工具化之外，没有做其他与永生相关的事情。

罗马人不是从理想的角度，而是从经验的角度这一新的地方寻求人与人之间的平衡。他们在所有可触及的领域中为西方世界出色地发展了这种平衡。希腊人认为，在标准意义上偶然的感性世界和未净化的生成中存在着问题性的伟大，而西方人则在理念、原则和事物本身中找到了这种伟大。

希腊人当然属于西方，因为他们不像东方人那样断言尘世的虚无，而是逐步在个人的美与宇宙的理念之间游走；但他们的辩证法并不是出于一种与生俱来的使命感而加深这种联系。他们不断练习，但不认为下一步是目的。他们的最高节日是竞技比赛（Wettspiele），罗马人的最高节日是凯旋游行（Triumphzüge）。他们有竞技训练场（Gymnasium），西方人有学校（Schule）。

在教育的深度中，罗马人失去了永恒的动力。他们将体系化思想降格为法典化思想。希腊人避免将逻辑秩序和理性意义强加于多样的偶然[119]生活中，而是始终将逻格斯视为目标、任务和推动力；罗马人则主张历史现状的理性表达，赋予他们的政治以自然法的理念，并在哲学中植入自然权利的概念。西塞罗（前106—前43）认为人类天生具备关于善、正义和理性的观念，因此不再是英雄式或辩证法式的塑造，而是对生命自然表达的追求。

无论在哪里，实践的体面都保持着决定性地位，并在道德与正当（honestum）及有用性（utile）的结合中表现出来。西塞罗将正确和有效建立在普遍同意（consensus gentium）的基础上，这同样表明了他对原则独立性的背离。

同样，这种精神也渗透到科学的"体系"中。两门基于权威意图的学科——法学（Jurisprudenz）和后来出现的神学（Theologie）——是由罗马人引入的。在这两门学科中，没有为自由的理性研究或无前提科学的系统化力量留下空间。希腊人将物理学和形而上学同样视为他们哲学的一部分，但在他们的学术体系中，并没有为理性归纳法在人类事务或神圣事务中的应用设立科学名称。后来，"大学"的历史逐渐接受了希腊与罗马的双重态度。近几个世纪以来成立的特别学院[120]以巧妙的命名更加强调了与希腊传统的联系，而系统性的法学和神学在这些学院中则很少出现。

因此，一套生活理念的秩序得以确立，西方由此树立起神圣财产的法规。这种政治有目的地将每一种关系固定下来并分类，其目的是使财产而非观念神圣化。习惯因此获得了巨大的力量。爱欲（Eros）在婚姻中得到了合法化。随着家庭的神圣化——尤其是罗马人将祖先崇拜具体化——妇女的地位也得到了更加明确的提升：在希腊历史中，妇女最多只是作为男性创造性爱欲的参与者，而在罗马历史中，她们作为母亲的尊严基础得以确立。第俄提玛（Diotima）旁边站着科妮莉亚（Cornelia）。罗马人从女性的直接本能中看到了一种超越男性辩证法的力量，以及一种典范性深度。由此，一种特定的、不可动摇的标准和自然的严肃性似乎得到了确立。

理智（Verstand）取代理性（Vernunft）成为立法者。

这种立法的伟大是罗马人的成就。其最全面的体现是民法的制定和编纂。法律理念与罗马人对现实的理解完全契合，因为罗马人的现实观念首先能够支撑起法律理念。罗马人对这一领域的把握极具天才。[121]随着单一民族国家扩展为世界帝国，罗马执政官从其特殊的实在法（Positive Recht）中发展出普遍有效的外国法，即万民法（Völkerrecht），在万民法的形成过程中，罗马人对公正（aequitas）的"自然"倾向展现在所有人的眼前。在奥古斯都的统治下，这种国家力量扩展为国际法律的伟大成就并得到了完善。世界得到了和平。《新约》诞生于这种氛围中："荣耀归于至高无上的真主，和平降临于人间，人与人之间和睦相处。"小国向作为救世主（Friedensfürsten）的罗马执政官（Prinzep）献上了敬意与崇拜，类似于当今时代对美国总统的致敬。奥古斯都的地位基于同样的道德,尽管罗马的主张是建立在我们所称的那种伟大的普遍文化成就基础上。只有在伟大共和主义者的成就基础上,罗马作为世界的自然中心的理念才得以产生。

二 上帝之城

人本主义和神秘主义

奥古斯都的第一古罗马帝国及其涵盖的全部生活关系,毫无疑问属于我们所知的伟大政治存在形式之一。然而,尽管他平息了多种力量,并且在维持这些力量的团结方面展现出持久的力量——这一点在贺拉斯的颂歌中得到了恰当的表达——但这种力量还是建立在[122]必要的限制之上。在复兴的希腊诗歌的骄傲中,并没有体现出那种超越自我的希腊人类精神。第一古罗马帝国文化内部的衰退,与其有意识地回避外部问题的解决有关,即日耳曼部落和亚洲民族崛起的威胁。

然而,罗马人的国家意识或许在维持帝国的外部统一这一点上展现得最为伟大,直到精神上的转型基本完成。正是在古老世界的外表即将永远消失之前,出现了这样一位天才人物,他为新的世界提供了决定性的内在特征:奥古斯丁(354—430)。将他归为古代还是中世纪的争论,忽略了他的成就得以实现的那一时代的政治深度:他在古代帝国的框架内把握住了未来发展的意义。在精神史上,没有任何人物像他一样能够预见到未来的政治内容。在这点上,他也是一位真正的罗马人,是罗马精神力量的最伟大阐释者。

因此,我们将首先独立描述这场最终汇聚于奥古斯丁体系的内在转变。

这场转变的意义在于以精神上的罗马统治思想取代世俗统治的思想。这种普世生活形式通过文化的教会化，虽然未能彻底消除分裂，但至少在表面上掩盖了这一问题。在这一过程中，[123] 罗马精神与东方精神发生了决定性的交汇。

罗马人生活观念中最核心且影响深远的概念是人性（Humanität）。罗马对人性的塑造是对希腊人英雄主义的一种回应。值得注意的是，罗马人的人性理想并非源于未受损的理念，不是一种自由的生活思想，而是在权力关系的调解中形成的，是在罗马帝国超越所有民族对立之上而建立的过程中作为一个自然体系产生的。在这里，不存在一种向上的激情，而是存在一种回顾的激情，它试图从人性的展开而不是人性的提升来认识人类。

尽管这种"理想"也无法脱离希腊的影响，比如西塞罗和帕比尼安（Papinian，140—212）等人已经接受了这些影响，只不过主要是受廊下派思想的影响，但是其中的古典因素已被大大削弱。然而，人性化虽与英雄主义难以相容，却与神秘化有着更好的兼容性。

在获得世界统治后，罗马人的实际勇气并不害怕将成功视为神性的实现，这与东方的绝望观念相遇，后者将神的概念视为人类无法完成任务的对应物，因此这种成功同样具有拟人化的性质。

当然，这里所涉及的是一种在与[124]希腊思想接触中产生的东方概念，即基督教的概念。当耶稣的教义第一次脱离东方宗教的民族主义轨道时，我们不禁要问，当时的犹太教究竟在多大程度上已经被希腊化时期的世界主义运动所影响。

至少在保罗的教义中出现了多种希腊观念：精神与肉体之间的对立，这表达了人的积极性与消极性、神性与罪性。这无疑是一种将柏拉图的理念自然化的过程，柏拉图的理念既不是精神的也不是物质的，而是一种规范性的现实。但是，这种自然化——在亚里士多德学派中已经可见——却包含了一种深层次的背离,即背离东方那种将所有人类现实视为虚无,从而再次引出感官圣化的神秘态度。在保罗那里,希腊辩证规范意识的严肃性对抗东方律法观念的感觉。但是,只有通过转向救赎这一独特事件的思想,保罗才在神秘主义面前巩固了规范意识。单纯的理智仍然是被动的,它会再次陷入自我纠缠。这就是保罗对理智主义的恐惧,新的宗教性格也因此而产生。《罗马书》(Römerbriefe)中的伟大章节正是保罗要求信仰与恩典,以避免违反自然法则,即通过[125]超道德和宗教的激情来履行道德义务。这就是他对被钉十字架的上帝的伟大想象:显现为人子的基督留下了一种有力的力量,可以克服因道德上追求正义而陷入神秘的自我崇拜的腐朽堕落。

保罗体系是各个时代背景下出现的内部最复杂的体系之一。将道德区分置于精神与肉体的对立之中,然后通过只有在信仰中才能把握的神圣事件的权威思想来克服单纯的道德动机,这是他的教义支柱。

尽管保罗学说的奇异性和力量未能持续传承下去,但这种元素的结合必然引起罗马人的共鸣。难道神秘主义和人文主义的意图不是在同一表达中结合在一起的吗?马可·奥勒留(121—180)基于罗马的廊下派提出了"我们内在的神圣性"这一最高人性的观念。这一皇帝的观点与当时教父爱任纽(Irenäus,130—202)的观点有多大的不同呢?爱任纽解释说,基督教的本质在于通过神的道成肉身兑现人类的神化承诺。

阿塔纳修(Athanasius,298—373)对这些思想进行了关键性的深化。他的基督同体(Homoousie Christi)论,即关于神性和人性在基督身上的本质同一(Wesensgleichheit),成了当时的政治口号和君士坦丁帝国教会的教义。[126]将关于人类神化的教义应用到耶稣这个历史个体身上,以及将教义从自然的观点转变为独一无二的启示事件,这其中的悖论正是这位主教以强大意志力进一步宣扬这些教义的原因：非政治化的希腊辩证法被抛弃了。主教在认识之上要求信仰，在自由之上要求服从。因此，德尔图良（160—230）的"正因为荒谬，所以我才相信"（Credo quia absurdum）的苛刻信条和奥古斯丁经历了所有理智怀疑后的"这如何可能"（Quomodo id fieri potuerit）都是这种立场的体现。

"接下来怎么办？"是罗马帝国的文化在平衡中面临的重大问题。罗马的人性通过神化自然现象来满足自身，但这种做法作为一种陈旧的平衡方式，已经无法再满足不断涌现的精神需求。这种人性与奥古斯都的统治相匹配，而当这种统治开始呈现出东方专制的特点时，就演变为一种不同于希腊化君主制的恺撒统治，并不再留有个体自由。个体在专制中的反抗取代共和国中的公民参与。塔西佗（56—120）曾凭借古代共和文化的良知谴责皇帝们的疯狂。然而，直到那些在殉道者中首次显现的个人灵魂为了内在救赎而斗争的力量崛起，这个时代才找到新的精神形式。但只有当这种个人主义服从教会引导时，这种精神形式才会出现。在教会地位的提高过程中，[127]"接下来怎么办？"这个问题才得到回答。与皇帝崇拜中对人世王国事实的神圣化相比，基督崇拜中对神国降临事实的庆祝显得更为重要。这种将教会这一特殊机构神圣化的倾向，赋予了这个时代新的超越性特征。这是一种巨大的征服！权力成为一切，这种权力在这里达到了巅峰。从俄里根和美多迪乌斯（Methodius）的辩证法中精心保存的古代价值来看，罗马帝国时期只能说是一个衰败的时期；但从活力的角度来看，它恰恰是一个最强大的塑造新形式的时期。罗马和亚历山大里亚的主教们引领了这一方向，而米兰大主教这位"帝国牧师大臣"安布罗修（Ambrosius）成了奥古斯丁的榜样。因此，康斯坦丁（Konstantin，272—337）以深刻的视野在帝国教会的基础上奠定了帝国的新意义。

这是罗马东方化的意义所在，即把罗马的人世统治转变为精神统治:这一转变是其生存的宏伟核心。这揭示了西方和东方之间最内在的联系。然而,未来时代的发展始终基于政治前提的最终分歧,即西方与东方在这些前提下融合了各自的宗教驱动力——这种分歧体现为统治与奴役之间的区别,而在这里,这两者都升华为宗教观念。

奥古斯丁

[128]这最终是一场漫无目的的运动,就像所有宗教时代的运动一样。东方思想的永恒奥秘由此进入了西方思想,并主导了西方思想几个世纪。这一运动的基础是中世纪占主导地位的人性与神秘、自然与恩典、理性与启示之间的对立。奥古斯丁在与佩拉纠教派(Pelagianer)的斗争中,首次明确地支持了恩典。

他的伟大之处在于,他以最敏锐的方式发展了个人困境和精神统治这两方面,将它们归纳为一个伟大的动人原则:意志(Willen)。通过这种原则性的总结,他个人超越了东方世界中那种在等级制度与个人主义、教会与教派之间难以解决的对立,而这种对立甚至连基督都未能超越。他通过意志的思想将这两个要素紧密结合,从而净化了它们。这不是一门简单的艺术,但确实是一门真正的综合艺术。

奥古斯丁的个人发展始于新柏拉图主义的神秘体验,因此,他始终保持着对救赎的需求。当他又转向理性文化,思考哲学的诸种解答时,却只得出怀疑主义的结论。他以一种前所未有的方式探索并描述了心理领域。他的《忏悔录》首次将精神迷途作为一个独立的理论问题进行探讨,成为一部关于灵魂的独立学科[129]——心理学的基础著作。这一学科对于希腊人来说是陌生的,因为希腊人只是从形而上学的角度,而非经验的角度来认真研究灵魂。

奥古斯丁通过这种对经验世界的深入研究,在其思想发展的最后阶段明确地反驳了自己早期的观点,淡化了保罗所强调的肉体与精神之间的形而上学分离,并且重新强调了现世整体的价值统一,即其低劣性。他将根本性的罪恶,即罪的状态,定义为现世的本质,并放弃了阿塔纳修提出的人类神圣化的可能性。奥古斯丁由此进入了柏拉图以至高无上的姿态所忽略的,甚至连希腊教父们也只是从思辨的角度涉足其中且在其漩涡中几近迷失的经验世界的细微之处,从而以一种新的方式来理解解放和组织的力量——这种力量既不是希腊式的理性,更不是神秘主义的力量。

奥古斯丁对现世有着过于成熟的经验性理解,以至于不会因为认识到它的虚无而陷入一种不加批判的神秘状态。他的伟大之处在于,他放弃了以罪恶状态的感觉作为与神合一的基础,拒绝通过与神保持距离来使自己神圣化,也不暗中把痛苦转化为幸福,而是从一种拒绝在隐藏中将自己的贫乏视为富有的严肃态度中,释放出一种具有压倒性力量的统治意志。

[130]正是通过意志,奥古斯丁组织了人性。他以巨大的震撼描述并体验了意志的奥秘:灵魂想要,却又不想!

> Sed non ex toto vult; non ergo ex toto imperat[但是,(灵魂)并非完全想要;因此,它也就无法完全支配]。

这种"完全支配"(Ex toto imperare)成为他的激情,即统治所有经验元素的人性力量。为了确保这一点,奥古斯丁充满激情地离开了希腊人的理论领域,提出了权威的思想:在认知中服从,在认知中命令。这就是教会的位置。教会承诺让迷路的人从怀疑中解脱出来,同时也确立了自己的统治欲望,即"完全支配"(Ex toto imperare)。没有哪位西方思想家比这位主导性的西方人更深刻、公正,但也更具魔鬼性地表达了教会的本质。罗马教会迅速站在他这边,反对佩拉纠教派,这些人最后一次表达了古典观念中对人类善良自然力量的信念。罗马认识到奥古斯丁的统治思想更为深刻。

奥古斯丁思想的细腻与无穷无尽的丰富性体现在,他在意志的特性上削弱了——后来由康德提出的——激进的道德性,并且宣称,只有在包含爱的时候,才有可能追求至高无上的目标。

爱邻人如同爱上帝:即使博爱(Caritas)相对于爱欲(Eros)仍然保留了道德-神秘的附加意义,奥古斯丁所建立的教会共同体依然以更自由的方式从永恒的动力中汲取力量,[131]而不仅仅是从非精神的帝国中获取力量。是的,奥古斯丁对永恒之本性的理解如此深刻,以至于他在其中为预定论,为那些上帝所拣选之人留下了位置,那些人甚至可能早在基督及其公教会显现之前,便已因那"永恒之教会理念"而确立了自身的存在。然而,相对于当时在修道院运动中广泛传播的东方个人主义组织来说,奥古斯丁点燃了人类相互协作、权力、延续性和政治的创造性火花。他禁止了再洗礼,不圣洁的成员并不能使教会不再团结。他对经验、心理学和历史的敏锐洞察力,以及对西方权力的天才理解,都在这里熠熠生辉。罗马教会并没有像希腊教会那样将修道院制度抛诸脑后,而是将其融入自身,这成为其力量的试金石。

罗马教会的局限性可以从奥古斯丁这一思想基础中看出——它拒绝了希腊文化的沉思自由。在它的统治下,科学和希腊艺术,像在共和-帝制时期的罗马统治下一样,没有得到发展。我们将在下一节阐述由此产生的精神危机。

如果我们追问,究竟是哪些伟大的力量使奥古斯丁得以构思出一种神权统治(theokratische Ordnung)——这种统治不再像以往所有的那样,建立在对由上帝所打下基础的古老民族纽带的法利赛式守护之上,而是能以一种卓越的讽刺精神扎根于一个年轻民族存在的自由空气中——[132]那么,我们将发现,正是奥古斯丁在帝制时代中所身处的"民族理念"与"普世理念"的特殊关系,使他得以摆脱一切民族主义的束缚,从而观照那"上帝之城"(civitas Dei)。奇妙的是,他将超越尘世的现象与现实结合在一起,将天上的耶路撒冷与基督显现后感受到的千禧王国融为一体。因此,对他来说,教会的大公性(Katholizität)不仅超越了其经验存在,还几乎成为一种柏拉图式的理念,这是帝国所能达到的最高升华。在国家之旁和国家之上仍有独立教会的存在,这一事实使罗马统治世界的神圣化与其他势力统治世界截然不同:在罗马教会中,不像在犹太教或古埃及的等级制度中那样倾向于保留民族因素;因为在罗马神权化的华丽蜕变过程中出现的不是一个失败的意志,而是一个胜利的意志。罗马人既没有像犹太人那样沦为流浪者,也没有像希腊人那样成为各民族间的短暂中介者,而是在某种意义上保持了一种天生的统治地位。

现在,在民族大迁徙的时代,罗马人屈服于决定性的外部变革,不仅通过他们所获得的精神化形式,而且通过其最高人世形式的延续,即以其真正的创造天才命名的思想——皇权制(Kaisertum),保持了其结构的优越性。

[133]帝国的分裂以及东西方多种独立势力的形成,在接下来的近千年中,仍然受制于两大最高权力——皇权和教权的关系,而这正是罗马在长久的西方与东方的联系中所产生的。在十字军东征中,这种原则再次壮观地展现出来。直到西方在海外关系中最终脱离东方的影响,这种原则才逐渐消失,与之一起消逝的还有永恒之城罗马的星光。

三 皇帝与教宗

东方

在奥古斯丁之后的几个世纪里,世界格局发生了决定性的外部变化,即统一帝国的最终解体。取而代之的是在战争过程中出现的三个或多或少独立的文化圈：罗曼-日耳曼的西方文化圈、以拜占庭为中心的希腊-斯拉夫文化圈，以及阿拉伯文化圈，或者根据主要的宗教差异，可以称之为罗马教会、希腊教会和伊斯兰教会的区域。

戴克里先（244—312）和康斯坦丁（272—337）将东罗马帝国的首都迁往君士坦丁堡，从而使君士坦丁堡成为东罗马帝国的中心，在这个帝国中，形成了一种古老风格的东方权力：一种能够压制民族特性和宗教派别的绝对恺撒-教宗式君主政体。即使在教义上有所妥协，破坏圣像的皇帝们仍然试图[134]在政治上排除僧侣的影响。在宗派被压制的同时，学术思想的基础也被摧毁。在查士丁尼（Justinian，482—565）统治下，希腊独立思想最后的火花也熄灭了。人们对最后一位原创思想家俄里根的记忆受到谴责，查士丁尼关闭了雅典学园；在今天的东正教中，教义一直保持着 6 世纪时的经院形式。这种僵化也影响到了斯拉夫民族，他们在获得民族独立后，虽然立即建立了与西方不同的教会，但二者不存在教义的分歧。拜占庭阻止了希腊独立思想对斯拉夫民族的任何影响；类似的情况发生在 19 世纪初的俄国革命战争之后。亚历山大一世（Alexander I，1777—1825）在西方思想的影响下允许不同信仰的调和融合，但他最终不得不将这种调和排除在帝国之外。俄罗斯大学反对德国科学。在精神政治上，沙皇制度（Zarismus）的结构重演了拜占庭的模式。

拜占庭的学术政策破坏了它在埃及、叙利亚和亚美尼亚（Armenien）的地位。为了排除科普特教派僧侣的影响，拜占庭皇帝在基督一性论争议中站在了西方立场上，[135]结果导致埃及脱离了基督教的东正教文化圈，因为埃及热情地坚持一性论（Einnaturenlehre）的神秘主义，最终成为阿拉伯人的下一个目标。

在阿拉伯人身上，东方古老的普遍狂热再次复兴。他们的势力扩展到了印度深处、拜占庭城墙前以及法国的战场上。在土耳其人崛起之前,他们聚集了当时精神文化的真正辉煌,重新接受了亚里士多德的思想,并从广泛的印度-希腊文化圈中汲取了精确科学,尤其是代数和化学。巴格达(Bagdad)、开罗(Kairo)和科尔多瓦(Cordoba)都处于这个文化圈中;西西里则成为各种影响交汇的地方。阿拉伯人在精神文化上远远领先于脱离东方的罗马-西方文化。只有在阿拉伯人那里,纯粹科学才得以延续,并反过来通过他们传回西方,引发了随着唯名论哲学的兴起而开始的西方教育史上的分化过程。在希腊、阿拉伯和西方科学的这种交织中,蕴藏着精神史上的一个伟大而活跃的时刻。

像所有东方文明一样,阿拉伯文明也是短暂的。在 12 世纪,伊斯兰哲学的思想自由也遭到了暴力压制。随着土耳其人的崛起,东方在经历辉煌的阿拉伯时代之后,再次中断了与希腊文化的所有接触。希腊文化遗留部分[136]则经由西班牙,并在君士坦丁堡陷落后流向西方。

德意志帝国

这里出现了完全不同的前提条件。

政治权力随着帝国移至东罗马。像东方在埃及和阿拉伯地区经历的那种由被征服但仍然充满活力的精神引发的大规模起义,在这里并没有发生。罗马教会基于一个全新的原则建立起来。我们稍后将讨论西方罗马化省份的特殊性。北方未被征服的部落,尤其是日耳曼人,已经入侵了这些省份。与阿拉伯人不同,这些部落以各自的团体形式出现,没有统一的指导思想或宗教引导。

这些部落起源的运动仍然充满了未解的谜团。在过去的几千年里,这些地区一直远离普遍生活的舞台,似乎并没有像印度人和中国人那样发展出独特的文化,但它们仍然位于与现有文明接壤的大陆上,并在一定程度上受这一全球性运动影响,同时也不断对其产生影响。

凯尔特人和早期的日耳曼人运动虽然遭到遏制,但尤利安(Julians,331—363)在斯特拉斯堡(Straßburg)的胜利标志着这段历史的最后一站。古代普遍主义文化赖以存在的巨大关系一下子被打破了:[137]在东西方对立的背后,潜藏着南北方对立,而古代历史着意于阐明东西方的对立。当匈奴人从帕米尔高原(Pamir)骑马来到卡塔隆尼原野时,这一南北对立最终显现了。南北对立围绕阿尔卑斯山展开。阿尔卑斯山以北的民族继承了帝国的尊严,这一对立因此正式浮现。在德意志皇帝和艺术家们翻山越岭,从迷雾走向光明的历程中,这种对立得以体现。

我们对民族大迁徙之前和之间北方独立的内部历史一无所知。即使是那些来自那个时期记忆的德意志民族史诗(Nationalepen),也只是作为与其他文化结合的产物得以保存下来。这种南北对立只能从它的影响来理解。也许这种对立反映在这些民族所保留的特殊观念中,尤其是他们对历史的独特情感,以及那种"教宗至上的"(ultramontanen)浪漫主义中。这种浪漫主义无论表现为顺从还是反抗,都已经成为德意志灵魂的形式和痛苦。

西方政治的基本前提已经在奥古斯丁的《上帝之城》中确立:一方面是天主教的普世性,即到处建立上帝的国度的绝对任务,这意味着教宗制度、传教、与异教徒和穆斯林的斗争;另一方面是作为教会助手的国家权力的必要性和相对合法性,即皇权、维持内部秩序、推行上帝和平(Gottesfrieden),以及对萨克森人(Sachsen)、[138]匈牙利人、温德人(Wenden)、波兰人和普鲁士人的扩张性战争,以及西班牙的十字军东征和从土耳其人手中解放圣墓的战争。

因此,奥古斯丁的模式在其设立后的近一千年里一直保持活力。在霍亨斯陶芬时期,奥托·弗赖辛(Otto von Freising)的历史书写再现了这一模式。奥古斯丁所预示的方向实际上成为这一运动的主要常数。教会本身始终受这种模式熏陶,无论是自愿还是非自愿,人世政治尤其帝国政治都在很大程度上遵循这一模式。

如果在时间的尽头,这两种权力都经历了决定性的转变,那么这可以通过它们之间的对立来理解,这种对立最终导致了它们的相互摧毁。正如《但以理书》中的预言所描述的那样,一块从山上滚下的巨石砸毁了一根宏伟的柱子:奥托·弗赖辛将这个柱子和巨石的比喻应用于皇权和教宗权。

我们考察构成西方发展自身动力的要素,并探讨如何应对奥古斯丁主义带来的后果。

决定性的外部形势在于,恺撒将普遍主义思想传递到西方,而首位秉持奥古斯丁精神的伟大教宗格列高利(约540—604)则将其视为传教理念进行了复兴。但这一思想在历史现实中遇到了界限,甚至可以说是被取消了。西方帝国从未真正普世化,也就是说,它不得不放弃[139]曾经属于帝国的一些已知部分,甚至有一个与之对等的权力,即拜占庭基督教皇帝。在最初的日耳曼王国中,无论是西哥特王国还是东哥特王国,都承认拜占庭的至高权威。拜占庭宫廷只有在骄傲和不情愿的情况下才与奥托一世(Ottos I,912—973)领导的萨克森王朝结盟。十字军东征虽然短暂地在拜占庭建立了一个拉丁王座,但无法实现一个遥遥无期的权力诉求。此外,这诉求本身源自西方内部最高权力的矛盾。当弗里德里希二世(Friedrich II,1194—1250,译按:霍亨斯陶芬王朝的神圣罗马帝国皇帝)进入耶路撒冷时,教宗对这位被逐出教会者所踏足的圣地下达了停止一切宗教活动的禁令。对外缺乏自由的状况导致了对内统治权力的危机。

在抵御外敌的过程中,天主教思想获得了一种独特的成就,这在图尔(Tours)和普瓦捷(Poitiers)战场上得以体现。在加洛林帝国中,天主教思想重新绽放光彩,尤其是在它转向那些注定会取得持久成功的、在德意志世界展开的战役时。这些战役的基础是一项伟大的任务,即为了对抗东方斯拉夫人而重新划定边界。在这里,古老的恺撒主义思想,尤其是奥古斯都和提比略所秉持的思想得以延续。西方帝国的统一意义在于,它不再止步于莱茵河,而是扩展到了易北河,最终甚至到达了维斯瓦河(Weichsel)。[140]这种扩张与教会的理念紧密结合。从萨克森战争到温德人和匈牙利人的战斗,再到条顿骑士团的征服,德意志东部的历史实际上是《上帝之城》的一个篇章;条顿骑士团团长赫尔曼·萨尔扎(Hermann von Salza,1162—1239)的外交艺术在皇帝和教廷之间游刃有余。正是基于这些向东扩张所产生的力量,德意志人在中世纪确立了其霸主地位,并首次在西方国家中展现了独特的成就。

除了在外部实现普遍主义的任务之外,还出现了将其作为国家内部原则确立起来的任务。

在这方面,查理曼帝国曾一度取得成功;查理的前辈们已经通过没收包括教会在内的众多财产,为在墨洛温王朝时期丧失了几乎所有财产的王室争取了利益。查理的父亲和他本人被视为无可争议的领主,是教会的庇护者。当然,这种庇护关系已经不再符合奥古斯丁纯粹的教会等级制度的意图。

但是,帝国已经无法在国家权力的内在原则上建立恺撒-教宗式的统治。

罗马帝国已经吸纳了各种不同的身份持有者:共和国的执政官、边境地区的军事领袖和东方的专制君主;现在,这一荣誉转移到了日耳曼国王身上。查理大帝(Karl der Große,742—814)[141]完全认为自己是日耳曼国王,甚至声称拜占庭皇帝的头衔不如他的国王头衔。因此,某些日耳曼的公法基本观念随之引入。在整个西方封建史(Fürstengeschichte)中,有两种日耳曼的观念得以保留下来,这两种观念虽然不是直接矛盾,但也难以调和,现在在皇权制度中得到了体现:君主的世袭权和部落成员的选举权。

君主的世袭权和部落成员的选举权这两种观念表达了自由与个人义务的总和,这使得日耳曼的观念与东方的专制观念和古代的共和观念有所不同。世袭权标志着日耳曼官职观念的私法性质。这种观念高于当时的政治需要，有时导致将一个统一的国家结构分割给多个继承人，有时则通过婚姻和世袭将不同性质的领土联合起来。

加洛林王朝完全继承了这些观念；因此，虽然没有出现帝国的分裂，但国王的权力却被分割了，而这些权力是帝国的基础。从一开始，加洛林王朝的各个国王就独立于皇帝。

这样一种权力的总和并不能应对当时的任务，尤其无法抵挡诺曼人（Normannen）的进攻。西法兰克和东法兰克因此各自走上了自己的道路。

[142]此外，还有选举权带来的限制。尤其是在德意志的帝国体制中，选举权得以保留。尽管精力充沛的萨克森统治者成功消除了部落公国间的竞争所带来的对统一权力的直接威胁，奥托一世几乎将所有公国都交给了自己家族的成员，但是即使在家族内部，也出现了各种形式的反抗。德意志国王希望利用已经形成的教会和世俗贵族之间的对立，预先应对这些威胁。他们试图从仍由他们掌控的高级教会职位中发展出一种帝国官僚体系，以压制地方势力。然而，这一举动却严重干涉了教会的等级制度。

为了实现这一目标，德意志国王必须确保对教宗的至高无上的统治权。帝国权力的恢复也因此成为现实——即使奥托一世并未明确出于这种考虑而采取行动。与克洛维（Chlodwich，466—511）、查理和伦巴德诸侯（Langobardenfürsten）一样，他的决定并非出于纯粹的精神理念，也非出于他在与教宗的关系中对精神理念的反对，而是因为日耳曼民族的人世国家思想比罗马传统的理想主义诉求更优越。在康拉德二世（Konrad II，990—1039）统治期间，这些倾向达到了顶峰。萨利安王朝（Salier）因其在面对教会等级制度时，无论个人观点如何变化，都依然坚持这些伟大的原则，而被列入非凡统治家族的行列。在关于[143]授职权（Investitur）的斗争中，他们以极大的力度向国家展示了人世的必要性。

然而，毫无疑问，皇帝们因此与那个时代的反动原则汇合在了一起。他们在与教宗的对抗中，走向了恺撒-教宗式帝国的道路，摆脱了以最高权力的二元化为原则的西方特殊发展之路。在康拉德二世毫不掩饰地进行的买卖圣职（Simonie）的活动中，教会的精神理念受到了特别的践踏。而在亨利四世（Heinrichs IV, 1553—1610）的少年时代，不来梅大主教采取行动，试图将德意志教会从罗马分离出来并建立一个独立的北方牧首区（Patriarchat），如果继续坚持帝国权力，这势必导致西方臣服于德意志的神权统治。罗马教会的等级体系在这场斗争中集结当时所有的力量来对抗德意志人。

我们可以暂时设想一下，如果萨利安王朝的计划成功，将会出现什么样的局面。一种国家的统治应该在精神独立的理念基础上建立起来。这与西方发展进程并不相悖。国家建立在教会之上，而非像在东方那样将教会建立在国家之上。毫无疑问——这些考虑可以证明这一点——德意志民族的罗马皇帝未能完成的思想对特殊民族性格的形成产生了持久的影响。教廷通过[144]抵抗和诉诸暴力干涉，在新生国家的灵魂上打上了为了教义永无谬误（ultra montes）而斗争的烙印。卡诺莎（Canossa）成为一个不可磨灭的经历。路德（1483—1546）也重新拾起了这些情绪。

但与此同时，路德也敏锐地发现了皇帝们失败的原因。"因此，我认为，这就是为什么过去那些尊贵的君主——皇帝弗里德里希一世和二世，以及更多的德意志皇帝——会如此可悲地被教宗们踩在脚下并压制，而世界却畏惧他们。他们或许过于依赖自己的权力，而非依赖上帝，因此他们不得不失败。"因此，路德本人并没有那样行事。在沃尔姆斯（Worms）帝国会议的伟大时刻，他没有将宗教事务与国家事务联系在一起。德意志人注定要以另一种方式表达宗教与政治的关系，以另一种方式接近他们民族精神的理念。

德意志的政治导致了帝国与神职权威（Sazerdotium）之间不可挽回的分裂。在试图在新的西方世界秩序中确立国家权力的问题上，这一矛盾显现出来了。国家干涉重要的宗教职责，导致罗马教会无法让步，尽管它此前在卡洛林兄弟之间的争端中曾表现出维护帝国统一的自然兴趣。更重要的是，与法兰克人不同，[145]德意志人对普遍主义的兴趣不再同等活跃。

教宗试图重新唤醒这一伟大的普遍主义思想，同时试图在内在地位上超越皇帝。西方文明总体实力显著增强，一种独立的精神文化在法国土地上兴起；教会从克吕尼开始，甚至与这个新兴文化结成了紧密的联盟。因此，教会能够构想出一个宏大的事业，以恢复其存在及所统治世界的外交政治意义。教会宣扬十字架。

这些战斗中的伟大神话是，这位年迈的皇帝或许是这一尊荣最辉煌的代表者，他亲自领导了这些战斗，并最终在叙利亚河流的波涛中沉没。弗里德里希一世开启的事业，他的杰出继承者们试图在一场最后的决战中实现：继承教宗的地中海政策，获取从南方包围罗马的西西里王冠，废除选举君主制，建立世袭尊荣——这一切都以向诸侯做出新的重大让步为代价！

即将到来的德意志分裂就这样注定了；然而，在弗里德里希二世的进攻中，也包含了教宗世界统治理念即将崩溃的重要一环。霍亨斯陶芬王朝的皇帝们的气势令人震撼，他们将原本在一百年前似乎还处于独立的北方教会省（Kirchenprovinz）中的皇权可能性推向阿尔卑斯山脉，并在[146]广泛的精神和政治文化基础上，向南意大利扩张。德意志政治的南北方针在这种迅速的转变中再次显现出来。

在艺术领域，特别是在建筑方面，这一时期的德意志人试图在西方新兴的影响力之外，寻求与古代传统的联系。他们不仅试图适应法国哥特式建筑所表达的一般时代文化发展，同时在建筑风格中也坚持与皇帝历史（Kaisergeschichte）中的重大对立保持一致。

因此,在这个时代,他们在无法向外实现其普世理念的同时,也使内部国家处于一种未完成的状态,存在着大量未完成的形式。无论是"上帝之城"还是"尘世之城"(civitas terrena)都未完成其使命。因此,精神教义也不得不衰落。

等级制度下的科学与艺术

然而,在这段时间不断变化的政治局势中,也出现过一些宁静沉思的时刻。中世纪的精神反思比在任何其他时代都更密切地追随了政治进程:不是直接追随政治事件,而是追随那些使政治事件与众不同的内在立场。精神反思以强烈的奉献精神适应了这些立场。这正是经院哲学(Scholastik)的本质。它既不同于自主的科学观察——例如修昔底德式的时代观察,也不同于现代的新闻出版业,后者[147]不再尝试从内在形式来审视和区分外在现象。经院哲学的意义和魅力在于通过思辨的动力支持外在时刻。

教宗权力上升的各个阶段在神学反思中得以重现!在克吕尼派改革运动时期,教宗权力得到提升,安瑟伦(Anselm,1033—1109)根据纯粹理性证明教会教义。当时,他尝试从本体论出发证明上帝存在。

克莱尔沃的伯纳德(Bernhard von Clairveaux,1090—1153)——失败的第二次十字军东征的鼓动者——重新以充满激情的见证方式表达了对救世主的爱和与救世主的合一。他在神秘的狂喜中宣讲自己与上帝的亲近,然而却再次陷入孤独,最终转向一种抽象的精神道德主义,即以"圣灵式"(pneumatischen)献身代替了个人的献身。

最后,在英诺森三世(Innozenz III,1161—1216)等级制度的影响下,托马斯·阿奎那对灵魂的所有错误和可能性进行了冷静而全面的清算。他提出了十个支持和十二个反对将某行为视为死罪的理由,但这一切都不影响最终判决的确定性。国家的必要性和宗教的必要性、自然法和上帝的计划、启示和批判、神秘主义和人道主义,都要根据统治者的需要来权衡。托马斯·阿奎那已经成为等级制的基础之一,等级制度——以格列高利七世(Gregors VII,1020—1085)为榜样——以一种天才的世界观表达了其独特的原则,[148]即托钵修会(Bettelorden)的原则。它们懂得将贫困问题转变为这个经济繁荣的时代的重大事务,并通过对比来保持宗教思想。这里没有对任何人类力量的放弃——即便是希腊科学,托马斯也比奥古斯丁更深入地重新接受了它——但也没有对尘世的沉迷。在这里,不再存在辩证法时代的单纯原则"始基"($άεχή$),也不再存在不充分的系统化尝试,而是真正的生活"总纲"(summa)。

当一个灵魂在平静的自豪感中组织起它的观念元素,并按照它们的顺序表达出来时,这是一瞬间的真正深度。在托马斯的体系中,罗马时代的终结得到了充分的表达。

古罗马的自然法思想在托马斯的体系中并没有消失,反而被赋予了更高的地位。权力不仅被理解为自然权利,自然权力不仅被神圣化,而且自然权力的神圣原则在教宗权力的实践中得以体现。这种原则最后在托马斯那里以一种精神形式再现出来,而这源于他对这一结构关系的深刻理解。

这是一个建筑的时代!在古希腊和文艺复兴时期,建筑更像是当时主要形式的装饰品,而在这个时代,它则具有真正的政治特征。它成功地将构成[149]权力体系的所有概念层次纳入其中。无论是在拜占庭还是在西方世界,这一特点都得到了体现。在罗马的万神殿(Pantheon),哈德良(76—138)皇帝精巧地集中了古代和东方文化的各种崇拜,接着出现了大型的一神教建筑。在圣索菲亚大教堂中,恺撒-教宗式的国家权力超越修道院的地位得到了表达;长方形建筑和平面中央建筑的动机在一种巨大的调和中得到体现。在西方,皇帝和教宗的对立激发了建筑力量,双方最终在克吕尼(Clugny)修道院和施派尔(Speyrer)大教堂中同时成功创造了大教堂天花板的穹顶。罗马式建筑在这里达到了巅峰。

文学也走上了那个时代的道路。叙事诗也出现了同样的状况。这些叙事诗接纳了从亚当到英雄们的整个世界进程,而且以全新和多彩的诗句来描绘。这些文学创作的原型是帕西法尔(Parzival),他的苦难之路和凯旋游行展现了那个时代的情感:这种情感既对末世感到畏惧,却又凭借罕见的色彩和光辉充满了活力,末日将千年王国带到人间,在圣杯的感官享受中同时品尝着天堂的滋味。这是一种伯纳德式神秘主义,背后是一个统一的西方世界,而不是荒漠。

当然,这种史诗中已经出现中世纪的个人悲剧:沃尔夫拉姆(Wolfram)在他笔下的英雄人物身上发展出[150]对世界的直接接触与对专制的义务之间的矛盾,即在上帝面前的坚定(Stete)与动摇(Unstete)之间的矛盾。在诗人给出胜利解决方案的同时,当时历史学家提出了悲观的观点:弗赖辛主教在坚定与动摇、胜利与失败之间的永恒交替中,感觉到了世界末日的来临。他已经开始怀疑教会历史(Kirchengeschichte)的正当性。即使上帝之国命中注定战胜尘世之国,但教会的世俗化如何能讨上帝的喜悦呢?

在能够将政治时刻以精神形式表达的深度中,也同时暴露出整个发展的局限性。真正的精神自由在这种发展中并未实现。这一特征可以从柏拉图和亚里士多德在中世纪思想进步中所扮演的不同角色中看出来。

柏拉图或更确切地说普罗提诺的元素被奥古斯丁吸收并严格组织起来后,继续发挥着神秘主义和泛神论的影响。这样一来,在奥古斯丁对尘世的贬低中,也保留了那种更大的现实喜悦,这种喜悦在某种程度上并不完全与神秘主义,尤其是希腊的神秘主义相悖;在年轻的民族中,这种喜悦成为他们把握神性的可理解形式。在司各特·爱留根纳(Scotus Erigena,800—877)的普罗提诺式的流溢说(Emanationslehre)中,这一点得到了体现。然而,这也威胁到一些重要的神学教义,特别是威胁到对人格神的信仰。当阿威罗伊(Averroes,1126—1198)[151]将他根据泛神论理解的亚里士多德带到西方时,这导致了教会禁止在大学里教授亚里士多德学说。直到后来人们才意识到,亚里士多德的经验主义国家学说反而是对教会的一种支持,因此,托马斯·阿奎那接纳了它。然而,唯名论(Nominalismus)敏锐地意识到,实在论(Realismus)并没有权利仅仅依据亚里士多德,并将其作为另一种神学的基础。他们正确地将亚里士多德视为经验知识的集大成者,以便在认识到只有一种经验知识的基础上,将关于上帝的知识留给教会的权威。当教会实际上接受了这种以唯名论方式解释的亚里士多德学说时,最终生产出与自身对立的决定性力量:文艺复兴中的泛神论精神重新回归柏拉图,以及宗教改革中的个人主义精神重新回到奥古斯丁。

因此,这些伟大的思想家在神学意图中被反复利用,被当作政治因素来使用——奥托·弗赖辛(Otto von Freising,1111—1158)可能深刻理解了这种关系,尽管他是首批熟悉巴黎学术的德意志人之一,但他认为,自从希腊人将科学发展到完美之后,科学就参与了时代的普遍衰退和老化。

同样,德意志人大阿尔伯特(约1200—1280)已经开始从事经验研究,特别是植物学研究,[152]他发展出一种更自由的精神存在的雏形,或许在当时最纯粹地表达了认知精神的和谐。他重新教导启示的超理性(Übervernünftigkeit),这不再是启示的非理性(Unvernünftigkeit)。他与亚历山大的基督教神学家们的上帝认识,以及柏拉图的"疯狂"(Wahnsinn)产生了共鸣。

第六章　西方和海外

一　文艺复兴

> 今天的人民过度启蒙了,不再有伟大之事可做。亚历山大(Alexander)可以自称是朱庇特-阿蒙(Jupiter Ammon)的儿子,整个东方都相信他;如果我想自称永恒之父的儿子,哪怕是一个普通的渔妇也会嘲笑我。
>
> ——拿破仑在皇帝加冕时的演说

普遍特征

[155]十字军东征时代是以西方和东方之间的联系为特征的普遍历史性进步的最后一个时代。视线始终集中在东方、亚历山大里亚、君士坦丁堡和耶路撒冷的罗马,逐渐失去了主导地位。

新的视野正在开启。随着罗马的两大权力,皇权与教权,分别移至布拉格(Prag)和阿维尼翁(Avignon),新的国家结构基础开始显现。虽然皇帝在德意志内乱中重新崛起,教宗也从法国的囚禁中恢复了力量,但他们从此不再是西方世界的代表角色。他们继续代表某些精神和政治力量,某种意义上是文化圈边缘问题的象征;但整个西方世界开始重新自我表达,逐渐形成一种独立的新形态,介于旧世界和新世界之间。

这使得不同的能量得以展现。谁能否认它们的力度,以及它们走向极致的能力？法国人的集权天才以巨大的革命力量改变了欧洲大陆的社会、国家和思想基础,谁能[156]无视这种彻底性激情？

然而,这种调节能力得以发挥作用的前提是,从十字军东征结束到《威斯特伐利亚和约》(*Westfälischen Frieden*)签订的动荡而混乱的几个世纪。正是从这些矛盾的特点、不受控制的分散、令人迷惑的平衡、奇怪的深思、探索的激情以及对旧主题的依赖中,诞生了那种方法论精神,这种精神以一种新的特殊国家成就为基础,发展了现代的趋势。

在14世纪和15世纪,尽管没有强大的推动力,文化却得到了极大的繁荣和传播。重大事件发生在东部的战争中,例如俄国人对蒙古人的反抗,西斯拉夫人和匈牙利人在亚盖隆王朝(Jagelionen)的帮助下抵御土耳其人。当时,波兰人甚至深入到保加利亚的战场。与此同时,西方世界则似乎从罗马、希腊和东方的动荡中得到了喘息的机会,混合并使用着各自的文化财富。人们常常提到佛罗伦萨的天才,他作为哥特式思想的最南端的延续者,从哥特式思想中发展出新的时代节奏,将最精致的上升和最有力的下降和谐地融合在他的建筑中。[157]但他是否取得了主导地位？这种生活虽然清醒地意识到自身的力量,却依然沉浸在对古老智慧的崇拜之中。它的意义真的是重生,即所谓的"文艺复兴"(Renaissance)吗？

从一开始,文艺复兴时期的努力就隐含着漫无目的,并伴随着对世界的深深不满,因为世界并不在它的掌握之中。这种混乱既不能通过对既定现实的无忧无虑的献身来克服,也不能通过诉诸古代民族传统形式法则的姿势来克服。由此产生了那个时代最伟大的独立精神的深层次探索,我们必须对这些探索进行思考。

然而,这一时期精神的总体特征是继续深化罗马精神中固有的经验。罗马人在其国家和教会体制中全面组织了人类的外部和内部世界,而在神学-政治-建筑的联系消退之后,经验思想才充分成熟。经院哲学逐渐转变为人文主义精神,这一转变的内在意义或许常被夸大。然而,经验主义的意图依然是根本性的。只不过在罗马的伟大中,经验从未为自身的缘故而出现,无论是在《法律汇编》(corpus juris)还是托马斯哲学中都是如此。如今,随着权力精神的退却,在对眼前事物的孤立追求中,危机与自由一同显现出来。

[158]神秘主义从十字军东征的伟大领袖情怀降格为一种世俗的激情,这种激情表现为朝圣者对流血的圣像的崇拜,以及晚期哥特式教堂建筑的秀美与温馨。

一神教的思想已大不如前。圣母玛利亚(Maria)的崇拜重新活跃起来,她的母亲圣安妮(Anna)也加入其中。灵魂的私密事务不再是与父亲的关系——想想安瑟伦的上帝概念,而是母性或新娘崇拜。中世纪的爱情诗(Minnegesang)先行一步;在这里,来自阿拉伯文化的东方影响产生了特殊的效果。随后,但丁(1265—1321)创造了这一转向的理想形象——贝雅特丽齐。从柏拉图的爱若斯转向提香,是从逐渐上升的、涵盖整个宇宙直到美的理念的男人之间的对话,转向了画家通过两位静止的女性形象来描绘"天国之爱与尘世之爱"的对立。

田园诗般的宁静与暴力的破坏并存,特别是在德意志,正如格吕内瓦尔德(Grünewald,1470—1528)的画所展示的那样。

战争演变成小规模的仇杀。这是一个以个别城市的繁荣为特征的时代。在德意志,城市联盟在与诸侯和骑士的斗争中诞生。在意大利,各城市之间的竞争尤为突出,佛罗伦萨击败了比萨,威尼斯在与热那亚的对抗中占据了优势。然而,这些冲突并没有建立在更大的[159]政治框架之中。威尼斯的土耳其战争无法与雅典抵抗波斯的战争相比。相反,那时最大的事件是胡斯战争(Hussitenkriege),其中一个斯拉夫小部落体现出真正东方的国家教会形式,这让整个西方世界寝食难安。而新的权力中心还在形成之中。查理八世(Karl VIII.,1470—1498)率领法国军队前往那不勒斯(Neapel)的行动,标志着耶路撒冷思想的消退,而哈布斯堡家族也刚刚开始扩大其庞大的联姻体系。各个民族虽然自15世纪以来逐渐深入其内在本质和民众倾向,但在政治上仍然落后,这使得教廷能够通过协约在宗教会议运动中取得胜利。

文学方面主要依赖的是历史题材或传承下来的古代和基督教的传说与传奇。自中世纪中叶以来,一种世界公民教育逐渐形成。民族界限还未占上风。唯一可能从这一内容中发展起来的民族自豪感就是意大利的民族自豪感,也是唯一没有带来任何政治形式的民族自豪感,这些古代内容在这种意义上确实代表了一种"复兴"。民族的形成并非基于这种浪漫主义的基础。

更确切地说,这个时代的真正动荡之处在于,活跃起来的题材与人们实际生活的[160]政治内容并无直接关系。拉斐尔(1483—1520)创作了《雅典学院》(Schule von Athen),莎士比亚(1564—1616)写了《裘力斯·恺撒》(Julius Cäsar),伊拉斯谟(1469—1536)编辑了他的希腊文《新约》(Neues Testament)。但无论是希腊哲学家、皇帝,还是弥赛亚(Messias),都不是那个时代的主要影响人物。当我们得知伊拉斯谟曾热情地祈祷,"圣苏格拉底,为我们祈祷"(sancte Socrates ora pro nobis),或者当另一个人文主义者敢于承认神只有一个,却有许多名字——朱庇特(Jupiter)、索尔(Sol)、阿波罗(Apollo)、摩西(Moses)、基督(Christ)、卢娜(Luna)、赛尔斯(Ceres)、普洛塞庇娜(Proserpina)、特鲁斯(Tellus)、玛利亚(Maria),我们便能识别出那个时代的折衷特征。

在这种泛神论中,真实发展的真理不由自主地浮现出来:在以弗所(Ephesus)大公会议上得到认可的圣母玛利亚崇拜,正是与以弗所的狄安娜(Diana,等同于大地女神特鲁斯)直接接触后产生的。然而,之前的罗马天主教虽然巧妙地利用了这种折衷综合的倾向,却依然通过权威的宗教领导进行控制。如今,这些历史记忆自行独立地浮现出来。

现在可以理解,这种素材的不受约束在那些生产形式中得到了体现,在这些形式中,内容的特性不决定其自身的表现,而是能够适应所有内容。

因此,绘画、小说和浪漫主义文学创作以及语文学这三种精神形式发展起来,它们塑造了新兴西方文化的主要面貌。

在这些形式中,意志试图再次纯粹直接地把握现有的素材。[161]在罗马时代,等级制的目的观念削弱了这种意志。中世纪将所有人世现象都置于"上帝的伟大不确定性"之中。如今,人们试图恢复人世现象的独特魅力,因此放弃了用理智或理性概念来处理现实的做法。直观的自由胜过了抽象思维的偏狭。这种转变产生了一种极为成熟的技艺,这是当时的画家和语文学家留下的遗产。

此外,正是在意大利,古典概念再次得到强调。从文艺复兴早期的绘画大师到拉斐尔,绘画艺术的发展都体现了这种意志的进一步发展。然而,拉斐尔式的古典概念与希腊的古典概念有着天壤之别。尽管这里同样强调了形象与环境的分离以及一种内在自足的身体性,但与北欧民族的艺术不同,意大利的人物形象与风景背景形成了更鲜明的对比!但是,这些形象中的"存在"并不包含对"真正存在"的希腊式伟大的追问。相反,它完全基于对身体的感受,并存在于姿态中。在成熟的意大利艺术中,画作通过各个部分的娴熟且和谐的连接产生。拉斐尔的群像作品并不能从其本身或整体来理解,[162]而只能通过其各部分的相互连接来理解。这种清晰但非实体化的和谐使得罗曼文化,尤其是意大利和更为深思熟虑且负担沉重的法国文化,将古代的问题延续了下去:如果说"起源"是希腊文化的问题性部分,而"理念"是罗马文化的问题性部分，那么罗曼人既熟悉前者也理解后者；两者同时存在且和谐，它们奇妙地在瞬间与持久之间达成了平衡。

这种态度的未决性在那个时代的深刻现象中显得尤为明显，如在丢勒（1471—1528）的作品中，浪漫的必然性打破了古典意志。尤其值得敬佩的是，那个深受历史矛盾困扰的民族努力将这些矛盾引回到永恒的法则中，并试图将传承的内容与绝对的必然性结合起来；然而，丢勒在他的绘画中能够融入的数学有效性，甚至比柏拉图在其形而上学中所能达到的还要少。

米开朗基罗、莎士比亚、路德

三个时代天才从这众多破碎而平庸的解决方案中，开辟了人性有可能无限提高的前景。这也许是迄今为止世界历史上最深刻的悲剧人物的联盟：米开朗基罗（1475—1564）、莎士比亚（1564—1616）、路德（1483—1546）。

他们试图将他们所处时代的三种力量——绘画、小说、经院主义与人文主义的世界观与宗教观——提升为[163]人性形式，这些形式曾经一道主宰过真正的希腊古典主义，即雕塑艺术、戏剧和形而上学（即精神的自主把握）方面的古典主义。然而，它们在自己时代的文化中失败了，没能实现形式与内容的最高自由。米开朗基罗因于绘画的沉淀，莎士比亚受限于小说的局限，而路德则被历史元素所束缚。

然而，束缚他们的正是他们的伟大之处，正是他们试图填充进希腊容器中的新内容。他们并不仅仅如当时的精神那样单纯接受古希腊的东西，而是在与一种新的现实观念相结合的过程中，创造了一种新的塑造艺术、诗意和宗教的表达方式。因此，他们超越了希腊人。

希腊的英雄诞生于人与其榜样即与他建立友谊的神相遇的时刻，这在普罗米修斯的神话和柏拉图的《蒂迈欧篇》中的创世故事中都有所体现。然而,这个世纪的恶魔则迫使人类与那些托付给他们的地下力量相遇。米开朗基罗赋予了他的雕塑一种动感,几乎要压倒希腊雕塑的动感。但这并不意味着他的雕塑比希腊的更自然,而是他的雕塑"充满了比自然界更强大的力量"。在他的雕塑中,最崇高的人类痛苦的沉重与更高的超人意志的高贵相争,仿佛沉思无法忍受肉体和灵魂[164]的痛苦,因而未能真实地展示解放和统治。仅有"清晨"从中升起的最高文艺复兴之美是不够的。在艺术家的手下,失败者变得比胜利者更强大。然而,米开朗基罗未能将这一冲突以雕塑的方式呈现出来。佛罗伦萨的美第奇家族(Medizäer)陵墓或许是人类最高形象力量在与不可捉摸的阻力斗争中最震撼人心的纪念碑。而《末日审判》(*Jüngsten Gericht*)中的那幅基督画像在我们看来是大师最完美的创作。在《末日审判》中,所有的绘画都升华为雕塑,而又未真正变为雕塑。

在莎士比亚的戏剧中,真正意义上的生活得到描绘,这种描绘是任何希腊人都无法做到或尝试的。这里的诗意内容极其强大,灵魂深度在其掌控力中显现出来。与古希腊肃剧以萨图尔剧(Satyrspiel)结束悲剧的方式相比,莎士比亚的悲喜剧关系从更深的源泉中汲取了灵感。在莎士比亚的作品中,神秘元素真正融入了一个广泛的生命联系中。他能够停留在某个瞬间,为其赋予抒情的解脱,然后以完全的喜剧力量从中突破。这是他剧作中的反讽之处,这平衡了神秘主义,即以强调行动来应对献身精神。比如,在《特洛伊罗斯与克瑞西达》(*Troilus und Cressida*)中,英雄主义与懦弱、庄重与[165]平庸奇妙地交织在一起,国家哲学和民族战争淡化为插曲和田园诗,内在的结局未能实现。因此,诗人自己可以是演员而不至于陷入自我表现之中。最动人之处在于他似乎在用自己的存在嘲笑自己,或者说嘲弄这个世界。

以《哈姆雷特》为例,人们会发现悲剧秩序并没有在这里得到实现。情节在场景的连续性和各种角色的纷杂交错中推进,就像一个寓言。在莎士比亚的许多剧作中,第四幕的布局都会被打破,我们会被带到战场上,就像在《裘力斯·恺撒》(Cäsar)中。这与埃斯库罗斯那种强大的安排完全不同。

与此具有内在关联的是,古希腊精神所创造的最高秩序没有渗透莎士比亚的人类观念。如果说对于希腊人而言,"常态"是人类的终极法则,而对于罗马人而言,"常态"是日常生活的规范,那么在这里,面对被贬低的规范,人们并未回归希腊的崇高法则,而是退回到偶然的自由与纯粹的激情之中。"规范"并不是这些伟大的人物行动的目标!与其说是英雄,不如说是酒徒、在内战中失去城市的歇斯底里的懦夫,或者是一个过度焦虑的僧侣,才是莎翁那个时代的天才。莎士比亚并没有像埃斯库罗斯那样描写人类的宇宙命运。虽然人类对"人世的冲动"感到厌恶,但人类依旧陷入其中;[166]寻求死亡和睡眠,却又在"逃离梦境的力量";对"未发现国度"的顾虑使他偏离了轨道。"我们宁愿忍受现有的痛苦,也不愿逃避未知的困境。"

在人世的活动与睡梦的图景之间,古希腊哲学的古老问题"生存还是毁灭"以更深刻的力量再次浮现。然而,这个问题并未得到克服,矛盾也未统一,更没有像过去的世界那样向其妥协!相反,这个时代表达的是反叛、出于好奇和故意的犯罪、在奇迹或"沉默"中的毁灭。莎士比亚毫不避讳地将恶魔引入一位异常强大的女性角色——麦克白夫人,她是莎士比亚笔下最有力量的人物之一。而米开朗基罗所展现的基督的强壮形象也传达同样的语言。这一时期的创作并非在表达"提升了的人性",而是在表现一种"被压抑的怪物"。一种新的精神力量的起点正在酝酿之中。

只有到这时,人们才能理解,画家们将那个时代的现实转化为一种过早的古典姿态的尝试是多么无望。

路德也达到了这种惊人的程度。从普遍政治的角度看,他的地位根植于他与奥古斯丁的关系。他继承了奥古斯丁在客观化上帝观念方面的工作。他坚持教会作为一个机构的客观概念,继承了那个建立在罗马帝国基础上的关于[167]将人类生存的最高理念塑造为一个可见机构的伟大构想,一个实践的——虽然现在理解为非政治的——共同体。但他从一个新的方面,即通过破坏活动,奠定了这一机构的基础,这使得他的独特伟大光芒四射。他成了那个建筑的破坏者,事实证明这个建筑的最高精神正是奥古斯丁的作品。正是路德,而不是其他人,击退了罗马天主教。他凭借一种巨大的想象力,将罗马教会标记为魔鬼的杰作。在他狂热地拥抱不可见之物时,谁没有从他赞美诗的狂野中感受到对人世斗争的诗意欲望,感受到他将感官世界转化为魔鬼现实的魔力?他的目的不仅在于纯粹的抵抗和救赎,同时也在于进攻和塑造。他的作品不仅关乎无条件者,也包括条件:"即使世界满是魔鬼!"

因此,这些就是他作为那个时代的强势人物所表现的元素。还有哪个诗人能够比他更为壮烈地将神性引入人类的戏剧中呢?

> 灵魂所拥有的都属于基督。因此,基督拥有的一切美德和幸福都属于灵魂。灵魂所承载的所有不义和罪恶,也都归于基督。因此便产生了这欢愉的交换与争斗。因为基督既是神又是人,从未犯过罪,他的虔诚是不可战胜的、永恒的、全能的,[168]因此他通过信仰这个婚戒,将信徒灵魂的罪孽归于自己,并以此为自己的罪孽,好像他亲自犯了这些罪一样;所以这些罪孽必须吞噬和淹没他。那富有、高贵、虔诚的新郎基督迎娶了那个贫穷、卑微、邪恶的妓女为妻,并解除了她所有的罪恶,以美德装饰她的一切。这难道不是一个令人欢喜的安排吗?

路德在某个方面甚至超越了莎士比亚。他在深入现实的同时,还掌握了规范和正当性,通过转向"不可见者",克服了对"未发现国度"的恐惧。在这种承认超越性的过程中,两个日耳曼民族之间的对立几乎已经显现出来。

我们在这里还没有详细讨论路德所提供的全部解决方案。这些方案只有通过它们在德意志历史中的影响才能真正显现出来。特赖奇克(1834—1896)曾说过一句简单的真理：只有牧师和将军才能成为最高意义上的民族人物。这正是路德的命运。然而，即便如此，他的伟大并没有真正被这个民族传承下来。他所实现的人世事务的解放——国家、婚姻、科学、音乐——以及他所建立的无形王国，即使在这个民族的最伟大人物中，也再度分离开来；然而，路德的元素成为并且继续作为民族历史的因素存在。

然而，这位天才在那个时代又会遇到什么障碍呢？

[169]他通过探讨不可见者的形而上学，为文艺复兴的经验主义奠定了更深厚的基础，但他却未能重新塑造现世的现实。相反，当他试图重新组织解放了的人性时，他的悲剧就出现了。

奥古斯丁之所以能够成功，是因为他从现有教会的权威中引申出了帝国式的意志；他通过这种意志来组织整个灵魂，并将其引导回权力的结构之中。而路德无法牺牲直接的良知和自由精神的主张。这正是罗马教会之外的高贵部分，它成了路德产生毁灭性火花的源泉。但路德无法找到将上帝理念"政治化"的办法。由于他刻意避免去改造世界，也不愿强迫建立新的教会——众所周知，他对创建地方教会的态度是多么犹豫——因此他停留在了奥古斯丁所能跨越的界限之内，无法像奥古斯丁那样拥有实践"上帝之城"的远见。这也让人意识到，"文艺复兴"与古代晚期相比，是一个更加衰败的时代；它不再具有支撑更高现实的力量。因此，基督新教教会缺乏直接的组织形式，它只能作为国家主权、科学和个性以及"幸福生活指南"的表现形式而存在。

从根本上来说，文艺复兴只是对罗马形式的历史继承，却没有罗马形式的帝国合法性。加尔文主义的[170]教会至少与当时几个世纪的共和主义理想有联系。路德的深刻思想不愿屈尊于这些联系。① 然而,他最终还是导致了新教的诞生:他成功地将自己斗争的一部分客观化,战胜了魔鬼,解除了各民族对罗马"敌基督"的共同服从。但他深陷于斗争之中,无法释放出超越单纯抗议的普遍活力和形式创造力。

令人震惊的是他试图摆脱这种困境的悖论。在一篇他的民族论著作的结尾处,他倔强地拒绝了所有人世的必然性:

> 我最深的忧虑和恐惧是,我的事业可能不会受到谴责,因此我确信这会为上帝所不喜。

我们在此不探讨他如何在其思想的外在表现上依然受到束缚;他坚持人格的上帝、人格的救主,以及整个形象化的教会传统。是的,他将自己那巨大的语言能力引导至这个图像化的世界中;他那强大的想象力仿佛将这些基督教的类比活生生地带入他的房间。

这是这个世界的轮廓:跛足的公爵、长着犄角的先知、运动员、妇女和恶魔们[171]接踵而至。然而,普遍文化的内容尚未枯竭。它们依然为几代人带来新鲜感。胡滕(Hutten,1505—1546)认为,生活在这样的世界里是一种享受。在这些内容受到挑战的地方,混乱随之而来;在德意志,混乱通过路德的影响达到最深远的程度,因此三十年战争在这个时代已得到预示。

那些最深的人类力量,在面对人世的丰盈时再次感到震惊,未能实现最高的立法。虽然在短暂的界限内可能会出现富足的启蒙,但启蒙运动也是这个时代的女儿。然而,人们的激情越过启蒙又回到了那些伟大人物提出的悬而未决的问题上。正是由于这些问题的深度,解决方案尚未形成。这个时代只有以其最高追求的

---

① 比较一下从日内瓦视角出发对卢梭《社会契约论》(结尾章节)中纯粹个人宗教观念的批评。

尺度来衡量，才是在悲剧意义上的"文艺复兴"，即古典手段的重生。它们激起了时代的波动，但时代却与它们擦肩而过。

自然科学

当时，世纪的第四位天才哥白尼横空出世，他创造了关于宇宙的一种新观念。人类的星球不再位于宇宙的中心，而是围绕着太阳运动。

一幅新的、更为纯净的视野似乎在人类面前展开了。曾经以人为中心的思想使得自然被卷入人类的束缚之中，但现在这种思想突破了自身的限制，开始理解那些法则［172］——这些法则不仅适用于自然，也同样适用于人类的存在。随着这种转变，神人概念的等级体系逐渐瓦解，神话创造的力量也随之衰退，因为它再也无法平衡真实与虚构。自然的联系应该取代诗意的视角，成为人们存在感的基础。神话逐渐变成了寓言，只能提供一个影像，而不再是生命的真实图景。曾经统治东方并传至西方的一神论上帝概念，如今受到了决定性的冲击，尽管它通过转变为泛神论暂时得以恢复，并在历史文化中作为内在需求的表达而继续存在。但在现代伟大人物的思想中，这一概念逐渐退居次要地位。阿塔纳修曾将人类的死亡描绘为原罪和神的降生，但席勒以一种简单而崇高的方式化解这种纠结：死亡不可能是坏事，因为它是普遍的存在。

这就是自然科学在西方的功能。东方虽然在数学领域实现了对精确科学的追求，但在其他领域却停留在炼金术和占星术上。而在同时期的西方，已经从事物的感性现实中发展出了精确科学。对数学的热情不再像在埃及人、毕达哥拉斯学派和古老的柏拉图那里那样抽象。

［173］或许，通向精确知识的进程遵循着自身独立的规律；普遍的精神并未在其每一个阶段中反映出来。然而，科学进展的每个阶段都对精神产生了深刻的影响。尽管科学的任务不是积极地

发展人类的伦理——因为它只揭示自然现象,如光、星星和物质,而不揭示"真实的存在"——但它确实能够将人类从消极方向中解救出来。科学的成果为人类拓展了视野,人类不应以唯心主义的态度轻视这些成果,也不应以自然主义的方式将其固定化,而是应该通过自由的自我决定去理解它们。

在政治领域,文艺复兴时代也摆脱了在历史和理念中的纠葛。西方世界通过海外发现进入了全球联系之中。

二 国家的诞生

问题

推动这一变化的力量是各个国家。

在《威斯特伐利亚和约》之前的时期,各个国家作为独立实体出现,这深刻地反映了西方最初的民族化倾向,而这种倾向早在罗马时期就已经存在。

罗马人是第一个在不放弃自身特殊的民族性格的前提下,引领世界政治的世界民族。[174]他们试图以严谨的态度抵御希腊文化的普遍法则。然而,尽管希腊精神的影响使他们在这一点上失败了,罗马人还是能够在西方稳固地建立自己的影响力。在面对落后文化地区时,他们以一种与希腊人截然不同的力量介入。希腊人总是依靠海洋作为活动的主要媒介,几乎从未深入内陆,至少从未大规模地进入腹地;即使在希腊本土,那些远离海洋的西部地区也很少被涉足。相比之下,罗马人将他们最初在意大利的扩张过程延伸到了西部各省份。他们创造了一种全新的模式,这一模式成为日后西方霸权的基础:殖民主义。希腊人在他们所接触的文化地区中的影响形式是调和(融合)主义(Synkretismus),而罗马人在他们获得的未开化地区中的影响形式则是殖民主义（Kolonialismus）。只有从一个统一的民族实体出发，这种影响才可能实现，而且只有当这种影响来自一个活跃的权力中心时，它才能得以维持。因此，一种统一的文化扩展到了被罗马化的省份，以至于2世纪最伟大的皇帝和最伟大的雄辩家都来自西班牙，而最伟大的罗马教父则来自非洲。

在帝国统一逐渐瓦解的时代，真正起作用的野蛮因素并不是外部的入侵，而是拉丁文化这一维系力量的退缩，[175]帝国重新分解为原有省份的组成部分。不是破坏性的蛮族入侵，而是地方主义（Provinzialismus）首先瓦解了地中海的文化。从建筑史中可以追溯到这一过程，独立的西班牙、意大利、伊利里亚风格开始涌现。地方性的宗教崇拜兴起，伴随着各种迷信色彩，这些迷信曾在古代文化的光辉下消退。

在衰落的世界帝国中，消极的地方主义逐渐滋长，而各个分散的日耳曼部落则将一种改造性的政治意志引入其中。他们促使原本统一的拉丁殖民文化类型分化为众多在语言上也各自独立的民族家族。然而，这些根据语言和血缘关系划分的新民族单位并没有完全按照暂时的日耳曼王国的疆界划分，而是大致与古罗马的省份边界重合。意大利、西班牙、高卢、不列颠、日耳曼（Germanien）重新崛起。在最后这两个罗马帝国最边远的地区，罗马的影响彻底消退了。最终，在罗马未曾征服的斯堪的纳维亚北部地区，又形成了一个独立的民族。因此，出现了三个罗曼语族和三个日耳曼语族的文化形态：这些新的独立成分，不再如古代那样受拉丁文化的统一影响，而是逐渐成为西方政治单元的真正承载者，正如兰克在他著名的处女作中所描述的那样。

特殊倾向

[176]然而，在中世纪，这些力量还不能发展为独立的政治单

元。相反，这一发展面临着两股力量，即普遍主义运动和地方主义运动：一方面，各民族的巩固受到了罗马帝国普遍传统的制约，这种传统在罗马教宗以及法兰克和德意志皇帝身上得到了延续；另一方面，这一发展也受中世纪等级制度中的地方势力限制。

我们已经探讨了普遍发展的进程，看到正是等级制度的抵抗问题，导致了最高权力之间的不可调和的冲突。正因为如此，随着皇权和教权的衰落，涌现出来的并不是国家的力量，而是地方权力。

这些地方权力的形成可以追溯到古代晚期。在帝国权力的削弱和帝国官僚机构的衰退之下，各地发展出了许多独立的封建领地，形成了与公共机构对抗的私人财产权，其中教会的财产权尤为突出。墨洛温王朝的王权以及其精神性特征削弱，主要是由大量的王室财产被赠予教会所致。卡洛林王朝与教会的联盟，正是基于这一现实情况而建立。

古代晚期解体在这里发挥了多大作用，这一点从封建制度（Lehnswesen）的传播可以看出。封建制度，虽然常被视为一种典型的[177]日耳曼制度，但实际上最早出现在罗马化的地区，然后才逐渐扩展到日耳曼地区。日耳曼的观念仅仅对这些关系的组织形式产生了影响，而这些关系本质上源于正在瓦解的帝国结构。

这种封建制度的影响逐渐深入到社会的各个层面。它不仅因皇帝与教宗之间的争斗得到巩固，在这场争斗中，许多德意志的地方领主站在教廷一边；甚至连君主制本身也受到这一制度的影响。起初，法国的大贵族们仅仅将卡佩王朝的国王视为同辈中年纪最长者（primus inter pares），直到君主在罗马帝国国家思想的影响下重新恢复了独立的重要性。

由于王朝的世袭权，这些复杂关系最终产生了深远的影响。中世纪历时数百年的法国与英格兰之间的冲突就是这样开始的。诺曼公爵这位法国的附庸赢得了英格兰的王位。当他们随后基于世袭权要求取得法国大片领土并占领法国超过一半的国土时,强大的封臣与无力的封建领主之间的关系明显体现出这些统治无关民族情感的特征。斗争围绕这些原则展开,这是一场王权之战,这一事实甚至影响了法国启蒙思想对民族性(Volkstum)和封建王侯(Fürstentum)的看法。

[178]在西班牙,卡斯蒂利亚国王与莱昂国王的对立甚至导致莱昂人与阿拉伯人结盟。而在斯堪的纳维亚地区,多个王权并立。在斯堪的纳维亚,只有在1397年的卡尔马联盟(Calmarischen Union)中曾短暂统一,而自1476年起,西班牙的王权则实现了永久联合。

在德意志,随着时间的推移,地方领主在神圣罗马帝国皇权的普遍尊严之下逐渐崛起。自从1356年的《金玺诏书》(die Goldene Bulle)将选举皇帝的权利赋予这些领主组成的选帝侯团后,这些领主的权力便深深扎根于国家体制中。

意大利成了外国的猎物。在共和政体和暴君国家灭亡之后,外来王朝在意大利互相争斗,这种情况一直持续到19世纪。

这一发展最终达到顶点,标志性事件就是皇权本身被迫退回到地方性的基础。就像法兰西君主在塞纳河畔建立起其权力基础一样,神圣罗马帝国的皇帝也试图,首先在霍亨斯陶芬家族时期从南意大利,然后在卢森堡家族和哈布斯堡家族时期从波希米亚和奥地利地区,建立一个家族势力,以便能够对抗帝国的各个封建领主。然而,到15世纪,皇权已然大幅衰落!

在中世纪后期,这些对立又与社会冲突结合在一起。城市中的市民阶层依靠贸易和货币经济崛起,开始反抗贵族和骑士。亨利四世(1553—1610)便依赖帝国自由城市,[179]以对抗与教宗结盟的贵族。同样,法国首都巴黎向英格兰国王敞开大门,承认他为合法统治者,以对抗本国与贵族结盟的君主。反过来,当查理五世(1500—1558)拒绝在德意志建立由贵族主导的帝国政权时,他也依赖城市的支持。

在这些基于王朝概念与封建阶层概念相互交织而产生的复杂局面中,封建自由原则无法以代表国家对外共同事务的方式发挥作用,而只能在内部代表特定的利益。这就是中世纪国家的二元性,即一种独特的地方自由的特征。正如我们将会看到的,与古代国家相比,这种特征在现代宪政国家中至少在形式上得以保留。

在这里,西欧的独特发展开始了:在封建阶层的斗争中,君主几乎同时在法国、英格兰和西班牙获得了强大的权力。君主制的成就在于能够将封建阶层团结在一起,共同代表国家对外事务,并将各自独立的代表转变为接受王权提议的统一机构。随着君主制度的胜利,独立王权(Absolutismus)的时代也开始了。

然而,即使如此,君主制并未成为纯粹民族利益的表达者,反而[180]有时与民族利益相冲突。在各国王室之间仍然保持着一种跨王国合法主义的观念;由于这种观念的影响,斯图亚特王朝在英格兰的政策和波旁王朝在法国的政策最终都失败了。

普遍倾向

民族发展的基础不仅依赖于君主成功化解了地方矛盾,同时也源于相伴发生着的普遍性冲突。在这种发展过程中,西方历史中的思想遗产,特别是帝国和宗教传统,继续对民族特性的形成发挥决定性的影响。

皇权对德意志民族性格的深刻影响在19世纪得到了体现,当时德意志最终建立了一个民族国家,尽管其起源完全是地方性的,但却是在普鲁士国王的反对下基于皇帝的头衔而建立的。同样,西班牙和法国在其历史上最辉煌的时刻也有一位皇帝作为国家的领袖出现。甚至英格兰也通过设立印度皇帝的头衔而提升至同样的地位。这种现象表达了西方国家起源于一种普遍性的动力本质。

与此同时，这种帝国化保留了宗教思想的回声。在查理五世的皇权中，宗教思想再次成为人们关注的焦点。就连拿破仑也想到加强等级森严的尊严，想到将教宗从罗马转移到巴黎，以进一步巩固他的统治。[181]这显示了皇权主义（Cäsarismus）在西方世界的深远影响。

正是宗教因素对各民族性格产生了最深远的影响，并最终导致了它们之间的差异。民族性格形成的时代，也正是那些重大宗教冲突的时代。

尽管奥古斯丁的政治思想瓦解了，但它作为新兴权力形成的催化剂，已然产生了决定性的影响。

早在几个世纪前，宗教性的世界帝国思想正因为未能以国家形式实现，反而作为理想观念对各大民族产生了直接的影响。

但正是德意志人迈出了那一步，决定性地巩固了各民族对宗教理念的追求。他们脱离罗马教会的举动迫使所有民族在宗教问题上做出最终的表态。

德意志、西班牙、法国和英国这四个大民族率先垂范；同时，瑞士、苏格兰、荷兰和瑞典也扮演了各自独特的角色。甚至在三百年后意大利人获得解放时，奎里纳尔宫（Quirinal）与梵蒂冈（Vatikan）的冲突再次成为一个关键问题。

当我们从这些因素的总和来看待民族的发展时，不禁联想到罗马在公元前3、4世纪逐渐统一意大利的进程，尽管合作和对抗的力量在西方世界有所不同。两者[182]都将民族的形成视为潜在的历史任务。当东方从原始的民族主义走向普遍主义时，具有普遍主义倾向的西方则分化为各个民族国家。这一过程反映了内在的发展趋势：古代历史中的民族主要是从民主走向专制，而近代历史中的民族则从专制走向民主。

在这一过程中，罗马的中间地位显得尤为壮丽突出。

罗马人从自己的民族立场出发逐步建立了世界统治，并从这种统治中推导出人道主义的普遍理念,随后是天主教的普世性。而罗曼-日耳曼民族在面对这一理念时,发现它已经在皇权和教权中得到了具体化。罗马人在一个强大的权力组织中建立超越理念,它已成为历史。因此,过去与现在作为两种现实力量同时存在。理想、超验、教宗至上主义(Ultramontane),不再像在柏拉图和奥古斯丁那里一样,仅仅是有待实现的目标,而是已经成为某种现实,某种独立的权力。

难道这不是在各民族的命运中再次显现出来的文艺复兴的核心特征吗?是否有必要将独特的个别存在与独立于它的理念任务联系起来?这种在艺术和文学中卓越的个人奋斗的意义,进一步扩展到了整个民族。

殖民倾向

[183]正是在各民族处于最深刻的历史纠葛和与以往几个世纪的思想紧密相连的时刻,全球解放的思想诞生了。广阔的世界历史视野便由此而生。宗教战争的时代与海外发现的时代同时发生。

这一过程再次重现了罗马的最初发展:西方民族既是历史文化造就的产物(而非自然生长的结果),也是一种具有殖民影响力的力量。与东方将原有民族元素吸收进一个盲目且无法发展的普遍主义进程不同,西方通过政治手段创造了这些元素,并通过殖民扩张使其产生了塑造性的持续影响。罗马天才在西欧取得了成就,而罗曼语族和日耳曼语族的天才则在海外取得了类似的成就。

海外扩张的思想现在与整个世界历史的进程紧密相关。最初的历史运动从近东到达了西方。而现在,这种运动在哥伦布(1451—1506)的精神中似乎找到了它的目标,试图再次回到东方,通过海路到达印度。在这一过程中,哥伦布发现了美洲,即"西印度群岛"(Westindien),这个名称具有深远的历史意义。全球整合开始显现。

这是近代欧洲民族历史的主要元素：封建制度、宗教因素和海洋扩张。西方世界通过将这些元素汇集到国家权力中，在"无皇帝的可怕时代"之后，[184]重新出现了具有统治性的政治动力。

我们来谈谈各个力量扮演的角色。

西班牙作为最靠西的国家，同时与东方有着最深刻的联系，率先走在前列，这并非偶然。它也是最深地卷入宗教冲突的国家。

随后，其他西欧民族依次按照其历史纠葛的程度相继崛起。首先是荷兰人，他们在激烈的宗教与经济起义中脱离了西班牙统治；然后是法国人，他们在宗教战争结束后崛起为欧洲的主导力量；最后是英国人，他们在殖民扩张和建立全球霸权的过程中，逐渐摆脱了宗教理念的影响。

三　西班牙和荷兰

西班牙人

西班牙建立在东方的军事之路上。早在希腊人之前，布匿人就达到了那里。汉尼拔从西面重新包围罗马，对罗马发起进攻。继布匿人之后，阿拉伯人从非州北部渡海而来。在中世纪，相比跨越比利牛斯山，葡萄牙更愿意到达非洲海岸。正是在这样的背景下，葡萄牙的第一次航海探索得以展开。

早期的西班牙历史学家已经将查理大帝视为[185]敌对世界的领袖，而不是他们世界的领袖，并且西班牙人带着自豪的态度拒绝参与征服摩尔人的十字军的西方盟友。这个国家以一种近乎东方的方式，建立在民族圣人圣雅各（San Jago）的基础上，声称自己是唯一一个藏有使徒遗骸的国家。西班牙甚至在罗马为他们的圣雅各布和圣特蕾莎(Theresa)争取圣人地位而进行诉讼。西班牙的教士也为保持他们对罗马教廷的政治独立性而奋斗。在特利腾大公会议(Tridentiner Konzil)上,西班牙对抗新教教义的行动可谓罗马天主教的"西班牙化"。

在中世纪,天主教完全掌握权力,能够保持其教义体系基本不变,与此形成鲜明对比的是:随着特利腾大公会议的召开,天主教再次通过制定新的教义来强化自己的世界观并抗击新教。天主教按照这些方针坚持自己的主张。天主教最终教义的发展,即1870年的教宗无谬论也源于此。这种精神的主要承载者是来自西班牙的耶稣会士(Jesuiten)。或许,正是在法国天主教的宗教抵抗中,这种偏离最为明显。在大公会议之前,法国天主教一直是这一体系的精神承载者,而法国天主教对西班牙宗教形式的抵制或许最清楚地表明了这种分歧有多大。然而,法国并未能将他们的詹森主义思想强加给教会:即使西班牙作为一个国家力量退居次要地位后,西班牙精神仍然在[186]脱离世俗统治的教廷中得以保留,并作为欧洲整体文化教育的一个深远因素继续发挥作用。

要理解自16世纪以来西方文化的整体态势,就必须理解其中的耶稣会原则(Jesuitismus)。

耶稣会的影响基于将正统教义推向悖论。在西方的经院哲学中,直到唯名论的出现,权威性原则总是基于理性的理解、自然认识、自然道德和自然法。然而,耶稣会的经院哲学和道德,正如今天在天主教教科书中占据主导地位那样,将权威概念发展成悖论。它的表现形式是或然主义(Probabilismus),即认为道德法则的有效性没有绝对标准,而只有可能标准。教会以非凡的技巧管理这一范围的标准。为了保留自己的裁决权,教会甚至宣布,遵守最简单的戒律在某些情况下可能是罪恶的或可疑的行为,同时自然的罪行也可能在某些情况下是合法的或可赎罪的行为。

这是一种内在的权力赋予,它建立在对所有试图实现自主理念的意图的绝对讽刺之上。人们无法否认它对理性主义本质的敏锐洞察。它用火刑对付理性主义。于是,在与[187]西方不断发展的启蒙运动对抗中,宗教裁判所式的精神与新教精神一同崛起。两者如同古希腊辩证法一样,产生于东西方接触的边缘地区。在希腊人那里,这种接触导致了概念的综合;在德意志人那里,这种接触引发了精神上的超越;而在西班牙人那里,这种接触则引发了对这种接触的积极讽刺。

西班牙几乎从未放弃过宗教理念。在比利时,他们撤消了中央集权管理,转而支持地方自由,但他们始终要求各地信仰的纯洁性。只有在三十年战争的最后努力中,西班牙人(而非奥地利人)的政策中才出现了通过向新教徒屈服来引导联合起来的德意志诸侯对抗法国的企图。然而,西班牙并未承担起奠定现代跨宗派国家观念的责任。

在唯一一位西班牙裔罗马皇帝的统治下,皇权理念显得截然不同!查理五世在宗教热情方面毫不逊色于任何一位德意志皇帝。土耳其战争始终是他思想的核心。然而他只有一次真正亲征匈牙利。一位教宗无动于衷,而另一位教宗,如卡拉法(Caraffa)这样的伟大狂热者,即使在面对教会分裂时,也在与西班牙人的激烈斗争中延续了精神统治与人世统治对立的传统。文艺复兴和反宗教改革时期的教宗政策在西班牙和法国之间摇摆的做法,再次显现出西方人反对[188]皇权至上主义的固有倾向。即便是罗马教廷也在寻求各国之间的平衡。

西班牙与查理五世及其所有努力都形成了敌对关系。然而,查理的政治基础也未能持久。查理五世在权力巅峰时期未能将皇位传给儿子,而不得不将其留给在奥地利的兄弟。查理在其统治晚期通过联姻为儿子腓力二世(Philipps II.,1527—1598)赢得了短暂的英格兰统治,但正是从这一时期,伊丽莎白治下的英国开始崛起为大国。同样,在法国,西班牙借封建思想对抗君主制的策略也未能取得持久的成功,波旁王朝(Bourbone)战胜了吉斯家族(Guisen)。西班牙未能逆转欧洲权力转变的逻辑,维持其"日不落帝国"的地位。最终,英国学会了如何利用海洋力量来超越大陆势力。

只有一种精神上的优势得以保留:正如希腊化的普遍文化曾经留下深远影响一样,现在这种优势体现在西班牙化的天主教会组织中。它在最后一次伟大的建筑能力中展现出一种宏伟与感官的狂热,通过这种力量,哥特式建筑的构造元素被解放,转化为彼此对立的大规模自由结构——巴洛克风格!在前宫廷时代的耶稣会教堂的拱顶中,依然可以感受到一种伟大的建筑征服意志,一种[189]直接的建造意图。然而,这种意志不再是对现实世界的控制,而只是一种对宏伟的渴望和追求。

伦勃朗

在西班牙历史上,西方、东方和海外力量紧密地交织在一起。即使是在最激烈地反抗西班牙的地区,如荷兰,这种交织依然可见一斑。

中欧的经济主导地位使荷兰在海外扩张中取得了统治地位。莱茵河、威悉河(Weser)和易北河这几条低地德意志大河的河口,坐落着那些将欧洲与全球联系起来的贸易中心。荷兰城市尤其受益于中世纪大陆世界与海洋世界交汇的情况;它们相比于西班牙和英国,拥有更广阔的腹地,相比于波罗的海和地中海城市,拥有更直接通向世界各大洋的通道。荷兰甚至通过西班牙和葡萄牙的犹太人——这些自阿拉伯文明时代起就成为西方文明重要组成部分的群体,在那时从宗教裁判所统治的国家逃离出来——与东方建立了联系。

从这些贸易活动中,产生了一种能够以深刻方式理解历史内容的精神态度。经济的普遍扩张仿佛已转化为[190]相应的精神把握能力;这种集中力量典型地建立在城市自治精神的基础上,而这种精神源自中欧的经济条件。在此过程中,我们可以观察到,一些与城市自治相关的发展元素,重新唤起了某些东方社会法则在西方的出现。尽管在威尼斯文化中,那里的古代城邦共和精神似乎得到最持久的保留,但这种生活的维持却是以几乎东方化的固守自身习俗为代价。威尼斯、阿姆斯特丹和德意志汉萨城市因此发展为独立的中心,远离新的领土中心(如王公的宫殿)和省份,形成一种独特的混合风格,兼具地方风格和普遍直觉,这种风格体现在威尼斯的外交报告以及荷兰的肖像画中。

伦勃朗的艺术在这些背景的集中下成长起来,他的绘画重新发现了普遍事件的意义。在《在扫罗面前演奏竖琴的大卫》这幅画中,扫罗在帷幕后注视着正在演奏的大卫;在他晚期作品所表达的深邃人性中,尤其是在圣彼得堡冬宫珍藏的那些画作中,似乎找到了体现人类完整的苦难经验的形式,人类第一次以自己的现实和最高力量获得存在感。莎士比亚将喜剧和神秘感[191]混杂在一起,而在伦勃朗的作品中,这些元素被以魔幻般的距离感加以阐释,却丝毫未失去它们的直接意义。

伦勃朗是一流的知识分子,掌握了他那个时代的科学知识。他对人类所取得的成就有着深刻的感受。他所选择的绘画题材并非偶然,不像意大利画家那样出于历史主义的选择。他将圣经中的故事提升到一种新的现实层面,这成为东西方交往历史的印记。

然而,当伦勃朗专注于他不懈追求的最高目标即自我描绘时,他展现出了无与伦比的才华。

因此,个体形而上学得到了发展。以色列的先知们将个人主义客观化为一种人格化的上帝概念。奥古斯丁将个人主义归结为在沉思中理解的三位一体(Dreieinigkeit),并在经验条件下更深入地发展了个体灵魂。然而,他在朝向教会的意志中又以古老的伟力将个体灵魂置于身外。当统治的教会等级制度崩溃时,伦勃朗出现了,他将所有这些观念凝聚在自己的内心中。人格化的神和世俗的教会退居其次,个体的深度成为所有困境的形式,并能够得到呈现。在伦勃朗的自画像中,我们可以判断个人主义文化达到了顶峰。他将东方和西方的文化冲动融合在一种连续的情感中。[192]卢梭和歌德只是对他作出回应。

因此,伦勃朗在一个世界历史性的收官时刻出现了。他是最伟大的回顾性天才。

近年来,人们常常将荷兰称为现代宗教宽容的发源地,认为不同的基督教新教教派在这里能够和平共存。虽然教派文化确实是荷兰精神深刻表达的一个重要因素,但这种表达更体现在神秘的束缚中,而非教派的启蒙自由中。那些认为荷兰精神的意义在于自由主义转向的人,应该阅读特赖奇克深刻的描述,看看这里的外在和内在生活是如何从各世界的中间位置获得其特征的,也就是说,从对过去历史的独特解放和深刻理解中获得其特征。

正如当时新教的荷兰和瑞士的独立地位得到了神圣罗马帝国的承认一样,它们在整个宗教与封建的——普遍主义与地方主义的——发展中也标志着经由《威斯特伐利亚和约》所达成的共识。随着加尔文派等教派的平等地位得以确立,哈布斯堡家族所代表的天主教理念的原有主张遭到了最终挫败。同时,皇帝也不得不收回对帝国内诸侯的世俗要求;[193]各领地获得了在对外事务中几乎不受帝国束缚的主权。

因此,《威斯特伐利亚和约》成为西方历史上的一个里程碑,从此罗马的普遍权力再也无法找到实现的土壤。在三十年战争的剧烈动荡中,罗马的力量再次搅动了欧洲各国,但与此同时,新的存在力量已经得到了充分的发展。

四　法国

> 自由的堡垒,欧洲的瑰宝。
>
> ——普拉滕

外部和内部政治

三十年战争的真正胜利者是法国。

瑞典也取得了胜利,他们的帝国现在也牢固地控制着波罗的海对岸的海岸线。在德意志的诸多领地中,也出现了一些重要的新调整。但更深层次的胜利在于,法国成功地将自己的力量从这场长达四百年的世界性危机中解脱出来。法国展现出一种政治能力,这种能力从此成为欧洲大陆上决定性的塑造力量——一个内部巩固的强国,能够应对未来的任何复杂局面,无论其性质或内容是什么:这个强国就是民族国家(Nationalstaat)。

[194]法国崛起成为统治力量,是红衣主教黎塞留(1585—1642)的功劳,在西方他是与俾斯麦齐名的伟大大臣。黎塞留和俾斯麦都来自欧洲大陆的伟大传统——前者源于天主教会,后者源于德意志贵族。他们都在国家概念上,奠定了以民族君主制为基础的新型国家。

但是,对两国的政治家来说,同一概念的基础却有着截然不同的含义,这种差异体现了两个民族的特性。对于德意志人来说,君主制本身就是国家的核心内容,国家的某些公共价值在其中得以体现。对法国人而言,君主制并不具备独立的意义,而更多是功能性的;它不是国家内容,而是民族思想的表达。俾斯麦支持君主制,是基于他与之有着同质且根植于土地的种族关系;而黎塞留支持君主制，则出于他作为红衣主教和首相的主权组合，通过这一组合，他将天主教和民族这两种异质力量结合在一起。

我们必须在这种主权中认识到一种巨大的变革力量，正是这种力量塑造了现代欧洲的面貌。

三十年战争首先是一场宗教战争。而法国的红衣主教黎塞留在这场战争中站到了德意志新教徒一边，反对天主教的统治地位，即反对奥地利和西班牙的哈布斯堡家族。早在弗朗索瓦一世（Franz I.，1494—1547）作为"最虔诚的基督徒国王"时，他就毫无顾虑地推动土耳其人对抗神圣罗马皇帝。[195]同样，黎塞留也为法国与新教大国瑞典的联盟奠定了基础，并在接下来的一个世纪里精心维持这一联盟。兰克和黑格尔都直接称黎塞留为新教世界在自我捍卫中找到的最杰出的帮助者。

与此同时，法国通过对胡格诺派（Hugenotten）的无情镇压实现了国家的内部统一。在这里，独特的法国力量体现得淋漓尽致。黎塞留推行的跨教派外交政策并未在法国引发基本的宗教宽容思想。相反，尽管亨利四世（1553—1610）作为欧洲重大冲突的主要策划者，可能在与他以前的信仰同伴——新教徒的接近中，意图将《南特敕令》（Ediktes von Nantes）的理念扩展到法国之外，但成熟的法国天才得出了完全不同的结论。黎塞留并没有延续文艺复兴时期的情绪，即敦促内部差异的自由世俗表达，而是通过强调统一的天主教信仰来压制这些情绪。国家统治压倒了思想自由。法国没有为独立的思想家留下空间，甚至连科学的巨擘斯卡利格（Scaliger）也无法继续留在法国。但与此同时，国家也不愿意在国境之外代表天主教原则。法国的政策是根据形势的需要，在索邦大学内让耶稣会和人文主义者[196]互相制衡。这标志着国家在赢得自主地位的过程中，抵制了教会的至高权威，因为教会的专制可能引发新教的反对。因此，在法国，新教并不是被罗马教廷镇压，而是被以民族天主教会思想为基础的高卢主义（Gallikanismus）所打倒。

我们可以将法国在 20 世纪初宣布政教分离、建立纯粹世俗国家的行动解释为巩固民族国家意志的表现。

正是这种君主意志,调节了教会和封建的对立和主导西方的普遍主义和地方主义思想。在这里,君主制首次成功地登上了历史舞台。"在修道院长和男爵之间的边界上",君主制建立了自己的权力。黎塞留的继任者镇压了最后一次封建起义——投石党运动(Fronde)。然而,即便在这里,国家统一的优先地位也超越了单一制度;封建问题的最后一次大调整是在与君主制的对立中通过革命实现的。

革命解放了第三等级,即市民阶层。然而,无论在社会运动还是宗教运动中,在法国都没有一个与国家对立的主观动力。当第三等级宣布自己为民族的象征和主权的承担者时,这并非基于[197]某种独特的市民理念。市民的自我意识并非源自法国;与意大利和德意志的市镇不同,法国市镇在能够实现经济和精神力量的独立之前,就已经屈服于君主集权的国家管理。国家的乡村逐渐荒废,首都开始形成。直到今天,法国省城的面貌仍然反映着这一发展。事实上,在专制时期,法国市民阶层的大量成员被吸收到贵族中;国家财政的主要来源之一就是这些升爵的费用。贵族在著名的革命八月之夜的退位,只是资产阶级新贵(Parvenü)破坏其原有地位的一个印记。尽管政治上的平等尚未完全实现,社会上的平等早已持续生成,贵族的特权已经被剥夺,而在德意志,这一特权仍然保留。即便在路易·菲利普(Louis-Philippe I, 1773—1850)统治下的"黄金时代",资产阶级依然自视为贵族的继承人。然而,他们并未向国家传承一套自身特有的文化传统。民族精神的光辉并非在自由的表达中得以绽放,而是在帝国的统治之下,于19世纪中叶再次显现。正是在这一"帝国文化"之中,法国最后一代伟大的艺术家登上了舞台。

确实,市民阶层本身的特质使得这一[198]社会阶层在法国的发展中获得了与天主教相当的重要性。蒂埃里(Thierry)曾指出，市民阶层的贡献在于，它作为中间阶层，能够将下层提升到自己的水平，同时将上层拉低到自己的水平。正是这种均质化的能力使市民阶层成为民族精神的体现。民族通过天主教免受个人主义的潜在力量的侵蚀，通过市民阶层免受社会潜在力量的侵蚀。

当前的法国展示了这一发展的完美典范：一个以民主为基础，由市民阶层领导，并与教会分离的民族国家。

法国精神通常被理解为以逻辑连贯性和理性执行为其历史特征。当前的国家形式也常被解读为这种目标导向的结果和证明。然而，这种理性主义实际上只涉及方法，而非其政治的实质目标。法国从未创造出持久的内容或绝对的理想。从教义史的角度来看，法国的成就难以被定义。法国人从未真正追求某种理念，而总是通过理念来实现现实霸权。

让我们回顾一下宪政史吧！在这里，民族的雄心到处表现为塑造性力量。政府的地位几乎完全取决于他们能够为国家带来的外在历史的光辉。当吉斯家族将封建自由[199]出卖给西班牙人时，绝对君主制最终崛起的时刻到来了。只要它能扩大大陆和海外的权力边界，就能保持稳固的地位。然而，当它在18世纪的陆海战场上不光彩地作战时，它失去了威望。当贵族和教士这两个特权阶层拒绝提供因不幸的军事行动导致国家财政枯竭而急需的援助时，君主制未能展现出向他们发号施令的力量，结果革命运动同时吞噬了贵族和君主制。那些欧洲的复辟者们是多么不了解这个强大民族的精神！他们以为在通过干涉来支持正统君主制而导致灾难后，可以通过缔结和平条约重新恢复君主制！然而，如果新宪章(Charte)符合民主理想，为整个大陆的发展树立榜样，那么复辟势力及其追随者都无法在自己的国家重新站稳脚跟。他们被贴上了外国宠臣的标签。七月革命(Julirevolution)恢复了与他们对立的民族精神的纯洁性。

事实证明，无论是共和国还是君主制，都不是法国人自主的选择，这一点可以从波拿巴主义（Bonapartismus）两次取代它们的事实中看出。拿破仑三世（Napoleon III., 1808—1873）能够维持其统治，只要他能够让人们相信国际事务仍然由[200]巴黎主导；《尼科尔斯堡停战协定》（der Friede von Nikolsburg）的签订才首次动摇了他的地位。

第三共和国的存在既不基于形式上的理想，也不依赖于其行政管理的卓越，而是基于其能够成功地在国际上代表国家利益。对德国复仇的情绪高涨不仅是屈从于民族本能的表现，实际上也是将衰退中的法国引入世界大国政治的重要手段，这种政治逐渐通过一种自然发展的过程将德国孤立了起来。否则，如何解释对色当战役的旧恨（Sedan）如此迅速取代了对法绍达事件（Faschoda）的新仇？与英国的结盟，加上与俄罗斯的两国同盟，为法国指明了一条通往伟大的道路。这勾起了对斯特拉斯堡的回忆，而这些记忆一度被搁置。只有俾斯麦能够将法国对土地的需求从欧洲赶往殖民地。随着德国的政治自1890年以来逐渐衰退，法国重新将目光投向孚日山脉（Vogesenloch）的缺口，这不是单单出于盲目的激情，而是完全符合政治算计。如果共和国在最后的战争中未能处于强势一方，它的存续将岌岌可危。

这就是"伟大民族"的本质。然而，外交政治意志的活力可能在国内[201]政治体系的混乱中消亡，这难道不正是由于前者几乎不受限制的影响所导致的危险吗？在19世纪，法国这个民族似乎被各种动荡所震撼。帝国制、旧君主制、资产阶级君主制、共产主义和民主共和国轮番更替。是否有可能在这些形式不断变化的任意性中保持民族的主张？它是否具备一种永不枯竭的活力，像火山般不断喷发？

精神形式

或者，我们是否有勇气指出那些决定其活力存续的条件？

要回答这个问题，我们必须尝试回顾这个民族精神的持久法则和内在界限。为此，我们可以追溯到其经典时期，即笛卡尔（1596—1650）和拉辛（1639—1699）的时代。

在文艺复兴时期多样化的研究和探索热情面前，笛卡尔在经历了长时间的旅行并饱览了所有实证科学的成果后，选择在孤独的沉思中提出关于正确方法的问题。当世俗世界脱离教会的束缚后，法国人试图通过一个理性框架来统合这个世界。这一尝试早在第一位具有典型法国色彩的西方哲学家阿伯拉尔（Abälard，1079—1142）那里就已经开始了。他自信地在他的《是与否》（*Sic et Non*）中分析了各种神学观点。阿伯拉尔以一种典型的法国方式，将安瑟伦的主张，即教条是理性的且可证明的，[202]转化为一个要求：只有那些能够证明其合理性的东西，才能作为教条。

然而，直到自主自然科学的发展，方法的概念才得到决定性的强调。只有在精确实验的鼎盛时期，那种旨在将人性化意图转变为生存机械化的世界观才得以发展。法国人在这种精神的形成中发挥了主要作用。

法国哲学将所有存在者都归结为广延和运动。笛卡尔在物体的不断位移中，看到了一种与希腊哲学非常不同的东西，也就是将它们概念化的可能性。他通过发现解析几何来表现这一世界观，可以说，这是一个完美的法国理念的体现：世界不再依赖于永恒存在的神秘，而是每一种形式都被理解为变化中量的函数（Funktion）。法国哲学的核心不是"存在"概念，而是"函数"概念。

然而，我们可以清楚地看到，世界的数学化在法国人那里并没有引发像东方或笛卡尔之后的斯宾诺莎那样的神秘主义态度；法国的思维方式始终直接与具体的客观事实相联系，保持着实证主义的特质。因此，在理论机械论的背景下，"自由的唯心主义"也在独特的情况下出现。[203]笛卡尔通过将身体和精神区分为两个完全不同的实体来证明理性主义的主动性。笛卡尔从西方个体主义的发展中拯救了精神的自我确定性,并以极大的自豪感坚守这一点。正是通过这种自我确定性,他避免了文艺复兴时期重新流行的泛神论,这种思想尤其在德意志的人文主义中得到了延续。笛卡尔这位实证科学之父并不是从世界推导出神性,而是从神性推导出世界。他认识到,世界的法则仅仅是事实上偶然的,而不是某种直接启示的形式,正如后来孔德(Comte,1798—1857)所主张的那样。神通过事物本身的存在(Sein)来启示自己,而不是通过它们的内容(Inhalten)彰显自己。内容的现实性原因、价值或目的不应通过理性来解释。我们只有一个"可能的"世界。神或许还能够创造出其他的法则,或者他可能处于持续的创造之中!

被现代科学手段机械化的世界,笛卡尔把它判给上帝,在这一上帝概念中,我们可以看到这位哲学家向罗马教会低头了。毫无疑问,他确实明确地做出了这种妥协。然而,法国精神与教会的关系不仅仅是外交策略,或者仅仅是对精神自由的限制。实际上,这一哲学的根本问题在于将有限的、个体的实体从形而上学的纠缠中解脱出来。因此,笛卡尔、马勒伯朗士(Malebranches,1638—1715)和偶因论者(Okkasionalisten)关于神的概念被确立为唯一的创造基础,[204]这意味着有限的事物并非与神有直接的关系,而是因为神的个人意志和主动性才得以存在:不是因为其本质,而是因为神愿意如此,善才是善,恶才是恶!

如果说这是法国启蒙精神的理论基础,那么它就建立在这样的基础上:文艺复兴时期显著出现的形而上学真理与局部真理之间的对立在这里得到了独特的弥合。正如其中一位法国思想家所说,法国人将探索事物内在本质的任务留给了希腊人和德意志人;然而,他们善于从中提取出一个常用的概念,并在高深的思辨与细致的观察之间保持平衡。法国人抱有一种"厌恶空隙"的态度,避免发明普遍的理念和堆积琐碎的事实。从希腊人的理念(Idee)和罗马人的大全(Summa)中,法国人创造出了他们的总体

(Ensemble)。百科全书派的精神蔓延开来,他们的口号是"不追求第一因""不建构体系",泰纳(Taine,1828—1893)也曾反复强调,他从不关心建立一个体系,而总是致力于研究方法。

人们不会说这种方法再次唤醒了希腊人的自主理性,而是说科学应该为人类的幸福服务,这是孔德为工业时代提出的实证主义理想。理性主义并不试图深入理解[205]经验内容,将经验内容本质化,它总是以一种传统的教条来面对它们。法国人的礼貌和美感正是在这种背景下形成的,无法想象它们没有这种背景的存在。法国精神与任何带有魔鬼般伟大的事物相对立。莎士比亚的悲剧在这种精神下演变成了高乃依(1606—1684)和拉辛(1639—1699)的作品。然而,"古典精神"(esprit classique)并不包含希腊人那种从偶然激情解放的自由感。它并没有触及希腊人那种英雄般的轮廓。因此,法国古典作家的艺术也不同于席勒-歌德时期的德国古典主义,因为它建立在一种不同的意图之上,它不是追求绝对的,而是相对的人类尊严。

即使是笛卡尔哲学的最低点——著名的怀疑论,也只是在这个相对的领域内存在。泰纳曾讽刺道,这种怀疑并不是真正严肃的,实际上是多余的。事实上,笛卡尔声称通过怀疑所获得的自我确定性,并没有扎根于那种产生"基督徒自由"的深度之中。那么,笛卡尔的怀疑究竟站得住脚吗?他自己是怀疑者、思考者,因此也是存在者!由此,神性因为一个存在者将其视为存在而得以确立!在笛卡尔的这个主张中,有着"朕即国家"(l'Etat, c'est moi)那种主权的影子:与政治主体一样,精神主体(哲学家如同国王)并不试图在某种特殊的内在内容中寻找依据,而是直接赋予自己的存在以正当性和最高功能。国王[206](以及后来的市民阶层)自我宣称为民族的真正现实,哲学家的经验性自我则声称由于自身的存在而与神的存在有一种可以证明的联系。这是一种罗马主义(Romanismus),是一种政治文化和精神文化的地方主义!这正是法国精神的真正"空白"所在：它无法理解不可怀疑的事物，无法从未经证明的事物中进行创造。它无法深入到绝对的沉思和解放之中：这种倾向是孔德在德意志人身上曾轻蔑地称为"拜物教"的东西。詹森主义（Jansenismus）出于一种原始的人类感情反对耶稣会主义，但它却没有发展到质疑教会等级制度或回归"全民皆祭司"的地步。法国哲学的领军人物，从阿伯拉尔到笛卡尔再到孔德，从未试图从根本上重新审视他们与罗马教会的关系。而卢梭的公民宗教——一种每个公民都必须承认的信仰——同样没有包含任何信仰自由的内容。

这就是法国的实证主义。它的力量在于，它保留了个体存在的自然弹性，而这种弹性远离任何辩证法和泛神论意图。实证主义正因为只在机械的规律性中看到感官世界的意义，才得以在它所设定的"自然界限"内，使能动的生活发挥作用。然而，尽管它坚决主张直接给予的存在，这种存在并不像希腊哲学那样在自身中安定下来；它没有[207]"不动的推动者"来吸引并克服所有外部的情况，相反，它只是从这些情况的组合中得到发展。可以比较一下柏拉图哲学中的"回忆"（Erinnerung）与柏格森哲学中的"记忆"（Gedächtnis）。柏拉图式的灵魂回忆的是"真正"的存在，而在柏格森那里，个体在每一时刻表现的是一种整体性，但这不是"真正"存在的整体性，而是其历史的整体性，"记忆"只是联想心理学的一个片段。

这就是这种精神在普遍历史中扮演的角色。当需要将英雄从纷争中拉出和平衡根本对立的矛盾时，精神就会找到自己的伟大时刻。

因此，精神在根本上重塑了西方的等级和社会问题，它在巴黎首次消化了希腊和阿拉伯科学，它从美国引入了人权，为欧洲确立了民主和民族的理想。它也因此建造了宏伟的大教堂——这些系统化建筑的奇迹，同时表达了那个时代的世界主义精神，这种精神始终对最高的生活的活力保持着开放，却又在统一和系统中将其封闭。没有自由的塑造,没有献身的想象——这就是东西方元素在法国土地上的混合。

大陆发展的开端

西方精神在不断提升自身的过程中,能够包容所有充满它的动力吗?有两种力量,它们在希腊人那里已经[208]结合在一起,却必须在西方精神之外寻求其完整的表达:航海和科学。

令人惊叹的是,法国人在追求大陆霸权的同时,也试图实现海上霸权。早在19世纪,他们建立了一个新的殖民帝国,尽管只是在非洲的北部边缘。但在这里,他们的内在局限性显露出来:他们能够在一个旧世界中斡旋,但无法创造出一个新的世界;他们能够进行中央集权,但无法成功地殖民。西班牙人和葡萄牙人、荷兰人和英国人成功做到的事情,他们却无法完成——创造出一个海外的殖民类型。

他们之所以不能像英国一样在海外世界大展拳脚,不仅因为他们困于大陆的政治问题,而且因为这种禁锢也是他们精神的象征。

当这种精神将这种特有的西方可能性集中于自身时,它创造出了一种形式,这种形式本身就带有条件性、独特性和易逝性的印记。如果在现在这个扩大了的世界中,帝国主义列强在更庞大的组织化殖民占有的基础上崛起,而法国精神的最后动力——民族主义意志的至高无上——在更强大、更广泛的组织面前却崩溃了,这种精神的整个体系就会受到重创。因为法国精神只能通过权力意志并[209]依附精神权威,而从未能基于精神自由建立精神和政治上的调解与解放;它缺乏重组其权力的"自然"存在的后备力量,也没有足够的自主能力来应对新的形势,在这种形势下,它不可能再拥有明显的霸权;尽管它或许能够通过某些杰出的代表对事物的逻辑进行嘲讽,甚至优雅地尝试将国际主义转化为民族主义,但它无法扩展为一种国际性或超国家的存在。而且,它也无法像希腊人那样通过辩证力量获得纯粹的精神延续。

自拿破仑帝国垮台以来，法国的历史只是一个充满激情的衰落史和对一个它已无法再掌控的世界进行激情反抗的历史——在这场战争的灾难中，法国已经成为普遍历史中的一个附庸。

或许，这种生活的毁灭还能点燃一些新纪元的火花。或许，随着文明的衰退，这种生活还能展现出一些高雅文化的画面，就像洛可可风格（Rokoko）以及后来的印象派绘画和文学那样："人们接受现象，并用一面平衡另一面，再用第二面平衡第三面，直到现象本身保持平衡，最终呈现为一种悬浮的姿态，这种姿态在自身之外再也没有任何关联点。这个现象仿佛是没有根基的：它是生命的一种振动，颤抖在虚无之上。"

五　英国

努力工作，不要绝望。

——卡莱尔

议会制

[210]伟大民族的形成是欧洲建设及其融入全球关系的基础。在普遍主义仍然盛行的时代，与东方世界相对的边境民族——德意志人和西班牙人——率先崛起，成为帝国的伟大代表。三十年战争是这一主题的最后一次重大表现，但已经为欧洲民族圈中心力量的崛起所取代，这股力量能够巧妙地将各种不和谐因素调和成一种既强烈又令人愉悦的音调。法国历史是几千年来西方作为一个独立实体从东方分离出来的发展过程的终点。然而，与欧洲大陆理念的完成形成对比的是，另一个国家崛起了，这个国家在地

理上较为孤立,但并不像德意志和西班牙那样,通过与外部世界的对抗而崛起,相反它主要因自身而兴起。自征服者威廉的时代以来,除了少数起义军登陆外,没有敌军踏上过英格兰的土地。只有一位伟大的荷兰海军上将曾驶入泰晤士河(Themse),焚烧了英国舰队。拿破仑的舰队则一直停泊在布洛涅港口(Boulogne)。英格兰成功抵御了德国[211]潜艇的包围和封锁威胁。

这个民族逐渐学会了如何摆脱整个西方世界的思想而独立出来,并从自身本质的浓缩中为国家与法律、教会与社会创造出独特的形式。

甚至在日耳曼人到来之前,罗马的省份特征在这里就已经完全消失了。之后,复兴的皇帝权力从未能够掌控这片岛屿,而罗马法的引入在这里遇到了最强烈和最成功的抵抗。正是在这里,最早形成了摆脱罗马教廷控制的坚定努力。德意志的诸侯往往因反对皇帝而转向教宗一边,与德意志的情况不同,英国的诸侯则在反抗罗马的过程中争取到了他们的自由。

普遍生活从欧洲大陆跨越英吉利海峡来到英格兰,又从这里再返回欧洲大陆。与欧洲的联系始终是英国政治的前提,也是其文化的源泉。所使用的文化元素相同,但艺术却是另一种形式。正是从这种艺术中,诞生了一个新的具有普遍历史意义的现实——海外世界帝国。

显然,这样的特性与法国特性不同,英国并不认为自己的任务是通过接纳、统一和强调现有的对立面来巩固自身。英国的[212]能力在于去除历史中的模式化倾向,直接地、几乎是感性地理解运动,不是夸大或风格化现实,而是用现实来感知和扩展有用的东西。正是从这种能力出发,英国建立并发展了一种实用关系的体系,这个体系虽然未必赋予世界特定的印记,却塑造了世界的外貌。我们正在进入这一形成过程。

英国的自由观念是在三重条件下发展起来的:日耳曼的封建

制度、基督教的个人主义思想以及海外商业理念。英国议会、人权和自由贸易是这一观念的三大主要表现形式。英国通过这些表现形式，形成了一种新的整体态度，并通过这种态度掌控了西方殖民生活，这就是我们所称的自由主义（Liberalismus）。在自由主义中，欧洲大陆的各种前提和新的海外关系被整合为一种新的"人性"形式，或至少是其表象，进而成为全球统治的代表。

毋庸置疑，现代自由观念除了受到东方、希腊和罗马世界的影响，还在日耳曼概念中有其独特起源。

根据日耳曼的观念，个体虽受氏族和家庭的约束，但并不受国家的束缚。古代生活集中在城邦（polis）和城市国家（Stadtstaat）中，[213]国家观念在其发展初期就自然而然地形成了；而在日耳曼人中，国家观念则是在历史进程中逐渐形成的。日耳曼人从未抛弃个体拥有相对于国家权力的自由领域的原始观念。因此，现代国家与古代国家不同，保留了二元性的基本特征。这种二元性也体现在现今的代议制国家中。正是这种二元性中包含的国家概念的软化，恰好符合盎格鲁-撒克逊人的需求。英格兰的议会虽然拥有至高无上的权力，但君主制依然稳固且不受质疑，这深刻地体现了日耳曼思想的持久影响。日耳曼思想不仅反对古代共和形式的国家至上，也反对后来的绝对君主制。在英格兰，只有在宗教独立主义（Independentismus）的影响下，才出现过短暂的共和思想；即便是克伦威尔（1599—1658），后来也重新接受了君主制的概念。相较之下，对于罗曼民族来说，君主制并没有相应的意义，因为独立王权在他们那里反而是缺失的，并需要重新发展。因此，法国人能够将君主制视为对其存在理性的历史偏离，正如在仿古的革命中所发生的那样。英国革命是为了限制君主专制，而法国革命则是彻底反对君主专制。

[214]与德意志相比，英国发展的秘诀在于那些反对国家至高权力的封建力量没有像德意志那样走向分裂主义、联邦主义，甚至

分离主义（如荷兰、瑞士、奥地利），而是努力在一个全面统一的整体中代表自由与权力的本质。这种在中央集权与地方分权之间寻求调和的政治形式的努力，也解释了英国坚决抵制爱尔兰独立宪法的原因。因此，这里形成了一种新颖的独特力量平衡的国家特性，一种无可仿效且无法复制的政治文化。

英国人懂得将从国家中获取自由的需求转移到行政领域，并将议会与行政领域联系起来，因为议会本身是由地方自治的群体组成；因此，议会在其形成过程中与原始的自由密切相关，而不是基于一个抽象的民族（Nation）概念。同时，它将分散的力量汇集成一种伟大的统一文化。这正是这项政治制度独一无二的伟大之处！在德国，无论是旧帝国还是新帝国，公共机构都是基于各种利益和对立面的总和，体现为联邦参议院（Bundesrat）、国会（Reichstag）、不同的政党，这些组织形成了一种历史性的代表性总结。然而，英国的制度本质上完全不同于[215]这种象征主义（Symbolismus）：它们不是深化分歧，而是调节各方力量；不仅是分散力量的表达，更是将其引导至一种自主的宏大形式，这种形式来自对统治的直接直觉。特别是在英国政党的发展中，这一点表现得尤为突出。英国政党与德国的不同，它们首先并非特定经济或社会利益的代表，也不是某种意识形态纲领的体现，而是纯粹的权力现象；它们在自己的历史中得以延续，成为意志的伟大持续体现，虽然存在社会和思想上的差异，但与其说是为了自身的利益，不如说更重要的是它们在权力政治中相遇和交锋的过程。在英国，并没有像法国那样明确的第三等级的解放或资产阶级的统治，仿佛在社会生活中，上层与下层之间没有被隔离开，而是相互联系在一起。而内阁则以类似的自由度凌驾于各阶层之上。英国的议会制政府并不意味着各党派领袖观点的简单加总；内阁并不是议会的精华提取物，正如议会不是国家各个分散力量的简单汇集一样；相反，内阁是自主的。

或许最为显著的是英国处理无产阶级问题的方式。两大传统政党成功阻止了英国工人阶级发展出与该国高度工业化特征[216]相符的独立社会主义政党。英国的精神在此表现为抵制任何将工人阶级特殊利益政治化的可能性:在短暂的宪章运动之后,英国的社会运动被去除了政治锋芒,从而得以在非国家领域更加持久地发展,并被引导到工会和消费合作社的工作领域。辉格党和托利党通过一种明智的、几乎是分工合作的方式来应对社会需求;在他们奉行的世界帝国思想框架内,他们成功地阻止了阶级对立产生独立的政治影响,并能够政治性地控制那些源于国家自然条件(如煤矿和大地产)的社会问题。

我们将英国的状况与法国和德意志的状况进行比较,可以清晰地看出英国与大陆国家在政治态度上的显著差异。英国既没有受到法国生活方式的平等化和统一化的影响,也没有陷入德意志那样的地方化和浪漫化。此外,若参考古代的政治形式语言,英国也没有重复这种模式;英国内战时期与罗马内战时期不同,前者旨在将国家从君主专制的超国家原则中解放出来,而后者则直接源于本土的内部对立。在罗马帝国,首都的政党得以发展,最终国家倒向[217]皇权主义;而在英国,权贵们从未试图夺取独裁权力。英国新贵并未像罗马的资本骑士反对元老院那样反对旧贵族。尽管英国的海外殖民活动很大程度上出于私人动机,但它们从未导致个人通过暴力来巩固其在国家中的地位。恺撒征服高卢与塞西尔·罗兹(Cecil Rhodes,1853—1902)征服南非之间没有个人的可比性。英国的民族存在似乎能够吸取每个个体的绝对伟大之处。

克伦威尔是英国历史上唯一的篡位者,也是唯一的天才。他的崛起依赖于他所领导的一支军队。然而,英国的自由主要建立在缺乏一个庞大军事组织的基础上。因此,所有的篡位和合法的军事诱惑都消失了。英帝国能够占据地球五分之一的土地,而没有从根本上进行军事化,这成为其面貌的决定性特征。(因为所谓的马里尼主义[Marinismas]终究无法被理解为一种相应的文化形态。)

外交政策的基础

这种扩张是如何实现的呢？它依赖于一种独特的外交政策体系,这种体系从根本上与其他西欧国家的不同,可能只有英国能够实行。对于西班牙尤其是法国而言,建立大陆上的霸权地位是海外扩张的[218]前提;而英国则能够在未建立这种霸权的情况下致力于海外扩张。当哈布斯堡王朝和波旁王朝相互纠缠时,英国则在内部巩固了自己。当波旁王朝胜利时,奥兰治家族(Oranier)先是在荷兰,后是在英国与哈布斯堡家族结盟,以此在欧洲大陆上遏制法国,而英国则获取了海外的战利品。当奥地利在七年战争中与法国结盟时,普鲁士则站在了英国一边。据说罗斯巴赫(Roßbach)战役争夺的是加拿大和东印度。英国通过对汉诺威的王室继承权,深深介入了德意志各派的斗争。如果说法国的伟大体系是在东欧——如土耳其、瑞典、波兰、俄国、罗马尼亚等国——寻找盟友以对抗中欧,同时在德意志内部从施马尔卡尔登战争(Schmalkaldischen Kriege)到萨多瓦战役(Feldzug von Sadowa)之间利用各地方对立力量互相斗争的话,那么英国则在逐渐强大的德意志统一意志中找到了更好的盟友——尤其是法国所依赖的东欧国家(如波兰、瑞典、土耳其)在德俄双重威胁下逐渐衰落。

拿破仑出现了。他敏锐地识别出了他的敌人——英国。但他也必须首先在欧洲大陆上巩固法国的统治。他所进行的激进破坏和改造,显示了法国在这一过程中需要多么广泛的保障。[219]他成功地做到了这一点。在被摧毁的帝国之上,他以皇帝的身份与沙皇握手言和。我们站在西方大陆历史的边缘,一个法国皇帝向俄国沙皇——其帝国向东方一直延伸到太平洋——提议结盟,共同瓜分世界。

失败的主要原因是波兰问题。拿破仑重新建立了维斯瓦国家（Weichselstaat）作为法国的旧防御工事。这样一来，他违逆了俄国的扩张意图。东方与西方无法作为统一的世界体系和平共存。这拯救了英国。

拿破仑的灾难预示着一种独立的西方世界政治的终结。

在维也纳会议之后，法国的地位已经远低于革命前和革命时的水平。英俄对立逐渐形成，在这种对立中，法国只能扮演一个次要角色。于是，法国参与了第一次俄英冲突——克里米亚战争（Krimkrieg）。在这场战争中，英国几乎得到了所有重要大陆国家的直接或间接支持；只有普鲁士在驻俄大使俾斯麦的影响下保持了独立的立场。

这就是英国的体系。它通过"光荣孤立"政策确保了国家在海洋上的统治权，而在大陆上各力量则[220]一再保持均势；几乎从未有过英国士兵必须亲自出征并坚守战线的情况，像滑铁卢战役那样的情况极为罕见。当然，不能将这种统治称为罗马意义上的真正的世界统治。罗马摧毁了任何与之并存的独立民族，最终只放任北方和东方不服从的民族自生自灭；而英国人则相信，对立的生活方式会自行崩溃。他们的"分而治之"（division et impera）并不像罗马那样凭借强大的军事力量，而是以更长远的眼光进行的，他们不是考虑通过军事力量直接统治敌对地区，而是带去腐朽与分裂。

这些能量如此不同，能否产生相同的结果？它们的实践也必然会在自身体现出来。英国的对外行为必然会影响它内在的精神。

我们已经看到英国权力存在的基本特征：没有国家的中央集权，没有个人的独裁，没有一个阶级的专政，没有常备军，没有首都，没有宏伟的建筑！在这种统治方式中，难道不隐藏着一种协调集体意志与个人幸福的伟大艺术吗？自由与统治不是你中有我吗？

奇怪的是,英国的领域虽然没有承受狭隘的国家观念,却并未解放出绝对精神的自由、力量和深度,反而将其摧毁。[221]这成为历史上人类发展中的重要现象之一:在一个普遍发展的阶段,当一项政治或世界政策可以在没有国家和宗教渗透的情况下实施,当一股巨大的解放力量使人们摆脱了所有辅助结构的束缚时,权力在没有权力崇拜的情况下成为可能的同时,人类存在的意义却面临着消失的威胁。

清教主义

让我们描述一下西方精神在盎格鲁-撒克逊世界中取得的进展。

这种精神进展的起因在于日耳曼封建自由观念与基督教个人自由观念之间的一次具有深远影响的相遇。

我们主要是从国家、民族主义、教会和个人主义意图之间的相互作用来解读迄今为止的普遍发展。在东方,个体因素、个体宗教诞生于民族灾难的时刻。战败的民族走向等级制化,而宗派往往具有独立和反抗精神与之相抗。在超民族的天主教会中也出现了类似现象,但几乎难以区分,教会是更多依赖于内心的宗派主义者还是等级制度的拥护者,是更多依赖于神秘主义还是法学:罗马通过其超越国家形式的教会权力意志,将这两种倾向结合在一起。在罗马,个人相对于国家的自由得到了保障,建立了那种深刻的联系,[222]许多灵魂从自身的民族中走向了教会的怀抱;但是,尽管不需要一个基督来将上帝的国度从民族的狭隘中解放出来,却需要一个威克里夫(Wicliff,1328—1384)来将国家从教会的政治专制中拯救出来。英国人起义的主要目的并不是反对罗马教会对良知的蹂躏,而是反对罗马教会世俗的一面,是在捍卫他们的外部世界而非内心世界。这也是他们与德意志人的深刻区别。

因此,独立的英国教会获得了与以往教会制度完全不同的价值:英国教会不再表达与国家分离的主观自由,即摆脱国家的自由,而是表达国家自身的自由。

然而,由于个人需求在英国依然十分活跃,而且并未因为教会权力从属于国家权力而导致神权政治的复兴,因此便产生了一个问题:如何重新组织和维护个人的自由。

问题在于,当教会变得世俗化,更多地成为国家自由而非个人自由的载体后,内在的个人将如何彰显自己。是否有可能带来一种新的福音?在这种情况下,自由主义几乎作为一种新宗教成长起来。它的摇篮是 17 世纪英国那场声势浩大的宗教[223]革命,这场革命在内在意义上几乎超过了后来的法国革命。

在这些事件的核心,标志性地再次出现了建立神权政体的尝试。在奥利弗·克伦威尔的军队中再次复活了那种十字军情怀,这种情怀在西方历史中长期受到东方宗教遗产的影响。然而,经过分析,这场最后的宗教运动展现出一种与以往深刻不同的特点,这揭示了它的现代面貌。"圣徒的国度"应当建立起来,旧约圣经的情感直接影响着战士们,他们的精神领袖还写下了关于失落与重获的乐园的诗篇。

然而,这支"圣徒军"的组成却完全不同于以往:它不是由阿拉伯和西班牙那样的民族战士组成的,也不是由教宗派出的那样的服务于世界统治者的骑士组成的,而是由独立的个人、独立派(Independenten)组成的,他们为他们在个人热情中所承认的上帝的伟大而战斗。

独立派的起源可以追溯到文艺复兴时期兴起的再洗礼派运动:在这些运动中,宗派思想首次反抗罗马教会的等级制度,后者此前曾成功镇压或疏导了类似的中世纪尝试。在路德时代,这些起义[224]具有与罗马教会稳固时期不同的意义。然而,路德本人并未满足这些运动者的需求;他的信仰既超越了教会等级制度,也超越了再洗礼派。这些神秘主义者对宗教思想在教会中的客观化并不感兴趣。他们的重点不在于内在之人的客观理念,而在于自由和热情本身。

他们斗争的新颖和独特之处在于,他们为信仰自由而联合,为捍卫直接的教义而奋斗,并反对依然出现在路德圣经原则中的那种约束性的专制教义。他们成为宗教宽容思想的倡导者,并赋予了这一思想一种英雄气概。虽然这一思想在文艺复兴时期的冷漠氛围中也逐渐觉醒,但在这里,它不是通过像博丹和莱辛那样的自由思想家以沉思的方式呈现,而是直接从宗教的火焰中迸发出来。此时,这种思想还完全与启蒙运动无关。

因此,宽容思想将教义自由与道德义务相结合。这些人能够联合起来,是因为他们的宗教个人主义与那种旨在改造社会世界秩序的道德主导欲望相结合。实践热情在他们心中依然鲜活。他们的目标是将世界重新转变为上帝的国度。

这种精神能够在英国引发革命,源于它出现在英国的特殊时刻。当时,英国正经历其国家本质的最深危机,[225]因为君主制依赖主教制教会,推动着威胁国家独立的绝对主义-神权思想。这为共和思想打开了空间。苏格兰人首先提出了这些思想,他们的加尔文主义教会理想——源自日内瓦共和国的长老会制(Presbyterianismus)——与议会制度结合起来。此时的英国最容易受到清教徒理想的影响。虽然英国最终拒绝了"圣徒的国度"和共和国,重新恢复了君主制和主教制教会,但清教的影响仍然保留下来。这种影响通过规范私人和公共道德,塑造了精神领域的纪律。

然而,正如韦伯所指出的,清教之所以能够发挥这种作用,是因为它能够以一种独特的方式将其宗教前提与经济原则结合起来。当资本主义通过海外发现给晚期中世纪经济带来新的维度时,正是清教主义巧妙地将这种扩展合理化,可以说是将其神圣化。

对经济的关注通过一系列动机的奇特联系,成为宗教个人主义的另一面。与所有宗派一样，即基于主观基础的宗教团体，新教徒也充满了个人的原始感觉。无论是再洗礼派，还是与路德形成鲜明对比的加尔文——这位在个人困境中为整个世界[226]的可能性和绝对存在而奋斗的天才，乃是西方最伟大的宗教创始人之一——他们都强调了人类存在的预定性，即人类被上帝选中的命运是不可改变的，受造物无法自主决定自己的命运，这摧毁了人文主义和泛神论的世界观。这带来了选民的巨大自信，同时对未被选中的人表现出冷漠，甚至仇恨。这是一种规模宏大的法利赛主义，但它在西方世界产生了与东方截然不同的实际后果。它抛弃了等级制的本质，不再关注神圣形式，而是专注于自由内容，不再强调遵守律法，而是致力于创造价值。这与现代经济精神相吻合，该精神打破了行会的规范，转向自由贸易和对未开发大陆的开拓。面对这种自发的前进，清教徒不再是通过教会的每一步束缚和逐步传达的恩典来确保救赎，而是通过个人理性、个人独立安排的日常和一生的工作来确立和明确灵魂的救赎。

在清教徒的心中，恐惧与安全感奇妙地交织在一起。他希望为了上帝的荣耀而奋斗，工作对他来说并非目的本身，而是实现神圣世界秩序的途径。清教主义因此与[227]人文主义不同，后者倾向于将自己的成就解释为上帝的自然力量的体现，而清教徒则是出于对上帝的恐惧，为了获得神的眷顾而努力工作。他们不担心自己在事业的繁忙中脱离与神性的合一，而是恰恰相反，他们通过工作来巩固自己被上帝选中的意识。"努力工作，不要绝望"——卡莱尔的这句话蕴含了清教经济的全部宗教前提。路德教派信徒指责清教徒将工作神圣化的天主教性质，而清教徒则反过来指责路德派停留在对上帝的实质性感受上，他们认为这是没有结果的，甚至认为它与人类堕落的本性不相容，认为人类不应企图获得上帝的内在本质，而是应通过理性工作以荣耀上帝，为摆脱不配得地位找到出路，证明他们被选中并得到恩宠。

清教徒反对游手好闲、喋喋不休和贪图享乐，反对那种路德派德意志人的安逸生活和自然风格。尽管他们努力积累财富，但享受财富的行为会受到谴责。积累财富与禁欲正是这种工作的意义所在：敬拜上帝（Gottesdienst）！开拓与祈祷齐头并进。自我控制成为这一态度的基本特征，而这一态度的文学表现形式则体现在日记中，正如富兰克林（1706—1790）的典型实践那样。

[228]因此，对灵魂得救的焦虑成为这一类型风格的决定性因素。严厉与克制以一种奇特的悖论方式促成了全球扩张和殖民化。可以看到，文艺复兴时期人类的分裂在这里继续发挥影响，西方类型在新的经验探索和超越性支点之间徘徊，将经济置于宇宙-宗教的视角之下，从而通过它将普遍主义引向新的方向，即海外扩张——一切为了上帝的荣耀。毫无疑问，这种盎格鲁-撒克逊的伟大是文艺复兴时期西方所面临的普遍主义危机的一种解决方案。

这正是新教最伟大的成就之一。同样的商业才干与虔诚的敬神之心，同样的纪律，同样的"绅士"理想，如同在清教的盎格鲁-撒克逊圈子中一样，也可以在汉堡的老牌商人家庭中找到，这些家庭受到大量荷兰移民元素的影响。正是在那个时候，在三十年战争之后，这座城市开始获得巨大发展，它成为瑞典人控制的波罗的海与荷兰人和英国人统治的北海之间的主要枢纽。这种新的宗教-实用主义类型从这些北方的日耳曼-新教地区兴起，其能量主要用于实现全球扩张。

谁能否认这种理性能量所带来的巨大成就和必要性呢？[229]清教主义恢复了人们对世界的关注，恢复了自古典生活消亡和基督教兴起以来失去的对尘世职业的平衡感。与中世纪鼎盛时期允许这种平衡存在于世俗和超世俗的矛盾中的二元论性质不同，清教主义将这一平衡根植于世俗生活的法则之中。它要求人们完全遵循世俗事务中的最高理性文化。上帝的目的只能是促成有益的事物；凡是不能为公众服务的行为，都建立在无神的自私、贵族文化和对受造物的崇拜之上。骑士生活在同时面向天堂和尘世时无法实现的目标,市民阶层通过将宗教思想根植于日常工作中实现了。骑士的十字军东征走向了圣墓的浪漫主义,走向了耶路撒冷;而市民的"十字军东征"则走向了海外自由的空气,走向了北美洲。在这一运动的最后阶段,即在19世纪从东部向西部开发北美大陆的过程中,在大西洋向太平洋的巨大迁移潮中,这些情感依然强烈。直到太平洋沿岸,这一运动才停下脚步,在那里它遇到了一个独立文化圈的古老生活方式,即中日文化圈。

美国

我们还需单独探讨新教文化的特殊殖民发展,即殖民地盎格鲁-撒克逊精神的独立化,这一精神在北美从母国英国中解放出来,而在其他方面仍保持在[230]英国政治文化的影响之下。随着美国精神(Amerikanismus)的兴起,普遍文化进入了发展的最后关键阶段。殖民元素愈发凸显出来,并对西方世界产生了具有感染性和瓦解性的反作用。

美国人尽管对英国文化依然怀有依恋之情,但他们喜欢强调自己独特的内在意图。事实上,这种意图已经得到明确表达。在英国,清教精神更多地转化为一种社会形式,而非政治形式,如我们所见,未能彻底消除如君主制和高教会(Hochkirche)等本土制度。而在美国,这种清教精神却直接成为一种塑造国家的因素。在美国,民主原则首次得到确立,民主是建立在个人自由协议基础上的国家的缩影;洛克关于国家建立在其成员之间的契约基础上的学说在英国并未真正实现,但在美国却找到了对应的基础,即殖民者逐渐联合和自由组织的过程。这种个人主义的主导地位在一部新的世界历史性立法作品中得到了生动体现,即《人权法》。

美国的立国基础是宗教自由,这是独立派的最初要求。这种自由精神成为整个复杂的东西方人类历史的印记,[231]是我们所追踪的那种历史中的一切自由与普遍主义运动的精髓。东方专制的世界帝国理念在罗马帝国时期冲入西方之后,西方的自由、民主和市民社会的理想再次浮现。然而,正是为了永久地保护自己免受独立王权的侵害,这些理想不再像在古代城邦里那样以义务的形式存在,而是以权利的形式存在。同时参与国家和免受国家侵害的权利这一抽象关系取代了参与国家的义务这一具体关系。这是一种将个人从"美好整体"——国家体系的宇宙——中分离和置于一旁的过程,对文化风格的活力产生了消极影响。在古代民主制中激发出的一切塑造风格的力量,如今在美国已被埋葬和消解。个体成就的意义在古希腊的伯里克勒斯、埃斯库罗斯和柏拉图时代自发地得以彰显,而在自由主义理论中却被情感化地重新定义。

这就是盎格鲁-撒克逊"自由"的特征,这就是自由主义的世界观!个人自由并不意味着个人通过将自己的存在全面交托给一个普遍的、政治的权力体系来维持自己的主权,而是相反,个人获得了由国家、[232]军队和教会所保障的某种程度的不受外部干扰的自由(Unberührtheit)——克伦威尔军队中的士兵委员会反对军官的行动是自由主义的最早起义之一——然后在内部精神领域中被引导去遵循那些习俗道德,个人通过遵循这些道德,成为社会中的有用成员,并在去神化的自然界中成为顺从的公民。

在自由主义带来自由的背后,建立起了一个新的强大力量的独裁,即社会的独裁。盎格鲁-撒克逊人对此毫无疑虑地服从,因为社会本身是一个无意志的独裁者,仅仅是个人意志的总和。社会的独裁作为空洞社会意志统治的具象化是盎格鲁-撒克逊的理念。几乎没有深邃的灵魂能在这个国家中对抗它,像拜伦(1788—1824)勋爵那样,他被社会的诅咒驱赶,在世界各地流浪,只有老歌德才贴心理解他的斗争。即便有其他的精神反对声出现,比如卡莱尔,也只是将更纯粹、更原始的清教理想重新包装。这里没有激情,一切都是操练;这里没有沉思,一切都是考验,一种从人性解体中产生的、具有巨大穿透力的力量获得发展。

让我们深入探究这种精神的起源和发展：对过去的恐惧、对历史的恐惧、对因伟大的记忆而引发的动荡的恐惧，深深根植于美国主义的血液中！恐惧罗马，即恐惧皇权主义（Cäsarismus）和教宗主义（Papismus），[233]恐惧普鲁士，即恐惧军国主义，甚至恐惧英国本身，其保守的伟大、在重大传统时刻的坚持，都令美国人感到不安。英国的自由权利是英国臣民的权利，而不是抽象个人的权利，不是普遍的人权，而是特定国家的公民权利。议会，即国家的政治权力，是最高立法者。美国人还设立了一个绝对的立法者，一个特殊的法院，负责监督国家立法是否符合一部普遍的人权法典，并在发生冲突时宣布其无效。威尔逊（1856—1924）清晰而恰当地认识并表达了纯粹政治天才和纯粹法律天才之间的区别：

> 英国政治家的宪法行为更多是政治行为，而非法律的表现。他始终关注变革问题，他的宪法始终处于变动之中。他必须根据具体情况进行设计……他的标准不是法律赋予他的，而是出于自己的信念……相反，美国的宪法政治家则像一个法律专家一样构建他的政治……他的治理理论建立在这样一个基础上，即某些由政府外部的政治力量所选择的法律是整个政治结构的基石，任何不能纳入这一基础的东西都不是安全合法的政策。在美国[234]政治家的观念中，法律是国家的创造者，国家的存在仅基于法律所赋予的特权。

因此，对于美国人来说，生存的基本问题被简化为一种伦理学，这种伦理学超越了所有政治意志的动力，并且将独特的、历史条件下的内容提升为一种具有永恒效力的规范。这种伦理学代表了自然法运动的最后遗存，从廊下派的强大辩证力量开始，试图将个人需求与普遍政治世界进程中的不合理性调和起来。只有在此时，通过将这些需求简化为纯粹功利，个人才得到了完全的解放。

最终，经济取代了政治的主导地位。

因此，我们感受到，盎格鲁-撒克逊精神的发展最终演变为一种唯心主义的干枯图式，而最初那种能以巨大的冷静去理解现实的能力已经消失。没有强大的精神抗争，没有与他人的深切交流，能够促使这个精神深入自省；甚至没有任何荒凉的景象能够动摇它。哪怕海洋历史上最伟大的事件——盎格鲁-撒克逊文化与印度文化的相遇，经过两个世纪，也没有催生出新的元素。这便是海洋的经历！当世界历史从欧洲脱离出来，从一个经过奇妙的内在融合的时代发展成全球范围的海洋分割时，出现了一种掌握权力的种族，[235]他们发明了救世军（Heilsarmeen）、消费合作社、水坝和禁酒令，却失去了理解世界语言的能力。

当清教徒为了上帝的荣耀而进行的远征达到了目标，所有的海洋都被征服，当美国人失去了他们生活的核心理念，即代表他们国家里的东西方对立的"边境精神"（Grenzertum），因为他们以一种文明和功利的方式战胜了它，此时最后一个能够消除敬神的伟大可能性也随之消逝了，即那种以普遍扩张之路与其相遇的方式。

这是普遍发展中的宇宙转折点，我们停留在这一时刻。过去几千年的决定性动力，那个近东兴起的普世主义，最初被罗马人视为自然和天上的任务，被西班牙人发展为太阳之城（Sonnenstaat），最后清教徒携带着步枪、日记和人权将之传播到最后的海岸，并将之实现，同时普世主义失去了它的意义。随着征服精神的消亡，形式塑造的精神也随之消失。国家与教会，艺术与科学，都失去了它们的本质特征。最伟大的英国哲学家休谟摧毁了实体（Substove）概念。

哪个国家能抵御这种心态的冲击？这种心态承诺用和平来祝福宇宙，用技术奇迹、火车站和工厂的神秘感来平息宇宙，并将自身从历史中解放出来。它把现实从[236]柏拉图的存在问题中解脱出来，去除其神秘性，并将其置于一个机械的、实证主义的、仅仅可能的世界中,就像我们看到的那样,早在笛卡尔时已经为此设计了一些公式。

这不就是清教主义化,那个真正的世界"净化"吗?它不是与从东方永恒渗透而来的神秘化,那个真正的"污染",和谐地相遇了吗?这两极不是在此合而为一了吗?当西方精神从殖民地回归,学会与永恒的东方精神融合时,东西方之间的障碍不是才真正消失了吗?在纽约和米兰的摇篮中,不正孕育着真正的"未来主义"(Futurismus)吗?在美国,历史内容被幽灵般地遗忘,而在东方,历史内容被神秘地掩盖,并被一层刻意的无意识所覆盖——它们的意义难道不一样吗?

这文化的麻木已经变得极为严重。我们依然拥有,并享受着这些成果。但我们是否仍有精神和双手去牢牢把握它们?还是我们相信这些财富会自我维持?正如罗马帝国时期的精神与技术知识没有在随后的几个世纪里通过传承保留下来,美国博物馆中的伦勃朗的艺术和我们对电力的知识也未必能在未来的世界观中得到保障。毁火的阴影正在我们面前浮现。我们在"达达"(Da da)中崇拜它们!

全球危机

是否存在一个时刻,我们可以从中窥得新世界发展的潜在趋势?

如果我们试图从全球历史的种种进程中,看到已经在广泛满足的世界中发展起来的存在的意义和形式,也许我们就能取得进展。我们之前已经对某些美国化的后果做出预测。现在让我们不仅去探索其中的危险,也去寻找在过去一个世纪的政治历史中、在这些危险中形成的抵抗力量。

我们触及了最后一位伟大创造者的灾难,这位创造者基于独特的西方大陆发展,从法国的土地上崛起,以对抗海外强权,他就是拿破仑。他本人曾以宏伟的言辞表达了对自己所处命运的意识，并称自己为最伟大的奴隶。

随后我们看到，19世纪的大陆生活回归到自身，主要受法国大革命及其对立运动的影响，内部政治充满了这些余波；各地都沉浸在或自由主义或浪漫主义色彩的民族主义之中。同时，英国在自豪的安全与光荣的孤立中，在政治上主导了地球各个部分的经济开发，并观察到俄国逐渐增长的敌对力量，俄国在近东、中亚和东亚地区向英国的利益领域[238]推进。1878年，君士坦丁堡之争爆发，英国将土耳其从俄国的控制下拯救出来。

俄国本身已经进入欧洲的国家体系，并通过与法国的联盟与该体系的对立力量联系在一起；而与此同时，欧洲的中心则团结在三国同盟（Dreibund）中。这一体系不正是英国曾有过丰富经验的以往大陆平衡在世界政治中的延续吗？难道英国不能期望继续执行其既有的生存法则，通过自身来维持这种均衡，把其他国家束缚在自己的体系中，使之对帝国无害？这就是英国的想法。英国认为自己不必亲自参战，于是派遣日本对抗俄罗斯，此前它曾试图让德国对抗俄罗斯，但未能成功。

这时，德国崛起了。英国被迫，同时也有能力召集所有主要大国，即海外世界、西欧大陆和东方的主要代表来对抗德国。

这个事件——全球世界第一次共同经历的事件——的意义是什么？这个对立的形式是什么？

与德国对峙的国家受到盎格鲁-撒克逊政策的广泛影响，即英国舰队的影响或英裔美国人经济的压力。这些国家还与[239]具有扩张意图的俄国以及在经济上依赖俄国、历史上与德国对立的法国联合。前线的位置明确标志着那些能够从大陆中心、海洋和东方腹地出发加以控制的地区。英国与德国在比利时和法国北部、意大利北部、马其顿，并暂时在加里波利（Gallipoli）相遇；随后战线转移到巴勒斯坦（Palästina）、美索不达米亚和高加索。向东，俄国边缘的国家和俄国南部直到高加索地区都成为德国可以进入的地区。在非洲腹地，德国的最后一个殖民地一直坚持到停战协议生效，甚至最后进军踏入敌方领土。

德国是世界中心的一座堡垒，其连线贯穿了三个大洲，而这些联系有些只能通过重大的突破才能建立。四年来，德国以空前绝后的道德团结和战略张力坚守着自己的阵地。在此过程中，呈现了通过强化生存来克服扩张的思想。在所有世界力量集结反对德国中心的过程中，以及在德国的集中抵抗中，体现了两种风格原则的较量———一种是即将结束的普遍发展方式，另一种是正在出现的新的普遍发展序列。

德国的外在命运——与所有民族发展的对抗——只是其内在状态的反映。它能够在自己的灵魂中概括所有这些世界。它并不能单纯被理解为［240］东方、西方或海洋文明的代表，而是作为融入这三个圈子的力量而存在。德国的土地和历史所孕育出的力量克服了无序的普遍主义，展现出一种新的强大的形式塑造能力。这种新的能力，从以往的内容、图景和无限性中汲取力量，超越了单纯的综合，最终表达出这个时代的直接现实。

1918年的失败并不能证明德国当前使命的错误。

第七章　德意志文化圈

地理基础

[243]我们在与东方相接的欧洲大陆(不包括俄罗斯平原)的强烈自然分化中,看到了个别独立的民族和权力中心并存产生的重要前提。

地中海、大西洋、北海和波罗的海与横跨这些地区的主要山脉——比利牛斯山脉、亚平宁山脉、巴尔干山脉和阿尔卑斯山脉——共同构成了一个由海湾和半岛组成的系统。

在面向地中海的国家中,希腊人、意大利人和西班牙人能够形成其独特的存在方式;然而,这些地区的文明体系仍然与东方紧密相连,东方通过近东和北非的海岸线与之接壤。

只有在法国,西方世界才形成了一个独立的中心。

在英吉利海峡以北,这个国家发现自己完全被北方的海洋所控制,它已经在向一个新的结构过渡——海外结构,这正是不列颠群岛的所在。

但是,所有这三个因素,即西方的独立存在、与东方的接触、与海外的联系,汇聚在那些从[244]中央山脉向北延伸至北海和波罗的海的地区,而这些地区就是德意志。被阿尔卑斯山和海岸环绕的地区形成了一个符合欧洲大陆本质的、自然界限明确的居住基础。

然而,波罗的海和北海作为一个封闭的文化圈只暂时存在过,就像地中海在汉萨同盟的时代一样。不久之后,更广泛的海洋活动摧毁了这些区域的统一性,从而削弱了德意志的海上霸权。虽然德国曾试图从荷兰方面继续维持这一地位,但最终不列颠群岛的地理位置成为决定性因素。

无论是向东还是向西,德意志完全没有可塑造的自然边界。

在西部,莱茵河似乎划出一定的边界,这是一条唯一来自阿尔卑斯山并最终流入北海的河流。然而,莱茵河作为一条自然边界,只能从法国的角度来理解,作为一系列全面理解的"自然"边界的一环几乎是被想象附加上的。而对于居住在莱茵河以东的德意志人来说,莱茵河总是象征着所有权,而非边界。这其中纠缠着一段绵延两千年的历史:从罗马-日耳曼问题,到洛塔林吉亚(Lotharingia)问题,再到后来的阿尔萨斯问题以及整个莱茵河左岸问题。

在东部,甚至更难谈及自然的分界。亚洲的平原深入延伸到德意志的领土。自然的边界只能是易北河一线,而这条线正好穿过德意志的中部!

[245]因此,德意志的居住地不得不在这无尽延展的平原中,在没有任何自然屏障的情况下,建立边界:从奥德河(Oder)的源头开始,它延伸到奥德河与维斯瓦河之间的土地,随后继续向维斯瓦河的下游推进,甚至跨越那些起源于东部平原丘陵地带的河流。

此外,在那些已经形成自然分化的地区,特别是低山地带,除了南北流向的主要河流外,还出现了一条东南向延伸的支流:因此,德意志人沿着多瑙河前进,直到中游,在那里河流不再依赖阿尔卑斯山,而是在莱塔河(Leitha)之外进入匈牙利盆地。因此,一条通往东方、超越西方世界统一性的道路也被纳入这个国家的结构中。

最终,从斯拉夫人唯一能够建立长期居住地的阿尔卑斯山北部低山地区波西米亚开始,也就是从斯拉夫人向西推进最远的地方,有一系列山脉向西延伸到莱茵河。这些山脉在德意志从阿尔卑斯山到大海的地势上形成一个明显的断裂,使得斯拉夫人在我们的居住区形成一个深入的凹陷,进而造成德意志世界内部的分隔。向南翻越图林根森林和伦山(Rhön)山口的人将进入一个完全封闭的世界:南德意志。

只有莱茵河开辟了一条连接南北文化的通道,只有莱茵地区构成了[246]南方和北方文明的过渡。然而,正如我们所见,这条通道不再完全属于这个民族,而是同时处于邻国意志的势力范围内。

可以从阿尔卑斯山和海岸的构造,从莱茵河和易北河、从莱塔河和美因河的地理中,读出这个国家的命运。我们读到的是:大陆的分化,内部几乎被过度分割,向西扩展受阻,东部被侵袭,向世界海洋开放,但又与世界海洋深深隔绝。

在这样一片土地上,历史如何可能?

一 新教

我们看到伟大的罗马-日耳曼民族崛起时代的特征在于:原本在长达一千五百年的罗马统治体系中相互结合的特殊性和普遍性动力,失去了曾由超越一切的统一权力意志赋予它们的方向感,而如今这些动力在各个主导民族中演变为新的形式。例如,在政治发展方面,我们看到,在民主代议制的普遍人权观念的影响下,等级这一原初的特殊因素在国家治理中发挥了决定性的作用,并得到了普遍的巩固。

回顾这一主要由西欧国家主导的发展历程,[247]我们可以看到,在这一过程中,超验思想逐渐让位于实证主义思想。唯有一些唯心主义的残余体现在笛卡尔的自由理论和美国的人权之中,直到功利主义成为一种新宗教,个人利益的追求被视为最符合神的意志。超验-唯心主义的时代进入了危机。人们逐渐认识到,若想确保理想的实现,必须将理想设定得尽可能低。于是,"为生存而斗争"最终在达尔文极具影响力的学说中,科学化为一种解释普遍生活的风格思想。唯物主义和生物学主义(Biologismus)吸收了世界历史的遗产。《共产党宣言》把这种驱动力归于整个过去的历史,只承认思想领域是"上层建筑"(Überbau)。这是时代的收获吗?

事实上,当我们开始评估那些德意志精神试图在超验和经验的必要性之间进行调解的思想的普遍力量时,我们必须时刻关注这一发展。我们将看到,最终形成的这些伟大的民族世界观中的一种,首次揭示了"时代的收获"这一问题的最深含义。相反,正是对这一问题的独特理解,使得德意志精神对普遍文明地位的追求成为可能。

[248]初看之下,德意志的发展似乎并没有超越民族的界限。这里出现了一个奇怪的比较。西方民族按照实证主义的思维,想要成为民族性强的国家,却达到了普遍的文化地位:西班牙、法国、盎格鲁-撒克逊的潮流相继盛行。而德意志人努力成为世界公民,实际上只能自己理解自己。几乎没有任何一种伟大的独特文化像德意志文化那样,影响力如此局限于自己的国界。随着罗马政治在中世纪晚期崩溃后的分化过程在扩展到海外和全球的生存中逐渐趋于一般化的和共同的表达方式,德意志恰恰进一步加深并延续了这一进程。正是由于德意志的发展,现代教育与中世纪教育的形式不能相提并论。

德意志的教育理念总体上认为,只有当上帝与世界在更深层次上相互依存时,人才能理解现实世界的情况。只有通过超验思想,人才能真正理解内在的现实;现世的世界只有通过与彼世的联系才能获得结构和意义。必须具备空间与时间本身,才能形成经验;眼睛必须如同太阳般有力,才能看到星星。这就是德意志的解决方案:形式的严谨性只有在面对各种[249]内容时才得以产生,因为它体现了真正的客观化和超越所有这些内容的理念。德意志人是绝对主义者,因为他们是浪漫主义者。

尽管具体表现形式千差万别,但这正是新教的基本特征。新教精神如同古希腊的辩证逻辑,对所有内容都给予充分理解,并且需要这些内容作为基础。然而,它不仅通过变换适应每种现实情况,也通过穿越所有世界逐渐扩展其全部力量,凭借这种力量,它不仅努力理解所有的规定和限制,而且试图超越它们。它认识到,要超越一切合理或不合理的对象存在,没有什么比"良知"更值得称颂。它根植于性格(Charakter)的创造性,而不是思维的创造性。新教精神追求的最高境界与辩证天才不同,新教精神追求的是自由!正是基于这种精神,德意志人没有像希腊人那样在灾难面前屈服,而是在东西方力量交汇的最严峻困境中崛起。经验上的困境越大,批判性思维就越强,自由意识也越深刻,对最高理念的自豪感也越强。这种路德和费希特所宣扬的自由与盎格鲁-撒克逊国家的自由不同,它不仅仅是摆脱现世个别负担的自由,而是摆脱整个现世负担的自由:"一个基督徒因[250]信仰而高高地凌驾于万物之上,以至于他在精神上成为万物的主宰,因为没有任何事物能阻挡他得救,事实上,万物都必须服从他,帮助他得救。"

德意志历史的开端并非行动(Tat),而是良知(Gewissen)。

让我们指出这一开端的力量:路德宗(Luthertum)。

路德的目标是打破罗马教会通过圣礼施加的恩典,这种恩典曾一度引导中世纪的人们,并在当时通过赎罪券的形式以一种荒诞的方式表现出来。如果说,面对这种神秘的律法式灵魂引导,沃尔夫拉姆(Wolfram)已经在他的伟大诗作中提出在上帝面前的稳固和不稳固的问题,那么路德则真正地征服了那种持久的、强大的信念,这种信念能够在每时每刻从自身中接收到真正的——不是由教会,而是由上帝赐予的——恩典。他不仅反抗外来精神意志的影响,即罗马神父的影响,而且深入到更深层次,提出了因行

(Werke)称义的问题,即遵守一般律法的问题。当他否认通过守法行为获得救赎时,他也与清教徒的意图保持了距离,后者虽然不通过外在的教会规则,但仍通过自己理性和适当的世俗创造来获得上帝的拣选和恩典。路德并没有信奉任何形式的"通过行为获得圣洁",[251]相反,他认为信仰是那种超越所有灵魂保障规则的力量。曾经驱使他进入修道院的是天主教的成圣意志。通过遵守神圣的规条,路德试图满足那种同时源自道德义务和神秘享乐的自我净化驱动力。正是这种沉思的方式引发了独特的德意志贡献及其广泛的预备力量:路德意识到通过纯粹的道德-神秘观察获得的救赎时刻是不充分的,因为它是断续的,他并不是通过世俗的行为,而是在修道院的狭小空间中发现了这一点。只有这种"修道院意识的自主性"才能使那些千百年来为灵魂提供的手段失效,并从根本上摧毁罗马-东方的系统。只有通过良心的自我交流,才能激发出对不虔诚的自我圣化的恐惧,这正是路德的死亡恐惧。正是在这种灵魂可能性的内在浓缩中,路德宗的信仰和恩典教义应运而生。

路德的痛苦实在太过剧烈,以至于他无法相信人类被自然赋予了向善的天性,无法相信人类有与生俱来的神性,或无法相信某些个体是被预定选中的。如果说路德与加尔文主义相对立,却与奥古斯丁主义相近,承认人性和太人性的东西在内心深处存在,那么他由此领悟出的一种关于"可失去的恩典"[252](gratia amissibilis)的教义则激发了一种巨大的个人主权意识。他完全排除了人类自我神化的过程。路德不像人文主义者那样,将上帝视为幸福的象征,而是看作人类最高存在的孤独。他也不像神秘主义者那样,将上帝视为有罪灵魂的回应者。相反,他教导说,堕落的本性中没有恩典,只有在纯净的本性中恩典才会显现,即在经过最高净化的人性中,恩典才得以发挥作用。最高的人的努力是来自外界的作用,是恩典的结果,是异质的、可失去的。因此,在这位德意志人的救赎教义中,生命中最深刻的男性力量被保留下来:自由不是在个人发展的历史性罪恶中,而是在它的彼岸——基于统治力量的谦卑,基于人与上帝接近的人与人之间的接近,基于最高个人孤独的同胞之情。这就是新教的伟大之处。

从这种立场出发,路德的国家学说,乃至他关于世俗秩序的整个学说形成了。路德教导人们服从当局,因为这是一个自然的即上帝意欲的秩序;他甚至主张,即使在苏丹(Sultan)统治下,基督徒臣民也应服从。因此,路德教派信徒与清教徒殖民者的区别在于,前者已经在现有的外部世界秩序中看到了上帝的全能,[253]而后者则认为必须通过创造那些符合上帝旨意的秩序,才能实现上帝的意图。外部世界的形式作为上帝的创造,本身并不属于人类的任务范围,人的任务仅在于调整人与超越的上帝之间的关系;而那个外部世界本身并不是一个问题。这就是德意志精神保守的一面。这里是否已经预示了康德的思想路线?康德同样把认知的意图限制在现有的感性世界之中,认为感性世界必须得到普遍有效和必然的认识,而在此之上,他承认了在知性世界中走向自由的革命性举动。这与路德所讲的"基督徒的自由"是相同的自由。

路德的伟大之处以及他坚定捍卫自己立场的无误性在于,尽管他是那个将世界从罗马教会中解放出来的人,他拒绝承认教宗世界秩序的自然性,正如他不承认皇帝和苏丹的世界秩序的自然性一样,但是他仍然禁止宗教战争,不允许以武力强行推行纯洁的信仰。为了拯救内在的自由,他推翻了普世权威,但他鄙视去实现某个理念。在路德看来,理念的实现和法律的遵守永远不可能是生命的最终目的,因为"在尘世间,一切只是开始和增长,真正的完成将在另一个世界里发生"。虽然路德深知律法的意义,但他说,"律法指出方向,但并不能提供帮助",[254]即对律法的有意识遵守并不会带来力量,理性地执行一项命令或理想并不能解放整个人性;相反,律法揭示了人性本质上的无能为力。"不可有邪念的诫命证明,我们都是罪人。"我们在这里所能做到的仅仅是对既定的、已被秩序化的、与他人的关系采取一种规范性的态度：我们应当出于简单的爱心去顺应这些超越我们内在救赎的关系。因此，我们也不应袖手旁观，因为只有完全属灵的人才能做到这一点，而这只能在末日到来时实现。因此，路德既反对理性主义也反对神秘主义。相反，爱与信仰调节着人类的生活，爱调节我们与可见世界的关系，信仰调节我们与不可见世界的关系。

从中可以看出，路德与那些只关注宗教精神的东方伟大宗教创始人有着多大的不同。那些宗教创始人都是在谈论自己，而路德则说：

> 一个基督徒并不是为自己而活，而是活在基督和他的邻人之中，透过信仰活在基督里，透过爱活在邻人里。通过信仰，他超越了自己进入上帝；从上帝那里，他又通过爱返回了自己。

因此，路德最全面地阐述了个体与整体的关系。从这里可以看出，德国历史的所有重要时刻都是由伟大而杰出的个人推动——这与西欧历史不同，[255]后者更多是由坚定不移的平庸民众决定。希腊历史也不是匿名的发展，但在希腊，主导思想家与周围的世界、与生成的过程、与群众的关系疏离，他们不是内心式的，而是英雄般的存在；他们的个人创造力不是源自一般生活的困境，而是从他们的独立性中获得的。德意志个体的联系性和共鸣感取代了希腊个体的自由和直接性，祭司取代了公民，但这里的祭司不是东方或罗马的祭司，而是分享普遍祭司身份的个体。

> 这是比做国王还要重要得多的事，因为祭司的身份使我们有资格站在上帝面前，为他人祈祷。因为站在上帝面前并祈祷是祭司的特权。

这种"祭司般"的个体身份与东方伟大个体的神秘关系完全不同。在东方，这种个体虽然源于民族的苦难，却不能解放和引领民族，而基本上只是民族的重复和再现，象征性地通过个人深刻表达了民族苦难的内在特质；然而，在德意志，这种个体身份是一种巩固的力量，而不是漫无目的的探索。

路德本人也在这方面取得了长足的进步。虽然他没有创建新的政治形式，但无论他在哪里介入，他的政治行为都因其深刻的终极指向和[256]充满激情的坚定立场而令人震撼，例如他在沃尔姆斯帝国议会上纯粹的宗教立场，他对狂热派、再洗礼派和平等主义农民的态度，以及他在马尔堡与茨温利（Zwingli）的辩论。尽管聪明的领主希望两位宗教改革者能够联合起来，但路德却拒绝了，因为他不希望反对罗马教廷的立场被理解为一种理性主义的体现，正如在茨温利的圣餐学说中所表现的那样。因此，他堂而皇之地捍卫了他所称的"无形教会"。

然而，路德所奠定的文化，即个人与整体在上帝之中的关系的深刻思想，并未能直接在现实中表现出来。如果仔细观察，这种限制本身也是路德教义内在规律的一部分。人们正确地看到了他的一种强烈的回顾性视角。当然，比这种回顾更重要的是他对过去的超越，通过这种超越他取得了胜利。路德提出的绝对信仰的伟大正是通过包容并面对所有曾经存在的世界灵魂的可能性而实现。因此，这种伟大才能正好在当时世界历史传统冲突最为激烈但尚未找到统一民族解决方案的德意志出现。路德的出现表明，这些矛盾并未使民族衰弱，而是呈现了民族的过重负担。新教教会可以被看作德意志人首次尝试[257]继承并超越世纪遗产的努力。这个特征为德意志哲学思想伟大时代所继承。①

---

① 请参考洪堡（W. v. Humboldt）用来描述康德哲学的出现所说的话："康德检验并筛选了整个哲学进程，以一种他必然会与所有时代和所有民族的哲学家相遇的方式……限定并平整了这片哲学的基础……并确立了基础，在这些基础上，哲学分析与自然的人类感官汇合。他在真正意义上将哲学带回了人类内心的深处。"

然而，如何从这种在历史与无限中扎根的新教自由中形成一种形式呢？它既不能像东方人的斯芬克斯（Sphinx），不能像希腊人的和谐，也不能像西方民族的"启蒙"那样表现出来。也许我们这里面对的是一种尚未完全发挥其真正潜力的能力。回顾其历史，我们发现它所达成的只是伟大的悲剧性中断。被束缚的力量！传承的形式！特别是在像弗里德里希二世（1712—1786）、格奈森瑙（Gneisenau，1760—1831）和俾斯麦这样的行动者中弥漫着强烈的哀叹。

但是这些哀叹并不像耶利米（Jeremias）对耶路撒冷的哀号，而是在他们的绝望中存在一种力量的确定性，一种对国家辉煌之日遥不可及的感觉。

对现世和彼岸世界的同时关注，以及试图将两者联系起来的努力，蕴含了两种截然相反的危险，[258]这两种危险几乎贯穿了所有伟大的德意志情感、思想和行动的成就。一个危险在于过于沉迷于外在世界，另一个危险则在于将多样性和差异性消融于纯粹信念的优越性中，从而在绝对意识的冷漠中失去自我肯定和自我奉献。所有伟大的德意志人都有一个特点，那就是他们没有在道路的两端陷入极端：在这里陷入实证主义，只允许个体存在；在那里陷入神秘主义，只允许虚无存在。相反，两端的思想不断互相交融。几乎每个德意志人都是辩证法家，试图将个别命题与一般原则相联系，或是象征主义者，他将无限的感受禁锢在特殊时刻的美和日常职责的必要性中。尽管极端得以避免，但这些对立在其统一性中仍然显得足够强烈。

人们常常认为，德意志的发展历程是从最初对纯粹信念的关注到后来更注重实际的成就，从宗教和思辨的德意志转变为实践和经验的德意志。然而，我们不愿这样解读从维滕贝格（Wittenberg）到魏玛再到柏林的道路。我们认为这种解读主要是从西方的实证主义角度出发，它无法[259]真正描述德意志的本质文化态度。这就像将孔德的三阶段理论也应用于我们的发展历程。然而,尽管我们在 19 世纪接纳了西方的精神和方法论,但我们依然感到,在德意志生活的所有现象中,直到当下,都有一种更深层的背景在起作用,展示了现世和彼岸世界的交互关系。正是这一背景,真正构成了德意志道路,使柏林和维滕贝格真正为人理解:至于这个精神是否已经完全展现出其真理性,尚需进一步验证。

二　辩证法家和象征主义者

引论

让我们来看看德意志自宗教改革以来所处的外部环境。或许,正是在外部无力的时期,即在《奥格斯堡宗教和约》(*Augsburger Religionsfrieden*)与西里西亚战争之间的时代,奠定了德意志精神对世界历史变化作出普遍回应的基础。

然而,在中世纪甚至文艺复兴时期,宇宙的观念依然被接受,因为政治领域仍然普遍存在着普世性特征,泛欧事务比特殊的民族事务更重要。[260]而现在,德意志以一种独特的方式,即使在民族历史已经开始沿着各自的不同轨道发展时,依然坚持着这些普世观念。只有德意志,这个在中世纪作为皇帝思想的承载者而最为活跃的民族,刚刚开始独立发展时便形成了一种以被动为主的结构。这牵涉到其整整本质的深度。这个民族似乎并非自愿发展,而是因为其周围民族的崛起,被迫将中世纪的普遍主义也排除在其历史之外。这样一来,那些崛起的强国便成了领头者,而由它们的国族结构所孕育出的思想——主要是带有法国与英国特色的思想——也成为主导思想。

这些思想的影响与德意志最初对超民族事务的关注相结合,

形成了一种普遍主义的德意志文化,而这种文化现在必须在民族生存的范围内得到构思和塑造。普遍主义变成了接受(Rezeption)而非行动(Aktion),变成了历史而非政治。只有客体是普遍的,而主体是民族的。赫尔德的出现代表了这种关系。这种精神倾向仿佛民族命运的体现:尽管德意志内部四分五裂,外部充满敌意,但这里的政治灵魂并未像在意大利那样死去,而是通过一种有机的深刻性,通过秘密地吸收那些压迫其生命的力量得以坚持。

[261]这是德意志巴洛克建筑、巴赫音乐、克洛卜施托克(Klopstock,1724—1803)诗歌、莱布尼茨哲学的时代——一个在我们现在看来又恢复了奇妙的独特光辉的时代,几乎比随后的古典唯心主义时期更为纯粹和完整地体现了德意志精神。走进巴尔塔萨·钮曼(Balthasar Neumann,1687—1753)及其同道者设计的教堂,人们仿佛能感受到与克洛卜施托克《弥赛亚》颂歌同样的精神:一种超感性的激情,一种建设性的悲怆,及一种路德解放的精神力量在其最初或许最强大的艺术形式中得以展现。

在充满创造性的纯粹领域中,一种任意与计算交替的特点展现出来,这些特点体现在那些明亮洁白的空间里,那里装饰着金色的柱头和喧嚣的祭坛上的单个雕像。在严格的数学平面图之上,常常围绕着一个巨大的中央结构而产生动感。鳞次栉比的塔楼与巨大的外墙相互映衬。这些完全是个人的创造,没有实际的政治代表性。它们多半出现在那些最小的、在政治上已经衰亡的宫廷中,如帝国修道院院长、主教、世俗小诸侯的宫廷中。只有在维也纳,这一风格的主要中心之一,同时展现出充满活力的生活的样貌;其中最美丽的宫殿之一是为欧根(Eugen,1663—1736)亲王所建。

最有趣的精神转变之一便是,这种风格刚刚展开,便又逐渐滑向古典规则,转向了路易十六风格和帝国风格。法国的榜样尽管没有完全吸收意大利巴洛克的气氛,[262]但仍将这种影响带入了德意志的狂飙突进运动(Sturm und Drang)。参观一下位于施瓦本的维布林根修道院的华丽教堂就能感受到这种风格。在精神领域的其他方面也有类似的变化。巴赫(Bach,1685—1750)之后是格鲁克(Gluck,1714—1787),维兰德(Wieland,1733—1813)也出现了。即使是莱辛的戏剧理论,也比莎士比亚精神更接近他所批评的法国人。席勒的《斐哀斯柯》(*Fiesko*)在情节的编织方式上仍与法国戏剧有着某种关联。而弗里德里希大王在桑苏西宫(Sanssouci)的洛可可风格中的举动,只有在这些背景下才能得到更深入的理解。

温克尔曼(1717—1768)、歌德和席勒所理解的古代在多大程度上与法国古典主义的概念相关,这一点必须加以分析。对抗法国可能只是德国文化的一个方面。另一个方面则可以从席勒在歌德将伏尔泰的《穆罕默德》搬上舞台时写的诗句中听到:

> 艺术正面临从舞台消失的威胁,
> 幻想宣称它的狂野境界,
> 它想点燃舞台如同点燃世界,
> 将最卑微和最崇高者混为一谈。
> 只有在法国人那里,艺术尚存,
> 尽管他从未孕育出崇高的原型。
> 被束缚在不可动摇的界限内,
> 他牢牢掌控着,永不动摇。

毫无疑问,新教情感在与法国文化的对立中焕发了新的活力。在哲学方面,它有了很大的突破。而罗曼人甚至认为德意志古典主义并不是真正的古典主义,而是浪漫主义。然而,这种转向内在、历史以及一种[263]新人性的过程,只有在与外来的、传统的形式相结合的情况下才会发生,它基于从历史中①抽象出来的充实的理想标准。这就是德意志唯心主义文化的精神问题,源自那种向宇宙敞开内心和主动排斥宇宙的情况。

我们试图通过那些参与其中的伟大个体,来理解这一问题的意义与内容。

康德和康德主义者

我们首先从形式与内容问题的角度回顾一下精神发展的历程。

东方人直接抓住了作为既定事实和命运的内容。他们对内容产生了一种情感。他们用来透视和塑造内容的思想是认为这些内容在现世是虚无的,只有在天堂才有价值。神秘主义是基于存在的虚无化而将其重新物质化。

希腊人将经验内容视为表象和意见,不在这些内容上进行创造;对他们而言,世界并非被创造的。他们不把形式视为本质,而是视为内容的理念,即它不应是它偶然存在的样子,而是它应该真正成为的样子。[264]只有在理念中,内容才具有真正的现实性。希腊人是在形式上进行创造的。

罗马人奠定了西方态度的基础,完全放弃了形式与内容之间的有机关系。他们强化了内容,构建了一个没有任何预设形式的实质性权力概念。他们迫使理念——无论是在廊下派的"自然"学说中,还是在奥古斯丁教会的权威教义中——从内部支撑已经形成的内容,使其看起来是持久关联的:法律和建筑就是他们的"形式"。

---

① 请参考兰克的话,他从政治立场去探讨这种法德关系,并在七月革命之后的岁月中深切地参与其中:"在我们看来,理念往往只是一种外来存在的抽象。"(《法国与德意志》,1832)

文艺复兴摧毁了这种关系。新的内容炸毁了原有的结构,但罗马的形式作为普遍主义的残迹依然存在于这些内容之上。法国人以此为基础进行游戏——"无神论者,却是天主教徒"(atheistes, mais catholiques)。他们仍然保持天主教信仰,坚信抽象的人权。形式不必在内容上体现其意义,仅仅风格化(Stilisierung)就足够了。理性教义面前的"生命冲动"(elan vital)保持着高度非理性。

英国人认为精神是一块白板(tabula rasa),只有内容才能在上面书写形式。"观念"只是"印象"的产物,无法形成或必然连接内容。只有通过习惯,通过习惯性的印象,才产生经验性的理解。罗马的形式传统已经失效。这个国家是新教国家,或者更确切地说是圣公会国家,而所谓的人权不过是英国公民的权利。

[265]德意志人试图再次将形式和内容有机地结合在一起。但他们不像希腊人那样从内容中产生形式,而是试图从形式中产生内容。

因此,康德成了最具代表性的天才。他的决定性贡献是他为哲学带来的"哥白尼式转向"(kopernikanische Wendung)。

康德从德意志的基本要求出发,试图将特殊性与普遍性、主观性与客观性相结合。他主张,精神只能认识到它自己创造的东西,也就是说,客观世界的规律性必须由主观精神的形式决定。但这些形式并非任意的、破坏性的、理性主义的形式,而是那些具备能力和任务去理解客观世界的形式。精神的形式不是空洞的,而是为直观所构建的概念。正是在这个意义上,我们为自然规定了它的法则:自然的规律性及其法则的客观性,只有通过赋予它们形式的主观精神的认识,才得以显现。没有一个事物是独立于认知主体而存在的,一切都相对于一个主体而存在。这种认识的精神没有其他正当的形式,只有那些能够构成经验的形式。

难道不是路德宗的宗教态度在认知领域的转化,成就了《纯粹理性批判》吗?正如对上帝的信仰首先使得对他人的爱成为可能,

[266]必然的普遍性(看似仅仅是一个思想构造)才揭示出它是理解经验事实的前提。反之,如同上帝不可能在没有启示的情况下被理解,而是必须通过受造物的秩序才被理解,主观的思维法则也只有在经验中才能变得客观。

因此,德意志人将特殊性与普遍性相结合。然而,德意志人与希腊人之间的最深刻差异在于:对德意志人来说,思维是理解感官世界的手段,而对希腊人来说,思维则是理解超感官世界的手段。对于两者而言,思维都是通向必然性和普遍有效性的认知手段。然而,希腊人将必然性与超感官世界等同,将随意性与感官世界等同;对于德意志人来说,超感官的领域则是自由的领域。

这导致了两个民族对精神活动的两种截然不同的态度。

按照德意志人的观点,认识只涉及感官经验的事物,面对的是无穷无尽的多样性,因此认识者必须在自身中构建出一种有条理的主体世界,以应对无法明确分类的客体世界。与此相反,希腊人将思维转向超感官的领域,并能够在这一领域,即在客观的理念之中,建立起逻辑秩序。因此,康德和柏拉图都面临相应的困难:前者在纯粹知性概念的演绎上遇到了困难,后者则在理念的系统化上面临挑战。[267]德意志人因事先规定了形式而未能成功地加以创造性的应用,从而削弱了他们的形式力量;但他们通过批判性的形式理论,创造了伟大的内容。而希腊人则只知道如何"看"内容,而不知道如何去占有内容,最终消失于内容的分散中;但他们通过不受限制的观察力,创造了持久的形式。

这种康德式的转变,即形式和内容之间对立的改造,形式先于内容,主观世界先于客观世界的先验性,不仅是思想史上的一个全新突破,是与所有延续希腊和经院哲学传统努力相对立的一种原创性的哲学成就,而且超越了纯粹的哲学史问题,奠定了人类全新行为方式的基础。历史上的伟大力量出现了,而这些力量只有通过康德的学说才能得到最直接和深刻的理解:这才使我们真正意识到这场批判所带来的"哥白尼式"成就的全部意义。由此产生的生命感仿佛表达了某种几乎像天文学一般的深刻思想。

在康德本人那里,这种人类精神的革命性力量仍然奇怪地停留在一种形式的实证主义中。科学、道德、艺术和宗教对他来说是绝对给定的事物,而他的整个批判工作在于探讨这些形式力量在什么条件下才能实现其只能从自身理解的目的。

[268]它们的目的!由此揭示了这种形式实证主义的独特性。康德实际上反思的不是某种自然的器官,而是一种有目的的力量,一种不能作为纯粹经验法则的对象来理解的力量,而只能通过它的任务、它的理想来真正把握。康德的奇怪之处在于,他并没有承认这种理论、实践、审美能力的超经验特性,而是将精神的形式当作经验事实来看待。

这一点很快引起了人们的注意。赫尔德反对康德先验地将人类的各类精神活动分离,他强调这些活动的经验性联系和人类心灵的统一性。他的立场是一种认识论的生理学立场。事实上,康德不能简单地把这些批评视为仅仅基于经验性生理学的观点而搁置一旁,因为他自己已经承认了这些观点,即理性能力是可认知的,根据他自己的学说,理性能力是通过经验给予的。

当然,赫尔德提出的观点并未真正触及康德的最终意图。我们看到,赫尔德从完全不同的前提条件出发。他的批评只是表明,康德所讨论的精神能力实际上并非实存的,而是理想化的概念。迈蒙(Maimon)敏锐地察觉到,康德的理性本身也是一个"物自体"(Ding an sich)。但是,如果是这样,它还能够被认识吗?迈蒙[269]保持了怀疑态度。而费希特则进一步深化了康德问题设定的理论意义。

费希特主张两点:理性具有理想性和可知性。但他并没有将理性理解为柏拉图式的理念,即只能"看见"的真实存在,而是坚持康德关于主观先验性的观点,也就是说,他认为所有给定的东西实际上是被设定的,因此,最高且最终的过程是自我创造。因此,理性被视为自我生成的过程,即无限的活动本身。为了自由,它必须自我约束;为了行动,它必须受到限制;为了无意识,它必须有意识;为了实践,它必须理论化。由此,所有的实证存在都解体了,但不同于在希腊哲学那里消解为"生成"(Werden),而是在设定(Setzen)之中解体。"物自体"变成一种永恒的"本原行动"(Tathandlung),所有对象都是由自我设定的非我的限制。费希特曾在一堂讲座结束时说:"先生们,明天我们将创造上帝。"

这种存在与设定的交织,即将给定的客观世界服从于主体为其设立的最高法则,意味着与此前的普遍历史观念进行了一次决定性的清算。东方人、希腊人、罗马人和西方人一致认为,尘世的存在是或者应该是完美的写照,抑或永远无法成为完美的写照。征服世界、回忆、原罪等方式成了理解彼岸世界与此岸世界[270]之间鸿沟的意义的对应手段。无论是消极的还是积极的,人们总是试图将尘世生活的多样内容与神性直接联系起来。相比之下,路德提出了一种不同的观点:人的信仰所驱动的强大意志,超越了神性或反神性对其行为的评价,并赋予了这些行为正当性。康德主义承接了这一思想,不再在神性与人类领域建立因果关联,而是在感性-必然的世界之上建立起一个自由的、理智的、浪漫的世界,在那里,法则性成为其决定性、限制性的特征。

康德深刻地认识到,关于一个全能的神、统一的灵魂和无限的世界的假设,对解释和理解单个时刻毫无助益。他在著名的思维的二律背反(Antinomien)批判中处理了这些观念的有效性问题,正如我们所见,这些观念一直是推动普遍历史发展的动力:上帝、世界和灵魂。一神论、普遍主义和个人主义,这些抽象观念都起源于东方,并从那里以各种变体成为西方乃至海外发展的思想基础。康德从这些观念中创造了一个新的"理念"概念。对他而言,理念不再像柏拉图所认为的那样,[271]是可实现的现实领域,而是不可实现的现实。所有试图直接将它与现实联系起来的努力都误解了理念的意义,因为它的意义仅仅是范导性的,指向无限,而不是使有限的存在静止。这与路德对末日的看法相似,理念是从永恒中升起的实例(Instanz),赋予有限的存在以行动和自我驱动的力量,并要求有限的存在进行无尽的活动。

因此,在德意志,人们认识到了"超验幻相"。当地球被充满时,康德这位来自柯尼斯堡的思想家击碎了伴随这一充盈过程而浮现于心的终级地平线,揭示了"世界历史的丑闻"。德意志哲学家们从这种充满世界的扩张(extensiven)力量——在其视域下,作为客观对象的普遍世界(Oikumene)是超验的——中推导出了内在(intensiven)力量的根据,内在力量不以客观世界为导向,而是反过来设定客观世界。

这种转变的深度可以从与之相对应的实践结果中看出来。

无尽的活动! 为了行动而行动,为了游戏而游戏,为了哲学而哲学,为了胜利而胜利:所有伟大的德意志成就都在这一原则的组织下进行,并且这一原则表达了新兴民族的生活态度。然而,不能将国家与精神的对立比作康德所提的自然与自由、因果世界与智性世界的对立。事实上,这并不是德意志民族从政治世界逃向精神世界,而是某种人类能力[272]——唯心主义能力——在生活的各个领域的体现。我们稍后将看到,将外部无力与内在精神力量的对立作为理解该文化的标准并不准确。不仅德意志哲学家和诗人的辩证力量正是源于他们掌握了存在的整体,而且他们像席勒在其关于审美教育的伟大构想中一样,更倾向于感到缺失真正的国家,而非逃避国家;反过来,在国家领域,同样的精神态度也得到了体现。在这里,同样是为了行动而行动,唯心主义的形式决定了行动。同样地,这种自由观念基于它与自然的对立,表现为自主、自我目的的创造领域的法则性,与那些直接源自政治因素的异质力量形成对立。这种将"政治"视为异质的理解,体现在康德的生活态度中,他认为宁愿让一个人死去,也不愿为拯救他而撒谎;也体现在席勒和浪漫主义者的感情中,他们主张,人类只有在游戏中,即在感性与永恒之间的游戏,例如田园诗、童话、历史插曲中,才能成为真正的人;还体现在穿着军装和公务员制服的官僚主义中,并渗透进普鲁士国家体系;体现在"新德国"经济人身上,他们认为可以在经济法则的主导下推动世界政治。

[273]在将科学奠基于数学的真理观,将艺术奠基于"先验诗学"(Transzendentalpoesie),将政治奠基于战略或经济的过程中,到处都发展出了一种新的普遍能量,它热衷于实质性进步,充满激情地将必要性提升为一种自由的状态,不是像美国那样忙于商业事务,而是顺从、无形、无休止地,在自身中锤炼出巨大的意志;在盲目中大胆无畏,在狭隘中摧毁一切,制造敌人,设定"非我",甚至在国家内部也是如此!即便在那些最伟大、远超凡俗的代表人物中,这种未解放的战斗能量也存在。正如路德在他的修道室中面对魔鬼,康德在智性性格中面对"根本恶",俾斯麦则在国家内部的各个政党中发展出其外交政策的构想。

我们看到了这一原则的生命。从维滕贝格经柯尼斯堡、耶拿而至于柏林,这是一条真正的道路,也是路德所奠定的纯粹态度向纯粹行动的完善发展。正是由于感觉到有必要对既定世界的机制进行实际干预,才产生了那些事先规定的纯粹法则,在这些法则中,主体试图保持其独立性。可以看到,例如在施洛瑟(Schlosser,1776—1861)的普遍历史写作中,既为绝对的道德,也为各民族的权力生活留有空间。德意志人意识到,他们必须同时涉足绝对世界和历史世界。但他们小心避免以西方已枯竭的功利主义方式将两者联系起来,转而将这种情感塑造成一种[274]无限的行动主义,其强大动力在于,在善行前,而不是在善行中变得虔诚。通过善行获得正当性依旧是这个民族的死亡恐惧,而永恒解体则成为其行动动力,浪漫主义成为其政治。

歌德

难道德意志的行动和思想不需要在任何地方得到安宁吗？

只有当我们看到浪漫主义不仅植根于精神对既定世界的超越,植根于它与自为目的之形式的关系,而且当我们同时又发现自己以一种奇特的方式与经验的多样性相联系时,这种文化的全部意义才会显现出来。

辩证法者的主观主义中蕴含着对感性-政治行为非法性的恐惧,他们的主观性始终紧紧锁定于客观任务的实现。同样,推动辩证力量的实际上是对内容、对行动、对设定本身的爱与激情。然而,与此同时,为了实现这种爱,为了理解和坚持内在自由与外在多样性的关系,人们做出了完全不同的尝试。

辩证法是路德主动力量的延续,他树立的人类力量——作为信仰的力量——超越了任何行动的完成。然而,他的人性也早已被引导到了被动的一面,作为文艺复兴时期的人物,这一点在他身上仍然根深蒂固。人们[275]虽然没有完全投入世俗的秩序和造物的美丽,但依然忠实地让它们存在。在宗教改革后的几个世纪中,民族遭遇了沉重的命运,然而对上帝的荣耀的热情仍然维持了下来,这个世界是可能存在的最好的世界,预定和谐的理念与坚持不懈的个人服从紧密相连。亲近世界和住在上帝之内的热爱的混合体在德意志虔信主义(Pietismus)中表现出来,后来在最伟大的虔信主义者施莱尔马赫(Schleiermacher, 1768—1834)的《论宗教》(*Reden über die Religion*)中以欢欣鼓舞的语调迸发出来。

当康德、费希特、席勒和弗里德里希二世试图通过一种高层次的权力意志,将德意志混乱的命运强行导入一种自身的秩序时,观念的热爱者们却崛起了,试图维护自然生长的生命,维护直接本能的绽放。他们在普遍的边界上栽种地方的美丽,将绿色的家园置于蓝色的无限之下。我们将在19世纪的德意志历史中看到,这种精神与普鲁士国家体制那种完全超越地方性的倾向相遇，导致了多么有深远影响的政治构建，以及德意志民族概念的自觉形成如何源自这种混合。然而，在此之前，这种"和谐"人性的本质和问题性已在一些具有决定性精神深度的成就中直接呈现出来。

[276]这与歌德息息相关。

如果要概括他所代表的与辩证法相对立的世界观，我们可以称之为象征主义世界观。在整个德意志思想运动中，辩证法学家与象征主义者是两种主要的代表类型。

象征主义者不像辩证法学家那样，从某个单一的精神活动的自足性出发，进而通过科学、艺术、宗教、经济或军事等领域来统摄和规范整体。相反，象征主义者在所有行动（Tun）和放弃（Lassen）、在最伟大的和最微小的工作（Werk）背后，追求统一的、始终如一的"原始现象"（Urphänomen）。象征主义者感知到现象的短暂性、永恒的循环，感知到即便那些最严肃和深刻的客观化努力最终也会消逝。他赋予所有客观化的东西仅仅诠释性的意义，而非永久的价值；因此，对他而言，制作"碗或盘子"（Schüsseln oder Teller）都变得无关紧要。

因此，象征主义者将"自我"拉回到自身存在的本体中，而不认为它需要通过任何成就或行为来获得解脱、提升或完善，而是将其视为根本上不变的、持久的、真实的存在。他敢于将偶然的个性确立为一种超越了其行为和成果的持久存在，称之为"幸福"。"幸福"，而非"自由"，是这种观点的特征。[277]人类虽无法在外在成就中真正找到自己，但也不会迷失，而只是映照出自己。恐惧与信任在其中奇妙地交替。象征主义者害怕将个性交给异己的力量，就像康德学派一样，但不同的是，他并不寻求通过创造行为来消解这些力量，而只是害怕被这些力量吞噬。象征主义者远离唯心主义者的理性主义形式意识（Formbewußtsein），预感到伟大的作品并非源自先验的法则，而是源自"疯狂"（Wahnsinn）；然而，出于对这种疯狂的恐惧,他退回到自然的自我,不愿在作品中完全耗尽自己。正是这种恐惧与信任的交互作用,使得象征主义者尽管创作的是"伟大信仰的片段",但是依然保持着自然的统一,并且可以免于每时每刻都要在"自由"的领域中再次客观化和证明自己。

现在,试图将永恒与瞬间、范例性与创造性的东西提前结合起来几乎显得是一个无望的开始。因为即使是对客观化的极致追求,也最终成为一个示例;而当这种追求被剥夺了其最终意义时,永恒的主体则被泛神论式地美化了。"原始现象"显现为一种伟大的事物,所有的现实仅仅是这一"创造力"(Bildungstrieb)的诠释。因此,自然科学被纳入这种态度并从中[278]受益,自然不再被视为机制,而是被看作有机体,不再是规律(Gesetz),而是塑造(Gestaltung)。在这一点上,歌德和谢林对西方国家的传统观念产生了重要影响。

然而,最重要的是这一世界观的伦理影响。歌德的《亲和力》(*Wahlverwandtschaften*)成为这方面的经典文献。在这本书中,道德的秩序概念甚至与化学的法则概念奇妙地交织在一起,甚至无机世界似乎也被组织性和象征性的世界精神(Weltgeist)所支配。从歌德的小说可以看出,问题在于从象征性的自然哲学中重新获得客观的理解,甚至直接从中推导出来:从对自然法则的顺从中,个体学会放弃永恒的叛逆,转而趋向平静与自我掌控。因此,这一过程导致了对日常事务的神圣化,歌德提出的观点是,即便最细小的事物,只要将其提升到普遍的层面,也可以真正理解它并使之为己所用。诗人甚至将如制皂匠之类的形象细腻地描绘得栩栩如生。因此,外在世界的必然性和内在世界的自由同时得到了保障。

奇妙的是,象征主义者对自然的形式法则的关注与辩证法家对超实证(Überpositive)、设定(Setzung)和理念(Ideal)领域的追求相结合了!正是这种结合构成了浪漫主义的真正本质,在这种浪漫主义中,德意志精神从[279]规则和原初性(Ursprünglichkeit)的冲突中脱颖而出，达到了其独特的成就。历史成为浪漫主义精神的决定性组成部分。与康德形成鲜明对比的是，赫尔德力图将人从物质性问题中解救出来，从对世界的整体感知中，而不是从纯粹的形式意志中编织出人的统一性。由此，新的德意志人性概念形成了。新的人道主义人格不再像伦勃朗那样是通过自己控制事件的积极力量，而是通过事件来让自己变得更加清晰的被动力量。然而，在坚持理念任务的同时，人们试图将理念与历史结合起来：将理念投射到过去，换句话说，将历史浪漫化和田园化。这样，历史才真正成为一面镜子，让人类能够审视和净化自己，同时成为世界物质的参与者和田园式的解放者。

这就是时代的解决之道！由此产生了最伟大的历史热情：德意志人与希腊人的关系。德意志人只有在希腊人身上才能真正看到自己。在这过程中，德意志人按照自己德意志的标准理解希腊人是非常必要的：例如，歌德认为，希腊的伟大源于他们对当下时刻的投入——这是一种对希腊人"无历史性（Geschichtslosigkeit）"的非常个人化的解读。

对希腊的热情后来成了德国[280]自那以来占主导地位的不间断的历史主义观念的开端。在这一过程中，人们通过不同的历史阶段来表达相似的意义：例如，跟随歌德和席勒，人们探讨了古代世界；诺瓦利斯（Novalis, 1772—1801）和天主教浪漫派作家则关注中世纪教会；基泽布雷希特（Giesebrecht, 1814—1889）和德罗伊森（Droysen, 1808—1884）则聚焦于皇帝时代的吉伯林派政治；布克哈特（Burckhardt, 1818—1897）和迈耶（Meyer）研究文艺复兴；瓦格纳理解了罗恩格林（Lohengrin）和沃坦（Wotan）；表现主义则对哥特式建筑、巴洛克风格、埃及艺术和黑人雕塑等进行了探讨。

最终，叔本华的天才直觉利用所有这些文化力量，并非将其用来美化历史性，而是转向了对虚无的阐释。这只是同一种态度的另一面。

全世界范围内,这种人性展现了它的前景,它"从时代的巨大罪责中抹去了分钟、日子和年岁"。这种前景在歌德身上最为强烈地展现出来,他不仅感知并描述了与世界历史上各种文化的接触,而且这种接触在他身上神秘地实现了。他在《西东合集》中是如何感人地表现了德意志精神的"东西方"中间立场啊!事实上,他超越了神秘主义和启蒙思想,与更遥远的发展建立了联系。他的象征主义,想要"有益地结合一切漂泊和游离的事物",有时让人联想到中国文化的类似联系,那种似乎把梦幻与秩序、僧侣的心境与市民的情绪融合在一起的联系。

三十辐共一毂,当其无,有车之用。(《老子》)

[281]伴随着几乎无法估量的自我克制,歌德在晚年也接受了那些在海外铺展开来的世俗-功利主义的可能性,并将其安置在他的《威廉·迈斯特》中的"教育省"里。

这是德意志人理解宇宙世俗性的另一种方式,它与躁动的辩证法相对立:将已在空间上充盈的宇宙理解为永恒的统一体,把它的整个历史看作一个范例,在任何地方同时看到核心和外壳,将道德上的进步退回到植物般的物质性中。

"浮士德"问题

尽管如此,人们仍然必须问,这种平衡是否真的意味着创造性的自由,这种氛围是否真的包含了它所呈现出来的和谐。

在那个时代,德意志最伟大的政治诗人克莱斯特(Kleist, 1777—1811)出现了,他试图将他的民族引向路德般的宏大愿景。正如路德在教宗身上看到了敌基督(Antichrist),克莱斯特在拿破仑身上看到了地狱之子(Höllensohn),他在愤怒中反抗压迫民族生命力的力量,以完全不浪漫的方式写下了战斗的诗篇。然而,民族并没有追随他,而是追随了席勒。不是在《赫尔曼战役》

(*Hermannschlacht*)的氛围中,而是在《威廉·退尔》(*Wilhelm Teil*)的精神下,德意志民族走向解放战争,随后陷入瓦特堡浪漫主义(Wartburgromantik)与反动国家政策之间的对立。克莱斯特自己无法承受这些在他的戏剧中震撼交织的矛盾,[282]无法以统一的方式呈现这些元素,最终选择了自杀。

最重要的是,歌德似乎以令人惊叹的优雅和尊严来化解这种紧张关系,但对于那些深入观察的人来说,这种文化中的未解问题依然显而易见。他所提升的奥林匹亚(Olympiertum)境界实际上表明他是人类最矛盾的代表之一。难道他的存在和创造所包含的解决方案不只是一种提议吗?这位天才的秘密就在于这种提议的巨大力量,以及将其才华投入他自己都认为虚幻的创造领域。恐惧和信任造就了这个象征主义者。歌德对于自己才华的规模、对于体内天才的规模感到恐惧,他没有将这种天才创作出来。早在他的青年诗作中,比如在《致马车夫克罗诺斯》(*Schwager Kronos*)中,他通过强烈的抽象手法表达了这种恐惧。在这首诗中,这一问题已显现,但与之相伴的是他伟大意志的外显,即试图超越这一恐惧的意志。

他足够伟大,尽管他没有发现和塑造自己的法则,却能将他人的和谐当作自己的,将虚幻当作真理。他存在的卑劣之处在于他像浮士德一样逃避自己的内心深度,而他的高贵之处在于他像梅菲斯特一样将逃避表现为胜利,从未让任何人觉察到他内心深处未曾释放的深渊。

这是德意志最伟大诗歌的难题。当《浮士德》被观众视为一种解决方案、超越和生命的终极智慧时,[283]事实上他只是创作了这部作品,并将其创作至死,以便不公开他的崩溃,也许这深刻契合了歌德的意图。余下的只有沉默,这种沉默体现了歌德的高贵,必须在这里寻找他的最后力量的源泉。歌德创作,是为了保持沉默。这是他存在的焦虑。因此,要真正理解他是如此困难。有时,他的抒情诗成为他沉默力量的有力表达,而有时它只是他软弱的表现。我们应该尝试根据这一点加以区分。当歌德试图在宇宙中解放自己时,他变得"感伤";但当他在意识到自己的未解放状态而直观自然,又不将自然与自己联系起来时,他就变得"天真"和自由,并在他的抒情诗中形成了一种真正的普遍形式,一种类似于客观的忧郁感。无独有偶,海涅也在一种类似但稍有不同的问题意识中达到了同样的效果,尽管他的问题有时更加显露。或许可以通过这些类型的作品来理解抒情诗的最深本质。

这就是歌德笔下浮士德的形象。有人认为歌德在浮士德身上认真描绘了一个通过奋斗得到救赎的挣扎中的人,他们完全误解了。事实上,浮士德是一个不值得被救赎的人,他从绝对的任务中逃往甜美的月光中,在宇宙与祖辈的家居(Urväterhausrat)之间摇摆不定,试图在瞬间捕捉永恒,因此最终"永恒的女性"拯救了他。

[284]读一读浮士德的第一段独白,再把研究者们真正伟大的激情语言——柏拉图式和黑格尔式的酒神颂歌(Dithyrambik)与这种双行押韵诗式悲怆(Knittelverspathos)相比较,你就会放弃那种认为歌德在这里真实描绘了一个无所顾忌的探索精神和未能满足的发现者之焦虑的想法。他所刻画的是一个无法达到伟大奉献的积极人物,因为他无法摆脱自己当下的处境。在地灵显现的时刻,他却欢迎自己的助手到来,乐于被这大地之子中最贫穷的人从显现中分散注意力。有些人认为,歌德不知道最高的幸福并不在于享受瞬间,而在于那种心境的伟大,在这种心境面前,人不再关注当下的时刻,也不关注空间和时间会沉没并在永恒的行动中被消除;他们这是将这位诗人拉入了一个他自己虽然从未完全摆脱却从未向其屈服,而是从深处反抗的领域。

那些反对意见认为,这种浮士德式的人性在其罪恶中并未被揭露,反而与罪恶一同得到了救赎,这就要求歌德把他自己内心的未满足作为悲剧的内容。但歌德却以伟大的胜利超越了这种不洁的要求。他拥有一种深度,使得任何自我沉思的尝试都无法企及,拥有一种不需要通过道德救赎来戏剧化的力量。歌德[285]和所有伟大的作家一样,从来不会让不完整的人物,而只会让完整的人物成为悲剧,并获得解放。因此,他写的不是悲剧,而是讽刺剧。在《塔索》(Tasso)中,这一点尤为明显;主人公并没有得到最终的命运或悲剧性的宣告。他让埃格蒙特(Egmont)在歌剧中灭亡。歌德笔下的所有英雄都有这种未成熟的特质。歌德在他们身上所表现的,反而是"未完成的事物如何成为事件"。

这是什么意思?这是歌德自己的命运;也是他的力量和独特的伟大之处,表现出那种不完美的事件;然而,这种表现不能是悲剧性的,而只能是讽刺性的。《浮士德》的真正主角是梅菲斯特(Mephistopheles)。如果说歌德在《浮士德》中表现了自己不完美的一面,那么梅菲斯特正是这种不完美的必要对应物,通过他,这种不完美才得以呈现,就像歌德只能通过否定的沉默来为自己的抒情诗辩护一样。歌德的胸中有两个灵魂,梅菲斯特是他心中的神、主宰和力量。他是歌德内心满足的代表。因此,歌德在作品中也有真正的灾难。虽然浮士德被提升到"永恒的女性"的境界,即他的自我本质的矛盾和未解决状态,梅菲斯特实际上却被欺骗了。当然,他的灾难不是悲剧性的,而是喜剧性的,但这并不影响其绝对性。歌德甚至无法为自己的领域赢得一个浮士德、一个抒情诗人、一个情人、一个追求瞬间的人、一个[286]运河建设者。甚至连那种拙劣的实证性也无法归于这位永远否定的精神。

这就是德意志问题的深刻之处:这个世纪的德意志典型是那种否定性的、新教的和形而上的类型,总是在反抗一切有缺陷的有限性。然而,新教甚至无法彻底消除这种有缺陷的有限性,这种有限性在天使和玫瑰之间从他眼前逃逸,而新教和它的鬼魂一起停留在虚无之中。因此,歌德表达了德意志的最深层危险:那些积极的形式上升到它们固有的不足之巅,而创造性的否定却没有抓住它,最终剩下的只是永远愤怒的无力感,被诅咒为撒旦的象征,因为它试图将善良的精神从它的源头中夺走,而不是将其引向与神性的相遇。

黑格尔

这是黑格尔的努力。

黑格尔再次迈出了将现实内容理性化的步伐。尽管康德、费希特和席勒在其哲学中体现了严格的规范性,但他们的客观性并未完全融入经验现实。他们的本原行动(Tathandlungen)是出于对法则的遵守,而法则本身具有某种"无根基的"无限动力,这使他们超越了具体的情感表达。例如,席勒将历史与田园诗交织在一起,康德则将纹饰学和音乐等最为非具象的艺术形式视为具有最高审美价值。[287]直到黑格尔,他不仅与无限妥协以服务于有限,还首次从根本上统一了无限与有限,并从两个方向构建起一个全面而协调的哲学体系。

黑格尔哲学体系的能量来源于他将德意志唯心主义的两条路线结合在一起:形式思想和对象思想。

黑格尔的客观天赋使他不只将存在的概念作为理性的载体,还将存在本身作为理性的载体。黑格尔避开了康德对"物自体"的神秘主义解释,但他既不像费希特那样完全取消存在的概念,也不像柏拉图那样在经验世界之上建立一个理性认知的理念王国。相反,他让理念王国成为自然的、直接赋予的、歌德式的世界,认为现实世界本身就包含并体现了客观法则。他的经典公式"凡是现实的都是合理的,凡是合理的都是现实的"总结了他对历史与思维过程的综合理解。

但是,如果这一主张没有陷入陈词滥调,而是获得了创造性的意义,那是因为黑格尔回归了德意志唯心主义的深层本能。对于黑格尔而言,现实的理性不仅仅是一种陈述,而是一种要求。这种要求并不是基于对经验事实的归纳分析,而是通过[288]德意志唯心主义者的生命力,从演绎的角度获得了对现实形式的洞察,即现实被赋予了理性。黑格尔理论的特殊之处在于,他认为这种理性发展的实现不是无尽的任务,而是一个真实的过程。这清楚地揭示了他的泛神论出发点;他不像康德那样从人类理性的实证主义观点出发,而是将人类理性看作世界理性(Weltvernunft)的一种揭示。因此,他认为,理性的任务不仅在无限中,而且也在当下。作为整体的世界理性本身已经是无限的;它的目标不在外部,而在于其自身之内。

与歌德不同,黑格尔并不认为这个目标在每一刻都可以直接实现,而只是把它看作一种自然法则的、示范性的存在,而他将实现目标的任务也包含在了这一过程之中。因此,理念重新回到了他的世界观中。这个发展不再只是因果生成的,而是一种唯心辩证的发展;它不像赫尔德所描述的那样是一个自然生长的过程,而是被理解为一种独特意义上的历史。

但这也意味着,形式世界中的理性主义重新明确表达出来。形式不再像在赫尔德和歌德那里一样仅仅作为符号存在,而是重新获得了它们自身的意义、理念和目标。一种新的严格结构从这些形式中建构起来。《精神现象学》展示了人类不同的[289]能力如何形成一个等级体系,而绝对知识(das absolute Wissen)最终构成了这个等级体系的罗马教宗式顶峰。

黑格尔确实使得经验历史变得流畅,他比柏拉图和歌德更好地理解了历史的具体性,柏拉图仅将历史视为真实存在的偶像,而歌德则只将历史视为神圣整体精神的象征。但黑格尔只是通过把历史凝固为精神的形式可能性的元素才成功地实现了这一转变,在这种元素中,自在自为的精神的形式可能性本身以先验的目的性出现,并在其中产生运动。他深入探讨了哪些内容可以被雕刻、绘画、感知或认识的深刻问题。但他并没有问,诸如绘画、雕塑、经验、思辨认知这些形式,是否能够从特定历史情境中得到解释和推导;①在他看来,唯一能使这些形式连贯出现、发展和保存的秩序是以自身为依据的体系,是辩证的而不是政治的关联。因此,必须根据这种预先设定的理念来确定经验内容。这样,现实变得合理:它既是理念,也是象征,既值得存在,也值得消亡。新教在这里事实上被扬弃了。黑格尔的严肃性不需要像梅菲斯特那样反抗既定事物的顽固性。新教的反抗精神退缩到[290]最后的堡垒,从那里宣称现实本质上与自由是一致的,主体的主权不是挑战和限制客观世界,而是发挥合乎法则的影响。然而,他并没有以动态的方式理解这一影响。他没有为未来的生活提供空间,以便产生不可预知的图像和形式;相反,他在不愿接受的情况下,已经从各种理性主义中预先构建了一个关于绝对人类的内容体系,这是一个先验地固定下来的体系。

然而,黑格尔确实得出了这一综合所必需的宏大结论,即在绝对作为内容上的现实变得可确定的地方,它也必然存在。他将自己的哲学视为普遍发展过程的终结,看作一个绝对的立场,超越了这个立场,就不再有任何发展或理想任务。他在人类从历史事实中提炼、否定、超越和克服绝对意志的过程的基础上,把人性转变为一种所有权的宗教。他从过去中推导出一个现在,但这个现在具有一种力量,借此力量它摧毁了未来。

因此,这位最伟大的专制思想家,作为纯粹思想家中的真正代表,屹立于时代的转折点上。

如果问到黑格尔的体系为何不得不再次衰落的最深层原因,那就是民族的活力。在黑格尔的时代,这种活力是否已经衰退?[291]他是否试图总结民族的各种倾向,这些倾向虽然具备了过去

---

① 在《精神现象学》中,辩证法的论证与历史的论证仍然有明显的交织,但前者显然具有主要的意义。

时代的深刻思想,却尚未体现其真实的现实?这些倾向仅仅触及地方性的问题,而尚未表达出其普遍性的成就?因此,他与后来的德意志几代人之间必然存在着巨大的鸿沟。

这些思想家和诗人确实对后来的几代人产生了巨大的影响,后者尽管被这些思想的强大力量所吸引,但缺乏新的创造性思考。然而,他们对权威的信仰使其甘愿转向康德和歌德,而黑格尔长期以来却是被抗拒的天才,这一事实具有深刻的正确性。他对那个世纪而言是神秘的存在,因为他并没有解放德意志最深刻的激情,反而将其埋葬了。只有当这个民族超越其片面的本质时,它才会尊崇这一属于自己的天才——黑格尔,因为黑格尔不能忍受民族发展中的非理性和糟糕的无限性。

贝多芬

认识论批判、哲理诗、童话、民歌、讽刺文学、历史学、自传体小说——精神在这个丰富的时代找到了多种多样的表现途径和形式。然而,精神并没有在这些形式中找到其最终表达方式,找到其实证的、超越批判的解决办法。谁要真正领悟那个时代运作着的根本力量,不应该去看康德和席勒,也不应该去看黑格尔和歌德,而是应该去了解贝多芬。音乐是那个时代德意志精神的真正真理,[292]它是浪漫主义的真实形式。只有在音乐中,德意志人才不仅探讨、歌颂或哀叹了自己与世界的关系,还超越和塑造世界。活生生的发展和绝对的扬弃如何不发生关联呢?在《精神现象学》的各个章节中,直观与要求的矛盾时而动摇,这些矛盾带来了无限与独特的对立和破坏,而在贝多芬的交响乐章中,生命的延续与终结找到了共存的法则。只有在音乐中,德意志人才从日常生活和永恒焦虑的撕裂中回到了生命的直接动力中,他们没有僵化田园诗,也没有讽刺无限的抗争,而是在一种将对立面结合并吞纳的节奏中保持了自己。只有在音乐中,德意志人才解决了那个时代他们特有的难题：不是从感性中创造形式，而是从形式中生成感性。

三　普鲁士

德意志东部

这是德意志唯心主义文化成就在整个精神发展中的意义。这种新教的基本关系依然清晰可见，除了音乐，整个思想和诗歌[293]几乎都源自新教的德意志，这并非偶然。然而，在德意志的这场复兴中，以批判、历史和对时代遗产的理解取代了之前的普遍形式，这种对宇宙作为统一整体的理解和对自然的虔诚，并没有屈从于既定现实或将之简单地等同于现存事物。可以理解，这些人感到与斯宾诺莎的深刻亲缘关系，因为他们置身于几乎具有宇宙统一性的历史进程的终点。然而，最伟大的德意志斯宾诺莎主义者并没有在神秘的臣服于"一切"中找到最终的答案，而是在暗中否定这种臣服的意义。尽管这些日子并不缺乏纯粹的哀叹，但荷尔德林的贞洁在他渐入疯狂之际显现了出来。他只想表达希腊颂歌的节奏如何再次自然地落在施瓦本的土地上。

德意志的唯心主义并不是一种外在无力的存在形式，相反，它的能量是为了产生新的政治行动力。具有决定性的因素不是民族在19世纪国家统一的背景下所谓的政治失落，而是帝国的持续存在，尽管经历了诸多危机，[294]帝国依然坚定不移地存在并经历了从旧帝国到新帝国的伟大演变。然而，这种权力概念不能从形式上的民族角度来解释，而是应该从其真实的前提来理解。

于是，一个巨大的主导事实立刻显现出来：在东部边界，一个新的权力基础建立起来。

这是一个具有普遍历史意义的过程，在那些所谓萎靡的德意志状态中,重新拾起并继续了自波斯战争以来对于西方生活具有决定性意义的古老传统,即为西方设定边界以对抗东方。在这一任务中,德意志的政治力量得到了发展,可以说是蓬勃发展。两个中心相互并存,甚至彼此对抗。这两个中心都位于德意志东部的殖民土地上,一个以勃兰登堡边疆为基础,另一个则以奥地利边疆为基础。在发展的高峰期,它们向东深深地渗透:布达佩斯、贝尔格莱德和华沙完全或暂时落入其影响范围内。

我们已经看到,在加洛林帝国解体后,德意志的霸权地位主要基于萨克森王朝在与斯拉夫人和匈牙利人的斗争中建立起强大的国家权力。在从奥古斯都到奥多亚塞(Odoakar,435—493)的几个世纪里,日耳曼人的自由建立在罗马人无法到达的易北河-多瑙河一线,日耳曼尼亚因此保持在和平帝国之外。而在进入地中海文化之后,[295]德意志人接过了维护西方边界以对抗东方的任务。当时达到的边界大致是罗马皇帝最初设想的易北河-多瑙河一线。然而,易北河以东的土地也是古代日耳曼人的领土,哥特人和汪达尔人曾被迫从那里撤退,逃避斯拉夫人的进攻。随着德意志国家的巩固,一场逆向的运动开始了,虽然在10世纪由于人口不足尚未能完成,但在12和13世纪取得了决定性的胜利。边疆逐渐向前推进,斯拉夫人被迫退到奥得河以外,并被殖民的德意志人吸收。只有波西米亚仍然是一个重要的斯拉夫飞地。最终,条顿骑士团在波罗的海地区的战斗告终,至少普鲁士地区完全日耳曼化了。

德意志的殖民化同时也是传教行动。在这里,德意志展开了它真正的十字军东征。然而,在关键时刻,精神理念甚至超越了世俗的胜利,它甚至影响到波兰人,将他们(作为对抗西方的斯拉夫势力)带入了西方文化圈。这一举措使边界问题更加复杂。当德意志帝国在中世纪后期解体时,波兰大大增强了力量。他们与立陶宛联合,并向东扩展至第聂伯河(Dnjepr),与[296]匈牙利和波希米亚建立了紧密关系。第一次与土耳其人的交锋正是从这些东欧联合区域发起的。在15世纪,这一地区似乎成为普遍政治的中心。

第三个时期的到来标志着这一西斯拉夫势力的逐渐衰退,由于无法通过王朝手段永久巩固其地位,波兰的影响力逐渐从各个方面削弱。哈布斯堡王朝重新夺回了波希米亚和匈牙利;随后瑞典对波兰发起挑战;在两者之间的夹缝中,勃兰登堡选帝侯通过其王朝重新赢得了东普鲁士的独立,并成立了"普鲁士"王国。

最终,俄国人向前推进。波兰的西方使命在于阻止俄国的扩张,直到东德地区重新形成了能够与俄国抗衡的强权。虽然德意志与俄国的第一次敌对接触发生在七年战争期间,但这是由于德意志内部的两大强权之间的冲突所致。在库纳斯多夫(Kunersdorf),联合的奥地利和俄国军队击败了普鲁士。然而,随后三国(普鲁士、奥地利和俄国)共同瓜分了波兰,彻底消灭了一个独立的、面向东方的斯拉夫-西方缓冲地带。普鲁士和奥地利接过了这一防线的守卫任务。

为了理解德意志国家政策的特点,特别是在面对迄今为止东方所见过的最大帝国俄国的情况下,[297]我们必须将其对外政策与其内部的政治发展进行比较。

奥地利和普鲁士

奥地利和普鲁士的强大只是德意志国家形成中的部分问题:这一过程是基于我们已经讨论过的中世纪历史中的那些地方主义与普遍主义的对立,这些对立在西欧国家的形成中得到了克服,而在德意志的发展中却没有实现这样的平衡。

在三十年战争中,哈布斯堡的普遍理念曾试图再次通过暴力强加于人,这种理念同时基于天主教的宗教原则和日耳曼的王朝原则。然而,《威斯特伐利亚和约》使得皇帝不得不接受宗教信仰的平等和各邦的自由,并确立了法国对西班牙的优势地位。这一和约将奥地利的哈布斯堡王朝引向了新的道路。他们在不到一个世纪的时间里为自己创建了一个新的大国。在与再次攻入维也纳城墙的土耳其人的胜利战斗中,他们逐步将权力中心从帝国内部转移到多瑙河流域,并从这一地区的多民族群体中发展出统一的国家力量。这是该权力的英雄时代,是欧根亲王、玛利亚·特蕾莎(Maria Theresia,1717—1780)、考尼茨(Kaunitzens,1711—1794)和[298]约瑟夫二世(Josephs II.,1741—1790)的时代。梅特涅则是该时期最后一位具有欧洲风格的重要代表。

在德意志民族的神圣罗马帝国灭亡后,奥地利的皇权重新得到确立。这无疑是一种基于旧有的普遍主义基础的权力结构,一种彻底的超民族概念,它建立在中世纪帝国理念和罗马教会的强大影响之上。令人惊奇的是,教会在奥地利的功能发生了转变。除了约瑟夫主义(Josephinismus)很快失败的启蒙尝试外,国家和教会在强大的统一体中维持了下去。这个力量的形成始于反宗教改革时期,当时皇权不再与罗马教廷对立,而是作为其保护者出现。法国与罗马的持续政治冲突,除了约瑟夫的改革之外,未在奥地利重演。由于这一超民族的帝国结构,民族反对力量没有在奥地利内部统一起来。相反,教会成为各民族之间凝聚力的重要因素,直接成为建立国家的推动力量。

然而,问题在于这种状态能够维持多久。奥地利的真正推动力,即观念上的扩张性,已经失去立足之地。自梅特涅以来,维持现状(status quo ante)成为奥地利政策的解决方案。[299]值得注意的是,梅特涅对当时复兴天主教运动(Neokatholizismus)的浪漫主义倾向极其反感。个体精神从国家机器中退缩了。然而,随着这种保守政策的推行,启蒙的民主民族主义思想自法国大革命以来逐渐渗透到欧洲各地。在最终脱离德意志后,哈布斯堡王朝曾作出深远的努力,通过在二元国家宪法中确定匈牙利的自治权来试图遏制分裂的思想,让匈牙利人(现在他们的国家中有斯洛伐克人、罗马尼亚人、日耳曼人和南斯拉夫人)对整个国家的大国地位产生兴趣。然而,在帝国的奥地利部分,却无法建立起某个民族的主导地位。由此开始,民族主义的分裂愈演愈烈。

尽管这个国家体系内部充满了分裂,它在整个德意志发展框架内却展现出一种深刻且具有代表性的现象。在这里,德意志民族建立了一个大国,它适应了东南边境的局势,将德意志的影响力延伸到亚得里亚海(Adria)、巴尔干,甚至进一步进入亚洲的土耳其。到了20世纪初,似乎这一向东南方向扩展的趋势成为德国世界政策唯一的可行方向。"柏林-巴格达"(Berlin-Bagdad)口号的提出正是基于这种奥地利作为中间体的存在。德意志人组织的"中欧"一体化为克服东西方世界分裂提供了可能。这一切的前提正是奥匈帝国中德意志因素的存在。只有一部分德意志人留在了民族国家之外,这种局面才得以形成。德意志民族是欧洲唯一能够在两个强大国家中展示其外在存在的民族。帝国思想与民族思想并存,维也纳依然是真正的"皇城"。

但是,狭义的民族国家对这种从奥地利历史中保存下来的帝国-民族思想的态度是怎样的呢?

单靠普遍主义的态度并没有对16和17世纪的德意志政治产生决定性的影响,这一点可以从巴伐利亚的政策中看出。在三十年战争中,巴伐利亚不仅捍卫了宗教利益,甚至更主要是捍卫了领土利益。它在宗教问题上站在皇帝一边,在诸侯问题上却与皇帝对立。因此,宗教原则在奥地利以外的狭义德意志范围内并没有成为国家的凝聚力,事实上,几乎所有的国家,尤其是经过拿破仑之后的变化,都在宗教上有很大的混合性。例如,反对天主教为主的南德意志联邦联合的是施瓦本的新教文化;[301]因此,宗教的平等在很大程度上促进了特殊主义(Partikularismus),并没有让多元性发展成二元对立的危险。

当然，相对于奥地利，这种二元对立的影响仍然十分深远。然而，尽管普鲁士国家的本质与其新教背景密不可分，并且我们将看到它的内在结构只能通过路德-康德的思想方向来理解，但它的崛起并没有带有明确的宗教特征。普鲁士与奥地利的对立实际上是在宗教战争的直接影响已经减弱之后才出现的。因此，普鲁士的崛起既不是为了民族主义思想，也不是为了新教，而是出于一种根深蒂固的地方主义。这一点至关重要：正是因为普鲁士不再仅仅依赖于宗教问题成为强国，它才不同于之前的所有欧洲大国。

普鲁士的崛起与其对东欧事务的参与密切相关——正是通过这一参与，它在欧洲占据了重要地位。通过在东部地区的强势自立，普鲁士得以在瓜分波兰的过程中发挥决定性作用。普鲁士作为欧洲大国的地位主要建立在弗里德里希大王对西普鲁士和西里西亚的占领上。

随着波兰分裂的持续，到1795年华沙被割让给普鲁士，这个国家在东北地区似乎被引导到[302]类似于奥地利在东南部的道路上。然而，普鲁士直接面对一个强大的邻国——俄罗斯。面对俄罗斯，普鲁士未能保住华沙；在被法国击败并依靠俄罗斯的帮助重新振作后，普鲁士不得不将其大部分波兰领土交给俄罗斯，只保留了原有的德意志领土和一些为连接及巩固这些领土所必需的波兰领土。

可以说，普鲁士的失利是其历史中的决定性转折。在维也纳会议上对领土问题的解决，使普鲁士从东欧的轨道上被重新导向西方，虽然未完全被甩开，但确实发生了重要的转变。普鲁士获得了大片相连的莱茵-威斯特伐利亚领土以及部分萨克森地区。它的政治重心从既特殊又超民族的事务转向了以民族为主的政策，这主要是由于外部压力而非内部升华；俄国迫使其将精力转向德意志本土事务。结果是德意志小邦的统一，即普鲁士主导下的国家统一，以及与奥地利的分离。普鲁士与奥地利最初围绕西里西亚、波兰和萨克森发生冲突,逐渐波及由邦联国家组成的整个德意志国家事务。

当然,起初普鲁士与奥地利这两大强国之间以及与俄罗斯之间保持了紧密联系。神圣同盟体系(Das System der heiligen Allianz)虽然有过中断,[303]但从1815年持续到1848年,这再次清楚地展示了德意志强权在政策上的特殊东方倾向。它们远未在面对俄罗斯东方时扮演西方的代表角色,而是依靠俄罗斯的支持,抵抗西方,尤其是法国。直到拿破仑三世(Napoleon III., 1808—1873)的出现,才打破了这一局面。

在此之前发生了德国革命。这是西方思想在德意志的决定性入侵。在这种情况下,普鲁士和奥地利这两个主要在德意志和欧洲东部形成的强国能否成为整个民族抵御西方精神的有效保护者呢?事实证明他们做不到。虽然他们战胜了革命,但并未成功将国家纳入自己的体系。虽然普鲁士明显比奥地利更重视民族,但普鲁士不可能最终在政治上与德意志其他国家达成一致,甚至不可能与自己的内部政党达成一致。相反,尽管1870年新的帝国统一成功实现了,但整个19世纪仍是德意志内部灾难严重的时代,根本原因在于未解决的冲突:从1848年的革命、普鲁士的军事和宪政争端、"文化战争"(Kulturkampf)、社会主义斗争,直到1918年的革命!

但这一切首先关乎普鲁士问题。

弗里德里希主义

德意志国家发展的命运在于,由于皇权具有完全的普遍性,[304]皇权并不像西欧的君权那样能够将国家统一起来。德意志王朝-等级复合体的形成并没有与国家的形成同步,而是发生在其内部。现代的国家-绝对主义思想并没有直接在整个国家层面上发挥作用,而是在国家内部强化了旧有的等级原则。地方权力既没有像在法国那样民主化和官僚化,也没有像在英国那样通过议会理性达成统一,而是被困在与欧洲政治相纠缠的领土政治中,导致国家无法形成统一性和合法性。

普鲁士的尝试是从内部向外部拓展国家思想。早在伟大选帝侯时期,我们就可以看到一种政治的雏形,试图将领土的分裂状态转变为一个强大的实体,并借此确立真正的欧洲独立性。这是一个伟大的创造性的王朝思想。在经历了百年艰难的外交和内政准备之后,霍亨索伦王朝出现了一个天才人物,他在走向荣誉的过程中引发了一场规模宏大的外部冲突,并通过三场大规模战争为国家的外向发展奠定了永久方向。自弗里德里希大王以来,德意志终于从封闭的地方性[305]视野转向了观察大国之间的斗争。

但是,这个国家在超越了德意志微型邦国的范围之后,是否能够作为一个独立的自由力量,在历史的风云中立足并存续?

弗里德里希大王在继承他的天才父亲的道路上前进,打破了先前的等级-国家体系的观念。虽然在普鲁士,君主的意志已经毫不留情地压制了等级制度,但在弗里德里希大王看来,这并不是为了摧毁等级制度,而是为了利用它的力量。贵族既没有像在罗曼语族国家中那样被削弱,也无法像在英国那样成为政治存在的实际承担者,而是为君主制承担一种独特的服务功能。同样,市民阶层和农民阶层也各自承担了对国家的特殊职能;君主确保每个人都有机会为国家服务。因此,弗里德里希大王将圈地运动(Bauernlegen)限制在大地主的范围内,并且基本上将军官团留给了贵族。军事主义、官僚主义和重商主义是保障和增强各阶层对国家的积极性和有序劳动的三大趋势。

很快,这个制度就被批评为纯粹的机械体系,我们将不得不强调它所面临的危险。[306]然而,这种普鲁士的专制主义绝不是机械的,因为它基于一个深刻的思想,即通过最紧张的劳动达到最高的生命力和权力的提升。

在这个过程中,任何看似缺乏活力的现象,其实只是那种执着于释放最后能量的专制意志,尤其在弗里德里希大王晚年表现得尤为突出。

德意志的唯心主义思想家们是否真的有理由对这种生活的机械性进行抱怨？像赫尔德这样的感性主义者可能会这样做。但那些伟大的辩证法思想家没有看到的是,他们批判性-系统性的创造工作与弗里德里希的王权有着相似之处。事实上,在弗里德里希这里,意志从方法的纯粹性中得到了极大提升,单个政治实体通过辩证的意义赋予得到了充实,这与康德派对精神实体的批判尝试如出一辙。军官制度、官僚体系、市民商业等制度在某种程度上实现了自身的独立性,并在整体中得到了扬弃,就像艺术、科学、宗教在伟大的唯心主义体系中得到扬弃一样。普鲁士的国家法是它们的对应物,是与它们相关的精神表达。推动这一切的绝对自我就是国家的精神,它在这里统领一切,并将社会视为"非我"（Nicht-Ich）。无限的本原行动（Tathandlung）不仅在费希特的讲坛上得到宣扬,而且在这个从分散的占有中崛起为[307]欧洲大国的国家中得以实现。①

君主本人也服从于这一理念,这是他最伟大的地方。弗里德里希大王的国家不再主要基于宗教,正是他首次剥夺了绝对君主制——亚历山大所开创的并在皇权主义中发展为西方最高统治形

---

① 黑格尔可能最接近弗里德里希主义国家制度与德意志唯心主义哲学体系之间的这种关系,早在其1802年的《体系》（System）中就已有体现。尽管在他看来,德意志唯心主义中自主且内在包含全体的个体性,与开明"专制"内部的个体性似乎存在某种矛盾,但实际上,弗里德里希的专制并非机械化的,也不是从上至下通过命令进行"分工"。可以从弗里德里希的伟大专制中看到他对下属机构发出的指令,正是鼓励自主职责的体现。否则,这种个人主义的讽刺态度又如何解释呢？——这是一种精神风格的诠释问题。拿破仑的命令又是何等不同！

式的体制——的神圣性质，几乎以与康德破除人类关于上帝和永恒事物的理性主义认知同等的力量和精神，摧毁了君权神授（Gottesgnadentum）的理念，视其为另一个"世界历史丑闻"。因此，国家完全依赖于自身运作，既不如古代神权帝国般依赖形而上学，也不如十九世纪的新帝国那样依赖历史和浪漫主义。然而，这并未削弱君主制的力量，反而相较于法国路易式的游戏性威严，以新的[308]实际意义重新确立其力量，它不再被理解为绝对的存在，而是作为绝对的行动。

19世纪的普鲁士和德意志

在赋予那个时代名字的君主去世二十年后，他的君主制也随之崩溃。

历史编纂并没有忽视从旧制度的缺陷中尽可能多地寻找解释这一崩溃的理由，这种尝试似乎得到了1807年改革精神对弗里德里希时代国家的强烈内部批判的支持。在此，我们想指出一些超出这一视角的观点。

在解放战争中，普鲁士未能让弗里德里希大王的国家领导理念在德意志和欧洲重新复苏。普鲁士未能将解放战争转变为如七年战争般的塑造战争（Formungskrieg），未能使普鲁士独特的国家思想在整个德意志发挥作用。弗里德里希大王唤醒的具有独特结构的大国本能未能显现出来。比较一下哈登贝格（Hardenberg，1750—1822）1814年关于德意志领土重组的最初计划，它们完全是以奥地利为导向。弗里德里希大王在诸侯联邦（Fürstenbund）时期试图通过与奥地利的对立深入普鲁士在德意志帝国中的影响力，但从弗里德里希·威廉二世（Friedrich William II，1744—1797）和比绍夫韦尔德（Bischoffwerder）的时代起，取而代之的是与奥地利的合作构想——尽管这种构想从未完全实现。我们在此不追溯这一时期法国暴政导致的这种[309]合作的外部因素。值得注意的是，普鲁士独特的国家精神不再有深刻的代表，并且在弗里德里希·威廉三世和四世时代，普鲁士甘愿屈从于奥、俄领导，放弃了独立的德意志政策——这种态度最终在弗里德里希·威廉四世的奥地利帝国幻想中达到了顶峰。从莫尔维茨（Mollwitz）和洛伊滕（Leuthen）两胜到奥尔米茨（Olmütz）撤退，这一历史性转折深深撼动了普鲁士的民族情感。①

随着这种转变，普鲁士失去了保持其内部纪律鲜活和真实的能力，从而未能将这种纪律转化为适用于易北河以东地区和德意志国家整体的创造性建设。普鲁士越来越陷入反动、官僚主义和政治军事主义之中，因而出现了与普鲁士传统形式本质上相对立的力量，这些力量越来越强大，迫使普鲁士面对艰难的挑战和妥协。

普鲁士在19世纪必须面对两方面的阻力：一是来自依然保持独立的其他德意志诸邦，二是来自普鲁士内部那些与严格的弗里德里希时代国家领导方式相对立的力量。实际上，这些对立的力量有着共同的本质。勃兰登堡-普鲁士通过一个强大的君主制，[310]从其出身的地方性狭隘状态中走了出来，而其他德意志领地则停留在这种状态中。然而，这是否意味着那些原始的等级观念完全消除了？几乎只有在东方的殖民地上——那里的部族习俗较少成型，也是霍亨索伦家族进行大规模对外政策的主要舞台——才成功地压制了这些力量。随着弗里德里希大王去世，一系列伟大君主的统治结束了，此时普鲁士内部的地方性力量再次浮现。

---

① ［译按］莫尔维茨会战（1741年4月）、洛伊滕会战（1757年12月）和奥尔米茨会战（1758年5月）都是普鲁士与奥地利的战争，均由弗里德里希二世指挥。莫尔维茨之战是弗里德里希二世登基之后指挥的第一场战争，为普鲁士夺得了西里西亚。在洛伊滕会战中，普军大败奥军，展现了高超的战术和军队的训练有素。但是在奥尔米茨会战中，普军由于兵力不足，补给被劫，最终从奥尔米茨撤围。

面对欧洲的需求——这些需求造就了弗里德里希主义的"人为"国家创建——古老的日耳曼自由思想开始抬头,这些思想强调个人和弗里德里希主义的自由,对抗国家的绝对主义统治。浪漫的个体概念扩展为民族精神的概念,并对此产生了深远的影响。

毫不奇怪,一位来自德意志西部地区的帝国男爵施泰因(Stein,1757—1831)成为君主制这一倾向的倡导者。他的改革在很大程度上可以被看作旧德意志独立派对霍亨索伦家族新政的反动。他所代表的内阁与国务会议之间的对立导致后来俾斯麦不顾一切的保皇主义仍能坚持其最高统治权的独裁意识。俾斯麦这位"威廉一世国王的忠诚仆人",并没有触及普鲁士国家最核心的弗里德里希结构,而是证明了这一结构在一位并不杰出却[311]明智的君主统治下,能够脱离君主天才而独立存在。施泰因则致力于德意志式的自治意图,认为整体应从内部、通过各部分的独立性有机地形成,而非通过建设性的手段加以干预。

这样一个自治体制的脆弱性很快显现出来,因为外部更广泛的对立势力影响了这些古老的德意志自治意图。毫无疑问,一个强大的德意志国家的重新建立不可避免地与非德意志思想发生了重大接触;只有从普鲁士-德意志的内政和外交出发、站在进攻性的西方和东方世界之间的立场,才能理解其发展的特征。然而,悲剧在于,已经没有一个统一的政治意志来管控这些影响力。

德意志地方自由与法国大革命的自由思想结合了。施泰因的改革中已经出现了这一自由思想的一个重要组成部分:废除等级社会的特权。施泰因试图进行一种综合:他试图通过将各等级和团体从中世纪的私法规范和绝对主义权威的监护中解放出来,重新焕发他们对国家的认同感,并通过这种自由的国家归属感重新加强和巩固他们,而不走法国政治的平等化道路。自由而非平等,[312]成为他改革的核心思想。随后,英国的模式胜过了法国的影响力,特别是通过学术的中介,如达尔曼(Dahlmann)的光辉的宣传所展现的那样。

然而,是否有可能将那种源自完全不同前提的盎格鲁-撒克逊国家与地方结合的态度,有意地移植到德意志?事实上,这里并不是以自由思想作为黏合剂,将地方主义转变为一种自主的民族整体意志,反而正好相反,自由思想成了地方主义自身重新树立的路径,并赋予其一种新的内涵,使其在自身中得到独特的强化。这种典型的德意志形式,尤其是在南方,表现为人权与个别地区的结合,那是一种自由主义的地方主义文化,这正是崇高的特赖奇克满怀愤怒极力反对的。

但这种文化除了来自法国大革命的思想之外,还同时获得了来自最初对立派天主教会思想支持。像弗里德里希·施勒格尔(Friedrich Schlegel,1772—1829)这样一个敏锐且广博的头脑的转变过程展示了从法国大革命思想转向天主教会是可能的,这并不仅仅是由于一种被动批判性格的便利,而且反映了一种重大的精神历史背景。罗马基督教与人权思想再次展示了它们源自最初反国家的领域,在那里,地方主义和[313]个人主义的生活方式得以保留。只要一方面的教权主义与另一方面的理性主义都没有占据主导,二者之间就可能形成一种典型的联盟,这种联盟是积极的普鲁士-德意志国家思想必须抵抗的。

这是在第一次世界大战中再次显现出来的关系,它构成了1917年德国多数派政党的基础。这个关系,或许是最保守的德国元素的体现,随后也成为捍卫和发展1918年"革命"成果的基础。即使是社会主义政党也受到这种政治立场的影响。尽管德国社会主义者所维护的已不再是国内的"地方主义"——这一问题在帝国成立后得到了某种程度的缓解——但他们以及一些资产阶级民主党人(特别是普鲁士的民主党人)所倡导的中央集权主义(Unitarismus),在本质上仍然包含着反普鲁士和总体上反权力的倾向,他们希望将这种倾向不仅运用于各个邦国的政治,而且用于整个帝国的政治。

不难发现,这些新政客主要来自德国南方。他们拒绝任何形式的独裁统治。甚至无产阶级专政的概念,也在某种逻辑上被重新解释为与那种由德国激进派从马克思主义者列宁的体系中所认识到并加以反对的"无产阶级的独裁"相对立。他们的理念是,不是通过强制,而是通过一种关怀性的社会主义和人道主义,将德国融入或和谐地引导至工会文化。

那么,为什么这种涵盖了地方主义、教权至上主义(Ultramontanismus)、民主主义、人道社会主义以及无产阶级专政历史的整体观念,能够将自己感知并称为革命性的呢?

[314]这基于它是一场反对普鲁士主义的革命!从世界历史的角度来看,这些反叛力量本质上是否起源于真正的反动势力,以及反动的普鲁士主义是否实际上受到了革命思想的感染,都仍然有待讨论。

这种分裂也构成了理解和评价1848年首次大规模表现出来的唯心主义意志对实现国家统一的影响的背景。普鲁士自己似乎拒绝的大国地位,仿佛要从外部重新赋予它。普鲁士应从法兰克福出发,以"小德意志"(Kleindeutschland)的形式恢复其大国地位。那么,这场运动是否成功地在民族中获得了持久的基础?

如果将德国的政治发展与哲学发展联系起来,可以看出,在"国家自由主义"(Nationalliberalismus)这一方向上,主要反映了黑格尔的观点。就像经验被提升为绝对理性一样,地方主义应被提升为国家的统一,等级制度应被提升为宪政理性。很有特点的是,现有的权力实际上应该在自由的国家思想中得到"扬弃",即同时得到保留和克服。从这一点出发,议会代表制的思想逐渐占据主导地位。所有民众力量都应在议会中得到代表并相互平衡,这一点当时在罗克豪斯(Rochaus)的著名"现实政治"论文中[315]得到了表述。但这一象征体系,就像在黑格尔那里一样,受到了朝向"理念"的辩证发展的推动,即朝向国家统一的理念。这绝非巧合,黑格尔主义者在这一发展中起到了重要推动作用,而历史学家们最深刻地感受并传播了黑格尔的影响。他们虽然对黑格尔进行了部分激烈的批评,但依然无法摆脱这位大师的基本观念。

但是,黑格尔在写作时所意识到的那种垂暮情绪,如何与"新帝国"诞生时的光明气氛相协调呢?徒劳的是,人们认为可以谴责并孤立黑格尔的寂静主义。

思想家们最初召集的保罗教堂会议以破产告终。十年后,正是这一思潮引发了德国历史上最深刻的冲突之一,矛盾问题在其中可能最为剧烈地暴露出来:那就是1862年至1866年的普鲁士军队与宪法冲突,它结束了自由主义掌控普鲁士的"新时代"。

几乎没有一个外国人能够理解这场持续了将近五年的激烈冲突,因为这并非在天生互为敌对的势力之间发生,而恰恰是在那些原本温和且为了当代的主要目标——普鲁士在德意志中间的伟大——而共同努力的力量之间。一方面是威廉国王(Wilhelm),他是普鲁士最为冷静、洞察力强、秉持高贵务实态度[316]接受时代思想的君主,或许也是普鲁士最为适度和平衡的统治者;另一方面是民族自由主义,它充满了对普鲁士历史的热爱,同时对自己也极为严苛,是一个中间立场的党派,主张理解与耐心。这两股力量之间未能达成一致。

温和的自由派逐渐让位于激进派。在丹麦战争开始时,已经有普鲁士的进步派人士出于国内政治的考虑,不希望看到国家的胜利,而国王则考虑退位。

俾斯麦帝国与灾难

此时,民族天才超越所有混乱的现象,体现在民族最伟大的人物身上。

特别是自1918年以来,人们批评民族自由主义过早屈服于俾斯麦的高超手段,过多地将权力交到他手中。然而,这其中也体现了自由主义者的一项最伟大的行动,即自我批评和积极合作的意愿。特赖奇克永远是正确的,即便他在俾斯麦上台时曾属于最强烈的反对阵营,因为他是最早一批宣扬伟大时代的激情的人之一,这位真正的政治家将其馈赠给了国家,并捍卫了那个时代的美好。

俾斯麦并未助长反动倾向。他并非那种盲目遵循普鲁士方法论的典型人物。他作为一个独特法则的典型出现。或许可以问,[317]他在内心深处是否只是一个政治家?他的悲剧在于,强大的瞬间将他困住。他没有歌德那种对伟大时刻的激情。他在日常生活中感到焦虑,而不像歌德那样在其天才的自由中感到焦虑。他只能通过以强大的力量同时带领并克服经验性民族走向胜利来应对日常事务。在他精妙掌控的外交构想中,俾斯麦展现了他精神的纯粹威严,但同时他又带着叛逆的心态回到了周围力量的物质性中,将每一个重大政治必要性转化为争斗、镇压和毁灭。他是难以接近的,国家在他的领导下无法找到自我发展的空间。

我们最终将停止那些亵渎性的提问,例如这个人的事业——德意志帝国——是否只是一段插曲,或者它究竟是好是坏,他所创造和留下的究竟是有益的还是有害的。相反,我们只会致力于理解那种能够崛起的力量,并将我们的认知集中在理解这种力量出现的条件和背景上。

俾斯麦的事业无疑是基于对德意志传统和当时形势的伟大直觉,这些条件我们已经提到。帝国的联邦结构将所有这些因素如同一个精巧的扣环一般汇聚在一起。然而,若试图[318]讨论他如何以精细的历史手腕,将所有现有的权力引导到一个契合的宪法框架中,则显示出对其行动的真正政治意义缺乏理解。因为这些权力本身并没有能力从内部构建一个充满活力的整体。事实上,这些宪法问题尽管重要,但在整体上处于次要地位。虽然俾斯麦谨慎地处理了这些问题,但是鉴于德意志灵魂的千丝万缕的脆弱性,这种谨慎的缝合不能被视为真正的治愈过程。

俾斯麦实际上通过重新唤起弗里德里希大王的思想，向国家灌输了一种新的权力意识，满足了这一需求。他重新提出了19世纪普鲁士与奥地利之间的巨大对立，并最终将普鲁士确立为德意志的真正主导和强大势力。随后，他在1879年与奥匈帝国缔结联盟，解除了这个对立关系，完成了其使命。在此之后，他还将石勒苏益格-荷尔斯泰因和阿尔萨斯-洛林收回到德意志帝国，使德意志重新拥有了历史上几乎所有曾经统治的领土：甚至在旧帝国主要是罗曼语区的梅斯（Metz）被重新收复，地中海沿岸的的里雅斯特（Triest）被并入；在东部，波兰、波西米亚、匈牙利的一部分，塞尔维亚以及罗马尼亚的大部分地区在不同形式下被重新纳入；两个皇帝代表了这个庞大的政治复合体。

[319] 当然，随着这个统一政治复合体的建立，后来在第一次世界大战中显现的"中央大国"（Zentralmächte）仅仅是表面的延续。俾斯麦对奥匈帝国的"选择"与后来的"中欧"概念之间在政治思维上存在着一个决定性的差距。

俾斯麦的选择，虽然导致了法国与俄国的联盟（尽管俾斯麦极力反对这一结局），但这一选择是在俄英对抗主导的背景下做出的。在此背景下，俾斯麦在签署两国同盟（Zweibunde）之前，刚刚在柏林会议（Berliner Kongreß）上充当了调解人，促成了俄英之间的关系缓和。英格兰似乎更像是中欧联合体的自然盟友，而非敌人——这种关系类似于早期的奥兰治时期，只是此时俄国取代了法国成为英国的主要对手。

从那个时刻起，尤其由于我们经济上的发展——这一发展在政治上几乎没有得到有效的调控——我们不得不承担起与英国对抗的角色，而这一对抗导致我们与奥地利的关系再次变得问题重重。坚持与奥地利的联盟实际上为英俄的和解提供了基础，因为我们使这两国基于与我们的对立联合了起来。我们不仅没有因奥地利成为我们与俄罗斯对立的主要原因而与之拉开距离，反而通过与土耳其的联盟进一步加深了这种对立。[320]特别是在1902年我们拒绝了由张伯伦(Chamberlain, 1869—1940)向我们提出的英德联盟提议之后,这一局面更加显著。毫无疑问,比洛(Bülow)的拒绝在当时有深刻理由,甚至必要,但我们并没有认真反思这种决定带来的自然后果。毫无疑问,沙皇在此之后可能会期待我们向俄国靠拢,而不是皇帝要求俄国向我们靠拢。然而,我们却没有采取任何相应的步骤。

正是为了掩盖这种政治上的失误,我们发明了"尼伯龙根的忠诚"(Nibelungentreue)这一概念。然而,这个概念深具历史的不真实性。因为俾斯麦通过与奥地利的合作为我们赢得了在19世纪80年代的全球强权地位,的确不是凭借这一忠诚。这一合作实际上是建立在"血与铁"和兄弟战争(Bruderkrieg)的基础上。最终,历史的真相被语言上的虚伪所掩盖,而这一真相必须通过一场激烈的灾难重新唤醒我们的意识。诗人们比我们的外交家更深刻地理解了这一历史真相——"来自哈布斯堡家族的谢意"。

然而,当我们试图深入探究俾斯麦与后来的德国权力思维之间的差异时,最深刻的根源似乎在于俾斯麦对防御性战略的理解,并在帝国成立后将其灌注到他的政策中。也许可以这样解释:俾斯麦作为一个完全生活在不断变化的局势中的政治家,他凭借无误的本能意识到,[321]德国的晚期发展有其特殊的趋势,这一趋势像是一条自然法则,要求在纯粹帝国主义扩张的民族之争中,不要走在最前线,而是保持冷静,从一个强大的权力中心观察各方矛盾。如果这表现出某种程度上的退让,那么它可能是所有伟大力量的秘密源泉——一种对特定事件的克制,其中凝聚了决策自由和思想优越的力量。但与此相对的却是德国对全面性、体验、参与和在世界舞台上占有一席之地的渴望。俾斯麦下台后,这种趋势特别是在经济和人口政策领域迅速占据主导地位。因此,我们将自己置于英俄冲突的核心,试图在君士坦丁堡推行独立政策,尽管俾斯麦曾明确警告并反对这种行动。

因此,一种物质主义的帝国主义出现了,一种为行动而行动的经济实践,与此相对的是所谓激进政党的无创造性的否定。当然,尽管德国内部缺乏可塑性,它却仍然逐渐成为主导力量。然而,一方面,仅仅是力量的不受控制的扩张和单纯对增长的强调维系了整个文化;另一方面,人们错误地认为这股活跃的权力意识本身包含了腐败的根源,[322]而实际上问题在于,内部的力量并没有与之融合,而是停滞在模仿的形式中。或许,只有尼采真正看透了这一问题的深度。

如果说俾斯麦本人也有责任,他的事业在他离职后不久,甚至在他生前就开始瓦解,那么他的责任或许在于他不善于培养继任者:或许他自己对于那些他以直觉掌控的局势的实质缺乏充分的意识,而这种意识本应传承给国家。

俾斯麦的命运是,他被狭义上的政治事务,即国家事务的日常摩擦困住了。那位八十岁的孤独者的伟大形象是一位精疲力尽的人的形象;在那些关于他和他在萨克森森林中的生活的描述中,流露出了一种几乎比他在任职期间更为宏大的风格,展现出一种精神的悲剧,这种精神无法达到在他所处世界中的最后自由。比他所开创的伟业更为宏伟的,几乎是他被解职后对自己事业的抱怨。不仅仅是把德国放在马鞍上,还得让它能够驾驭马匹,这才是问题所在!他的人民缺少的并不仅仅是权力,他们缺少的是道路。设若他能通过一项伟大的立法为他们指出这条道路!但是,在创造性的人才培养、教育和想象力方面,他落后于弗里德里希大王。他始终是一位首相。然而,和一个世纪前相比,这个国家更需要的是一位国王。

[323]或者这里显示出一种更深的纠葛?一种统一的强化并不是来自对民族的有意识意志,而是来自更为直接的深层动力。路德出自修道院,俾斯麦来自勃兰登堡的庄园,克莱斯特源于康德哲学。他们都充满激情地拥抱了这个国家,但他们成为国家的代

表时,似乎并不在意国家是否真实存在。对于罗马民族而言,国家是感官可知的、显而易见的,完全是"显象"(Erscheinung);对于德意志人而言,国家却仿佛是"自在之物"(Ding an sich),是自由的,它不是其公民经验和认知的对象,而是他们的神灵的某种"行动"。德国衰落的时代不是由于错误的认知或堕落的感官,而是由于"诸神的黄昏"(Götterdämmerungen)。

第八章 结语:过去和未来

将神明融入你们的意志,她便从世界宝座上跌落。

——席勒,《理想与生活》

历史认识的界限

[327]我们试图通过历史情况的概述,深入探讨我们所处局势的真实维度。我们试图不仅从其表面的存在来理解主导局势的强大力量,还要从它们的理念来认识它们:这些理念不是永恒不变的普遍理念,而是源于具体力量自身的历史条件、形成过程、争斗以及内在的局限。因此,我们发现了最后一场战争——世界大战,其理念不仅包含了整个世界、这个已然饱和的星球,还包含了德国在这个饱和的世界中的特殊地位。

当然,历史事物的最终形式尚未在事件本身的事实中得以明确展现。实际上,这还取决于德国未来行动的力量,才能确定今日几乎所有世界民族对德国的战斗,能否为某种特殊的德意志理念提供基础。

至于这种未来的力量在其未来性中能否成为认识的对象,这是一个问题,正如我们在系统性概述的开篇所讨论的那样,这不再属于[328]我们此部分研究的范围。如果一种认识的政治可行性仅仅依赖其内在自主性,那么我们面对指向未来的任务,必须以极

第八章　结语：过去和未来　197

具原则性的清晰度把握住那条界限，历史在此界限内作为科学之人的自足事务而确立：不是作为对过去给予内容的"导论"，也不是从对当下和过去的回顾中获取意义，而是作为一个自主的、在自身内划定和封闭的领域。当然，这个领域的边界并不取决于每天变化的世界进程的日期，也不是从时间的读数中得出的，而是从普遍历史的设定中获取其尺度。这种设定，这种通过普遍条件对过去生活的渗透，其前进的边界在其自身之内；并不像尼采所言，我们应从当下的最高力量去解读过去，而应从过去本身去解读；只要不陷入对直观事实的简单描述，普遍历史便是可能的。相反，未来问题的答案只能由完全致力于未来的力量来提供，这种力量只承认已成的事物，以其能为创造者服务为限。凡是曾经掌控一切的，只有在它进入服务状态时才是有价值的。事实上，只有那些真正掌握权力的，才有能力服从并服务于新的事物。这就是历史实体的命运与高贵之处。然而，[329]历史学家的工具并不能完成这种从统治到服务的转变：历史学家观察过去时，不受任何外部目标的影响。

然而，如果我们探讨纯粹历史范围的再现能够具有何种实际意义，它将主要是一种批判性排除的功能。当纯粹的历史回忆能够展现出未来生活必须填补的维度时，才能避免其陷入空洞和无意义。这也揭示了所有那些错误评估当前维度的尝试的无望性。我们在前言中已经讨论了这一点。我们在那时就将当代德国的狭隘观点、逝去文化的残余思想，从普遍性的视角进行排除，从而还其以真正的权利，即地方性的权利。我们无法预见这些组合还能持续多久，亦无法确定康德与歌德、歌德与俾斯麦的思想还能被看作彼此关联的时间有多久，甚至无法确定黑格尔的真理还会得到多少次重现，或者我们是否不会再到我们的历史或异域历史的花园中徘徊，甚至推倒我们伟人的纪念碑。

然而，我们仍然有一种需求去保留那些标志着我们道路的纪念碑。因为我们仍然在前行的路上，尚未到达终点。

[330]因此，我们以回顾这条道路结束我们的思考。通过这种方式，我们在历史的范围内尽其所能整理我们所处的阶段。

回顾

从近东的东方发起了逐渐涵盖整个地球的运动。这些运动首先以一种特殊的普遍主义形式展现出来，奠定了东方精神的统一：这是一种超民族的、专制-绝对主义的、宗教教会形式的世界统治，它具有扩张性，但却依赖古代世界内陆中心的特定地区；同时，这种运动充满了教会统治与个人主义-宗派主义对神的理解之间未解的对立。

这种统一体——在伊斯兰和斯拉夫-基督教世界中——一直延续到当今，只是其内部舞台从巴比伦转移到了君士坦丁堡、巴格达、莫斯科和圣彼得堡。在此过程中，西方精神的世界和概念逐渐崛起，其基础、主张和首次明确表现可以看作希腊人的贡献，这体现在希腊城邦文化中。然而，希腊历史的终结标志着新兴的西方精神和政治存在与东方形式和思想的辩证结合，但亚历山大大帝死后，这个区域没有再出现过普遍统治。罗马人在与诸如迦太基人、马其顿人、叙利亚人等地方势力的斗争中获得了主导地位。[331]罗马通过在西欧的大规模殖民扩展，实现了扩张性的普遍主义，为罗马民族历史奠定了基础。恺撒成为亚历山大的继承人。但与此同时，罗马的特殊民族特性——一种不是自然生成的，而是通过政治培养出来的民族性格——得以凸显，代表了西方存在的第二次崛起。奥古斯都的政策与恺撒的政策形成了鲜明对比，完全专注于这种民族思想，反映了与东方式的普遍扩张的对立。奥古斯都帝国给自己设定了界限，但在这些界限内却未能发展出足够的活力以持续抵御外敌和内部分裂。这种活力的减弱最终可以归因于罗马精神本质上专注于经验世界,尽管反对天主教(Katonismus),但仍未能抵御更广泛的希腊-东方精神的影响。

然而,希腊化东方的政治和精神形式对帝国的渗透并没有引发新的扩张,而是形成了一个过渡时期,这一时期充满了晚期皇权主义的混乱,最终以外敌的入侵告终,其中东方的阿拉伯人和西方的日耳曼部落起了主导作用。这一时期的民族大迁徙开启了世界历史上东西方对立的最后阶段。[332]断裂线显现出来,东方和西方的世界从此彻底分离,至此再也没有重新统一。最初,文化和政治的重心位于东方,正如阿拉伯时代所展示的那样;随后,西方世界崛起,达到了与东方相等的重要性。

这次崛起可以被视为罗马最后一次伟大的成就,其中关键因素可以追溯到罗马帝国世界统治理念的传统,即中世纪的皇权和教权。教宗理念战胜皇帝理念的胜利表达了最伟大的罗马统治思想,即由君士坦丁在政治上开启、由奥古斯丁在内心上奠基的帝国教会化。这一理念将东方的超验思想与罗马的经验思想强有力地结合在一起,并通过托马斯主义哲学达到了其最高的思想秩序。自然观和超自然观相互奠定和巩固。然而,十字军东征试图重新夺回东方的尝试失败了。

是的,这一尝试反而成为中世纪西方统一体解体的契机。一个主要因素是希腊文化的持续影响。希腊文化在罗马天主教文化的精神力量关系中处于疏远地位,但在阿拉伯文化中保存了自主精神的思想,尤其是在科学领域,而现在通过阿拉伯的西班牙传递给了西方。同时,[333]随着教宗和皇帝之间的冲突削弱了西方普遍主义思想,在十字军东征后的时代,这一时期的土壤为西方独立思想的最终形成奠定了基础。这一思想的现实表现为各个民族精神开始取代一种世界统治精神。

然而,伟大的共同过去促使在罗曼语和日耳曼语民族文化各自发展的同时,仍然保留着一种共同的趋势。这些民族的总和继续形成了一个内在稳定的统一体,即西方世界。其政治表达是主要国家之间的权力平衡状态。首先是西班牙,然后是法国,再然后是英国脱颖而出,成为首要国家,而意大利几乎完全失去了影响力,德意志在某种程度上更多地作为积极政治的对象而非主体。

随着各民族政治霸权的变化,精神上的霸权也随之发生变化。这个问题长期以来一直在与最后的罗马体系,即与教宗天主教的具体对抗中得以体现。西班牙将这一体系从奥古斯丁-托马斯的结构转变为耶稣会的结构,为罗马统治思想的去世俗化(Entweltlichung)赋予了决定性的形式,将自然权威提升为一种悖论式的权威,从而创造了一种几乎依靠其自身形式活力运作的精神性,这种精神性至今依然存在。法国则将天主教转化为一种民族文化的形式,[334]转变为民族精神的统一性,从而达到理性主义,而非悖论主义(Paradoxismus)。在他们身上,西方世界的中心得以展现,达到了平衡,并揭示了西方历史的启蒙。

随着法国人对这一发展进行的集中化和完善,新的发展趋势也开始出现,而这些趋势是法国人无法再掌控的,那就是由英国人主导的海外扩张。这些海外殖民活动重新拾起了起源于东方的普遍主义思想,并将其推进到全球范围。这些殖民活动仍然是西方的,即罗曼-日耳曼民族的事业。然而,这些殖民活动也使得世界事务的重心逐渐从西方本土转移开来。自三十年战争以来,那场最后的纯大陆冲突,海外动机在接下来的冲突中变得越来越重要,尽管这些冲突大多仍在欧洲战场上进行。

英国的崛起与天主教的甚至与任何教会思想的统治相对立。他们用社会道德取代了教会权威,这种道德反映了一种主要以经济为导向的个人主义。美国的"人权学说"是这一发展过程的顶峰,其根源可以追溯到东方宗教宗派主义思想,这在清教主义运动中表现得尤为明显。这样,这一发展过程的起点和终点之间存在着一种隐秘的、基因上的联系：[335]从东方的神秘主义个人主义到海外西方的功利主义个体主义。在俄罗斯和美国，这两个历史的起点和终点在某种内在的关联中对立。而唯一在这个发展历程中没有受到影响、至今仍未被征服的民族文化圈——中日文化圈，展现出一种在数千年来自己内部平衡的文化，这种文化融合了功利主义和神秘主义的元素，如同老子的智慧所揭示的那样。

因此，随着地球空间的充盈，似乎一种内在的运动——精神的辩证法——也达到了它的终点。

这场具有实质性全球历史意义的首要事件便是德意志与其他所有民族的最后一战。

这场战争的序幕是自德意志内部的独特发展开始的，自那时以来，西方各民族作为精神统一体确立了自己的身份。正如我们所看到的，这种精神上的确立是基于与罗马原则的对抗，而德意志人可以被称为这一进程的先驱：路德脱离罗马教会的举动成为新时代的信号。

然而，只有在德意志，马丁·路德的行为保留了其本质意义。只有在德意志，新教才成为一种内在的世界形式。在这里，它提升到了能以建设性和包容性[336]力量克服尘世灾难的高度。路德在《基督徒的自由》一书中表达了这一深度。从这种自我形成的信念出发，德意志人在精神和国家方面崛起，并在东方、西方和海外之间确立了自己的存在领域。这通过客观化周围的世界来实现，也就是将这些世界的坚固性转化为历史的条件，并通过绝对精神的概念予以摧毁。这就是他们追求绝对性和无前提性的意义；只有这样，他们才能自我坚守：通过将绝对精神的领域置于逼近的敌对生活面前。

我们看到，一种新的现实观念从新教的本质中发展出来。一方面，人们需要依赖于既定的、感官的、历史的、自然因果的世界，以便超越它，通过抗议和批判表达自我；另一方面，这种激情之所以能达到预期的目标,进入看不见的无限境界,正是因为人们不仅抗议并超越这个客观世界,同时也直观地透彻理解它、热爱它、改写并科学地把握它。因此,德意志的历史科学得以广泛传播,并使得普通生活问题也可以被追溯到历史上,但始终与背后那个"国度"的问题紧密相连,与现象背后的"客观性"以及"上帝之手"紧密相关。

[337]因此,我们可以在一种力量的发展和保存中看到这种新教文化的总和。一方面,这种力量表达了对既有世界进程及其隐藏的全球精神的最深切的奉献;另一方面,它将整个既定的世界作为单纯的既定存在予以否定并转变为一个设定的世界。这种设定并非出于对外延的动力——外延只能发现已有的空间、纯粹的物质存在——而是源于对内在的动力,试图通过物质性达到理念性,通过自然达到自由,通过因果关系的束缚突破至一个理知的世界。

然而,如果我们从普遍的角度衡量这种德意志意志的最终意义,以及它所预见到的全部任务范围,同时感受到它在所有现有成就中的目标差距,我们便不敢轻易为其撰写历史。我们会意识到,从历史激情出发把它的尝试视为最终解决方案,进而重新编织和变换这些尝试,是最危险的越界行为之一。

新教本身是一种无法再改变的、通过历史形成的力量。尽管它帮助我们超越敌对世界的影响,从而退回自我,但关键在于我们不能再仅仅满足于这种退缩。因为新教如今不再像过去那样,出于自身的缘故被选择,它不再像以往那样引导我们超越异己世界,而是引导我们去解构自身的世界,我们的身体——普鲁士-德意志国家——因它而被摧毁。这种自我解构才是1918/1919年革命的真正且唯一的内容,是新教精神最极致的内部分裂的体现。新教与普鲁士制度相伴而生,但也一同灭亡了。若还有可能,只剩下对新教的反抗,但这种反抗无法为未来带来新的生命力。

我们必须问自己,纯粹信念和关于绝对人性的单纯意识的主导地位意味着什么。面对这种主导地位,敌人不再退缩。我们不再生活在一个由宗教支配的时代。美国人在大学里通过比率来计算精神,同时他们通过技术和经济成为世界的主宰。即便是纯粹的信念也无法抵挡生活机械化的侵蚀。面对这种幽灵般的理性,人们无法像过去那样通过"抗议"反对它,就像曾经可以反对罗马教会的宏大矛盾一样。也许,只有通过纯粹否定的恐怖才能对抗这种机械化,也许这正是布尔什维克主义的任务。但这会是一场无意义的起义,没有出路。这种起义只可能发生在东方。

不,只有将新教能量进一步发展为一种自由的、超越新教的力量,德意志才能孕育出一种文化,这种文化能够突破世界历史进程的秘密统一性,[339]这种统一性似乎在全球范围内汇聚。这样才能为另一种历史进程奠定基础。这个新的进程不同于现有的历史进程——这个历史从东方开始,现在又通过海洋回到了东方,旨在完成世界大同(Oikumene)的理念。

一百年前,歌德在他的诗作中描绘了这一过程:

> 上帝掌握东方,
> 上帝掌握西方。
> 北方与南方的土地,
> 都在他的手中安息。

这种情况已经过去了。世界大同的经验已得到揭示。无论未来几百年是否仍有人信仰,一神论与泛神论的上帝都已经死去。

让我们回到我们国家曾经存在的地方,看看是否能在此找到未来的图景。

附录　歌德的色彩学所反映的世界历史

德文版编者前言

[7]一个卓越的个体总能吸引我们,当我们承认其优点时,我们会对其身上存在的问题不再深究……因为个体都必须依据其独特性来看待。

当读者开始讨论奥托·韦斯特法尔(Otto Westphal)所构思的"世界历史的架构"及其历史哲学根据的遗留片段时,我想提醒大家记住歌德的这句话。毫无疑问,奥托·韦斯特法尔是最独特的历史思想家之一,他需要"依据其独特性被看待"。他可能比任何其他人都更好地代表了德意志历史主义在两次世界大战和三次重大国家变革期间的复杂性,因为他可能比任何其他人都更像一架精神的地震仪,对时代的事件作出反应,试图通过思辨的组合来阐明每一个具体历史时刻的形而上学意义。他有着惊人的能力,能够迅速揭示历史与形而上学、政治与宗教、权力与精神之间的联系。在他整个历史写作生涯中,他一直努力进行新的尝试,探讨他所从事的科学理论。只有"帝国垮台"的动荡,才促使他写下了这一对世界历史及历史科学的最后解读。

作为马尔克斯、迈内克和伦茨的学生,他从[8]黑格尔出发,并不断尝试在他的思辨中以新的方式结合黑格尔和兰克这对"对立者";但这些道路并未给他带来最终的满足。终于,在1945年的灾难中,他被迫回归事物的根源,并发现自己不仅超越了兰克和黑格尔,还回到了歌德的思想中。

在一封私人信件中,韦斯特法尔曾宣布自己已经转向光学、生物学、原子物理学等领域的基本概念,"以将其概念(如两极性、提升、复兴等)作为象征来使用"。作为一位哲学化的历史学家,他完成了"自然转向"。他写道:"神不能直接从历史中认知,而只能通过自然的途径。"不过,在这种自然中,也必须寻找那些歌德常常避开的事物：所有力量的叛乱以及混沌与秩序的永恒战争。"您曾写道，"信中继续写，"您在乡村度过的几周是与超越历史的纯粹与自然相处的时光，这本身就是疗愈之道。"

然而，韦斯特法尔立即补充道，

> 只有我们不相信自然比历史更加和谐、合理、法则化，除非我们对自然说"这一切如你所愿，这 20 世纪的命运也源自你，是你的作品"时，这才有意义；教导我们如此理解你，以至于我们能将历史中的恐怖、混乱和深渊视为你本质的指引，作为你内在所发生的事情的反映。在上帝面前，不要从历史的汪洋中逃入自然的避风港！而是通过历史激起对自然的思考！不过，自然确实给我们提供了唯一的、无可比拟的、在各方面都[8]必要的东西……那就是我们可以与之进行超越历史及其强大势力的一切误解与恶意的客观对话。

这封宣布了这位历史学家自然转向的信件以这样的话语结尾：

> 只有绕道自然的冲突，我们才能找到回到历史冲突的道路，也就是说，我们从这个迂回路径中带回了解决和理解历史冲突绝对必要的东西：不偏不倚！——超越自然，这是何等的妄想！

随着转向自然，韦斯特法尔同时抓住了歌德的神显（Gottesschau）观念。他提到了《亲和力》，并认为这是"歌德最深刻、最有力的作品，比我认为已不再有太大用处的《浮士德》更加集中和深入"。此外，他特别提到了《色彩论》，尤其是其中的第一部分和第六部分的教义部分。他说，"我相信用极性和提升这两个概念，可以构建出一个完整的世界"。

因此,《色彩论》尽管一直被专业自然科学拒之门外,却成了历史哲学家的指路明灯。他希望激活歌德的沉思,

> 因为无论如何不能放弃观察:今天尤其如此!……正是为了澄清当代的混乱局面,为了看透它,需要最强的活动。

因此,奥托·韦斯特法尔进行了富有智慧的尝试,借助歌德的思想,超越了黑格尔和兰克,深入探索自然和历史的本质。他的毕生工作,从年轻时的《普遍历史中的政治单元及其权力》开始,最终以这部以歌德《色彩论》精神为基础的历史哲学圆满结束。

歌德的色彩学所反映的世界历史

冰河纪的火

[11]在斯堪的纳维亚和加拿大,开始连续不断地下雪。更新世(Diluvium)开始了。

在欧洲,一场北方冰川运动与南方的冰川扩张相遇,使得阿尔卑斯山的冰川不断扩展,从喀尔巴阡山(Karpaten)到法国中央高原的中部山脉的山顶都被永久的积雪覆盖。北极海冰的南界从伦敦经过哈茨山脉(Harz)和利沃夫(Lemberg)延伸到斯大林格勒(Stalingrad)附近。曾经在第三纪时期以丰富的动植物而闻名的大陆有超过一半地区变得无法居住。

在那些退缩到狭窄的无冰区域的物种的生死攸关的拥挤中,在与有机和无机自然力量的生存斗争中,更新世的人类作为发展的晚期产物出现了。

让我们回顾一下,以大致了解人类的自然关系。因为那些与自然失去联系的精神抽象已经将历史意识提升为一种非自然的状态,导致它陷入一种悬浮状态,在这种状态下,历史意识面临着自我解体的危险。如果历史不再重新融入自然,人性的维度就会被扭曲成它自己都无法再认知的形式。

在元古界(Algonkiums)和寒武纪(Kambriums)的远古代(Urzeit),根据现存的遗迹,似乎存在一个高度发达的生物世界,这个世界与所有后来[12]的灭绝物种以及今天仍然存在的物种在本质上根本不同。因此,在寒武纪之上存在一个断面,使得所有后来的地质时期在其生存条件上显得统一。从动物历史的角度来看，我们可以概览一个始于志留纪(Silur)(寒武纪的继任者)的宏大现状。在此之前的存在是独立的。

在这个现状的古生代(Altertum)中有四个阶段。在志留纪，只有海洋充满了生命。没有动物或植物攀登陆地，没有昆虫或鸟类翱翔天空。在泥盆纪(Devon)，巨大的降雨将由于岛屿形成的低地和沼泽填满。沙漠逐渐被植物覆盖。鱼类从海洋通过河流向陆地进发。它们通过鳃和肺双重呼吸，以在水外生存。在石炭纪(Karbon)，湿地过渡区形成了煤层。大型昆虫和小型四足陆生动物以及两栖动物，找到了食物。但在二叠纪(Perm)，一场全球性的寒冬袭击了地球。

澳大利亚、印度、南非被蓝色的冰层覆盖。这标志着地球古生代的结束。

中生代(Mittelalter)划分为三叠纪(Trias)、侏罗纪(Jura)和白垩纪(Kreide)。两个巨大的大陆，即北极大陆和南极大陆，围绕着地球的两极聚集。这是恐龙、游泳和飞行爬行动物的时代。长度达二十五米的食草动物在经历了全球寒冬后繁茂的植被中，特别是在北美的原始森林中觅食。小型原始哺乳动物尚未找到足够的空间来充分发展。

第三纪(Terziär)开启了新生代(Neuzeit)或哺乳动物的统治。海洋侵入[13]北极和南极的连接部分，将格陵兰与斯堪的纳维亚和拉布拉多分开，将欧洲与美洲分隔开。它将澳大利亚、马达加斯加、南非和火地岛从南极大陆的紧密块体中分离出来。飞行的爬行动物灭绝，鸟类和哺乳动物取而代之。在哺乳动物中，原始猿类只适应在北半球的北美洲和欧亚大陆生活。

在第三纪的顶峰，即中新世(Miozän)，北方和南方的大陆逐渐靠拢。在西半球和东半球，曾经隔离的世界海洋被弥合。在欧洲和亚洲，高山隆起，此前阿尔卑斯山、兴都库什山和喜马拉雅山还仅仅是丘陵。这些山脉被森林覆盖,树上的生活促使原始猿类进化为类人猿(Menschenaffen)。类人猿的继承者是猿人类(Affenmensch),它们仍然没有语言,并在第三纪的最后阶段即上新世(Pliozän)出现。类人猿和猿人类仅存在于大西洋以东地区,诞生地是欧亚大陆。

然后,作为地球新生代的中期,冰河纪(Eiszeit)开始了。原始人类(homo primigenius)出现了。他们最早的遗址位于远东的爪哇岛和北京附近。在欧洲,原始人类出现在冰川覆盖的中部山脉之间以及之前的克罗地亚、莱茵河上游和下游地区、比利时和法国。这是人类学上尚未完全进化的尼安德特人种(Neandertaler),他们可能从非洲通过直布罗陀迁移到欧洲,在罗德西亚(Rhodesien)发现了类似尼安德特人的头骨。

人是如何成为人类的?

[14]地球在更新世并未普遍降温。然而,正是在这个时期,人类在欧洲出现。即便尼安德特人可能是在一次间冰期(Zwischeneiszeit)的暖流中从南方来到欧洲,事实仍然是:人类并没有出现在热带温暖的第三纪(Terziär)时期,也没有等到第四纪(Alluvium)冰川融化,而是在第四纪冰期(Diluvialzeit)的狭小无冰空间当中首次定居,无论是移居而来,还是土生土长。人类在靠近不适宜居住的边缘地带而非优越的区域发展起来。人类的最早居所并不是所谓的天堂。现代科学不再认可有关黄金时代或完美无瑕的强大生物的神话。

人类诞生于一个条件恶劣且充满敌对力量的世界里。他并不是通过适应周围的危险,而是通过反抗来生存。他并不是因为进化出更厚的皮毛来抵御寒冷的气候而得以存活,而是因为智慧。他通过发展大脑的能力来弥补身体的弱点。人类学会了其他生物从未掌握的技能:生火并保存火种。那个使用火的生物,就是第一个人。

所有人类种族都掌握了这门技艺。火必须被看护：火焰旁形成了家庭和部落。火使得那些原本无法食用的食物得以烹调，人类在与更强大的动物的斗争中不必为生存而绝望。火帮助人类度过严酷的冬天：面对冰河纪，富有创造力的智慧使人类得以免受其害。

[15]在火光的照耀下，人类可以在黑暗的洞穴中找到庇护：他为自己创造了光。最终，人将在火旁感受到喜悦：他的神经系统产生了感知，以及感性（Aisthesis），即对美的感知。他由此获得了艺术，如歌德所说，这是一种第二、更高层次的自然。这是他的普罗米修斯时刻。

整个冰河纪大约持续了一百万年或五十万年。人们从太阳黑子的波动推断得知，间冰期带来了中断。在冷热交替并再次回到寒冷的过程中，人类大脑的发育逐渐进行：难道我们不该推测，温暖的气候，如在尼安德特人时期似乎存在的那样，有利于大脑潜力的利用，而寒冷的气候波动，如在旧石器时代晚期（Jungpaläolithikum）出现的寒潮，导致了经过长期积累和保守发展的突然、革命性提升的转变，一种可以称之为"转变"（Anastrophe）的现象吗？实际上，冰河纪可能是促进智慧物种进一步发展的前提条件。感受性的、感官的特质更多是在间冰期发展，而创造性的、精神的特质更多是在冰河期中发展。如果在历史上能看到女性和男性创造力的节奏交替，那么我们也可以类似地推测，在史前时期，自然界中也存在这种微妙的交替变化。

除了人类的身体进化之外，冰河纪和间冰期的另一个重要事件是人类在全球的扩散。关于人类是通过迁徙从某个地球区域传播，还是在[16]不同地方独立起源，这个问题似乎尚未有定论。在这个问题上，男性和女性功能的概念显然也起着作用。父权制的观念倾向于认为人类起源于一个地方并通过迁徙传播，而母权制的观念则认为地球是丰饶多产的，人类在多个地方同时起源。圣经选择了前者的观点,而歌德则支持后者的看法。

比较《与艾克曼的谈话》(II,1828 年 10 月 7 日):

> 谈话内容涉及不同的人种,如黑色、棕色、黄色和白色人种如何居住在地球上的各个地方;讨论的结果是一个问题:是否真的可以认为所有人类都是从亚当和夏娃这一对夫妇繁衍而来的……对此观点,歌德说:我必须反对。我更倾向于认为大自然是丰盈的,甚至是奢侈的,而她的意图更可能是让人类不是从一对可怜的夫妇,而是从几十对,甚至上百对夫妇诞生。当地球发展成熟到一定程度,水流消退,荒漠充满绿意时,人类形成(Menschwerdung)的时代就来临了,人类在上帝的全能之力下,在所有适合的地方同时诞生。

歌德接着说:

> 对于黑人、拉普兰人(Lappländer)和我们来说,我们应该要求不同的祖先,而不是亚当的真正后代。

歌德对自然奢侈丰盈表现出的赞美以及关于大洪水退后大地变得绿意盎然的描述,虽然不适用于最早被证实的人类起源的时间和条件,但却重复了巴霍芬(J. J. Bachofen)在母权制理论中提到的古老动机。

四个冰河纪与三个间冰期相区别。整个时期属于旧石器时代,即古石器时代。关于古石器时代的研究,首先应归功于法国人,如布歇·佩尔特斯(Boucher de Perthes)、埃德·拉尔特(Ed. Lartet)和加布里埃尔·莫尔蒂耶(G. de Mortillet),他们在 1847 至 1869 年间作出了重要贡献。这并非偶然,法国是人类文化的摇篮。

在第三次也是最后一次持续大约六万年的间冰期的末期,法国出现了以加龙河(Garonne)上游的一个地区命名的[17]奥瑞纳文化(Aurignacien)。随着这一文化的兴起,旧石器时代进入了第二个但时间较短的阶段,即晚期旧石器时代。这是最重要的阶段:从这一时期起,人类的解剖结构已经完成。Homo primigenius[原始人]已经进化为 Homo sapiens[智人]。晚期旧石器时代的人类和现代人类在解剖学上已经相同。他们是克罗马农人(Cromagnon),他们在法国南部和西班牙北部的洞穴中留下了彩色的壁画,描绘了野马、野猪和野牛等动物,这些壁画展示了当时人类艺术发展的高度。艺术被称为人类的第二自然。

然而,没有一座桥梁能将那个时代与我们连接起来。随着梭鲁特文化(Solutreen)的到来,最后一次冰河纪也随之降临,正如春夜中的一场霜冻,使得一场文化的繁盛戛然而止。可以想象,这场文化的成就不仅仅局限于艺术领域,可能还包括他们的神祇、诗歌,甚至是他们的国家,但这些都已经消失了。为什么我们知道关于他们的景象?

我们应该敬重自然事件的冷酷无情,它会毫不留情地消灭人类的文化,仿佛它从未存在过。如果黑格尔看到了奥瑞纳文化,他是否还会认为世界精神在短短几千年内就能回到自身?仿佛世界精神不是一直存在于自身之中一样!自然的精神化有其边界。它会死亡。死亡不仅降临在个体身上,它也在文化的成长之间划下界限。正如在寒武纪和志留纪之间生命世界的线索被切断一样,自然的全能也以较小的介入切断了更新世和全新世(Alluvium)中人类之间的联系。全新世的情况可能并没有什么不同,我们还处在其开端。或许这只是另一段第四次间冰期,未来的气候变化将可能让从金字塔到摩天大楼的所有发展[18]连同其精神经验和成就一道,在未来的世界记忆中消失得无影无踪,正如旧石器时代晚期对于我们来说已经是空白。那些景象的教育意义就在于此。哲学与宗教对此无法置身事外。物质在各个方面都显得如此伟大。

史前意识的入侵与帝国的崩溃

随着最后冰川的融化,地球历史进入了第三阶段,即在第三纪和更新世之后的全新世。如果说哺乳动物的出现是第三纪的特征,人类的出现是更新世的特征,那么今天我们还无法用一个概念来定义全新世,就像在拿破仑倒台时也无法准确描述19世纪的发展意义一样。因为与更新世的一次间冰期相比,全新世的这一万年或一万两千年只占其六分之一或五分之一。这个时代还太短,以至于无法辨别出长期的自然历史变化。总体上,地球和人类在一万两千年前的样子与今天大体相同。那些在我们星球和我们自身中悄然进行的地下力量变迁,逃脱了我们的感知。因为只有在某种成长死亡后,它的生命法则才会显现。我们所称的"世界历史"实际上只是无意识元素的梦境,而这些无意识的元素即使在最有意识的创造中也是实际的创造者。只有在无法预见的未来,全新世之后(Nachalluviums),知识的视野才会开启,展示我们前进的方向。只有记住,自从冰川融化以来,人类[20]种族相对于宇宙而言还处于相对年轻的阶段,才能避免陷入无谓的猜测。

然而,即使我们无法解读的东西也不能阻止我们去尝试解释它,同样也不会使我们陷入漫无目的的求索。鼓舞和骄傲之间存在一种意识到自身能力边界时的冒险精神,它要求与力量,首先是与绝对力量互动。与力量的互动既不是反抗也不是屈从,而是命运的成长,而命运的成长也要求解读。如果青年人不知道或者不应该知道生活将带他们走向何方,他们仍有权进行前瞻性的思考,而生活本身会不断纠正他们的思考。青年具有战斗性,因为他们尚未得到充分的教导。我们人类从自己的历史同样未得到充分的教导。然而,我们目前在关于历史概念和意义的争论中有一种特殊的战斗情绪。这种情绪有一个特定的原因,因为出现了一种无法接受的历史解释。如果这种解释没有获得非常现实的意义,它就不会让我们如此困扰。这就是从史前史的角度对历史的解释。

考古学提供了许多宝贵的知识。它为揭示"红脸民族"（rotwangiger Völker）的早期状况和运动做出了很多贡献。如果我们通过它了解到印欧原始民族的故乡应该在中欧北部而不是中亚，即使这其中有一些成问题的骄傲掺杂在对史前生存的认知中，这也具有一定意义。考古学还为我们带来了许多视觉上的享受——那些美丽而野蛮的物品。[21]非风格化社会特有的对古物的兴趣在许多方面都得到了满足。

但是，这些内容是否应该进入学校教育是值得怀疑的。如果学校的目标是为生活做准备，那么很难有比让文化概念的模糊和丧失对生活更具破坏性的事情了。而且当一种没有哲学基础的史前历史学（Prähistorie）占据文化的讨论时，文化概念必然会丧失。没有哲学基础的科学是那些未能融入科学整体体系的学科。它们的独立愿望，尽管可能通向某种专制，但并没有通过受哲学引导的研究为生活带来好处。这并不意味着我们否认自由的研究方式。然而，史前历史学至少间接受到了某种哲学的引导。其世界观中的积极部分已经显现，即它帮助我们认识到，所有的文化进程都嵌入自然进程中，无法通过对立概念将自然与精神的联系切断。但如果史前历史学通过模糊自然状态与历史状态之间的明确界限来恢复自然，那么这种精神的自然化并不比过去自然的精神化更少或更不危险。

史前历史学设定了一个看似合理的目标，即向过去追溯历史知识的界限。研究应该始终自由，但它也应该知道自己的边界。[22]它不应在不存在历史的地方寻找历史，以及在即使通过最广泛的知识也无法找到历史的地方寻找。远古时代的人类之所以没有历史，不是因为我们对他们一无所知，而是因为他们本身没有历史。就像今天的所谓原始民族，黑人、波利尼西亚人（Polynesier）、印第安人或爱斯基摩人（Eskimos）一样没有历史。他们可能有丰富的习俗和传说流传下来，可能是最为保守的民族——否则他们怎么会是原始的呢？但浪漫主义的误区在于将保守文化与历史文化等同起来，而这是非历史的。原始状态所没有流传下来的，正是历史的本质：他们没有留下行为（Taten）的记录。他们生活在状态（Zustände）中，而不是事件（Ereignissen）中。在非洲内陆，可能曾发生过非凡的英雄事迹，但它们并未成为历史事件。因为没有留下痕迹（Spuren）的行为就不算是事件。向语言深意的求教永远不会徒劳："事件"（Er-eignis）是"被占有的事情"（An-geeignete）。如果塔西佗（Tacitus，56—120）描述了日耳曼人的谜一般的习性——他们喜欢无所事事，憎恶和平——那么他在心理学上精准地定义了这个种族的史前、无历史状态。他继续讲述了他们在歌谣中庆祝阿尔米尼乌斯（前18—19）的事迹，但没有一首歌谣流传下来。没有关于他存在的德语记录。如果不是因为罗马历史学家，没有哪个德意志人会知道他曾经存在过。这样的民族尚未进入历史。

这些仅仅是概念上的、文学上的，总之不太重要的区别吗？如果它们只是一个伟大民族走向灭亡的道路上的里程碑就好了！史前历史[23]的德意志奠基者称其为"一门极具民族性的科学"。"民族性科学"这个概念中往往包含了一些东西，这些东西实际上解构了"科学"本身，因此最好不要使用这个词。然而，这种隐含的东西在当时确实存在！如果教导孩子们为巨石墓（Hünengräber）像金字塔一样古老而感到骄傲，却不告诉他们这些墓并不像金字塔那样"俯视四千年历史"，那就不是在教育他们。当人们试图将日耳曼早期历史与同时期的古典民族文化时代相提并论，并拒绝承认他们直到民族大迁徙时期才进入历史时，人们对这些民族在历史之外被神的旨意保留下来、以在罗马走到尽头时展示伟大行为的深层理解就不存在了。当人们与波兰人争论谁在石器时代或青铜时代首先占领了走廊地带（但泽走廊）时，唯一没有发生的就是学者们用他们发掘出的战斧去征服"哥特港"(Gotenhafen)。这是智力上和教育上的游戏吗？但这种将历史扩展到史前日耳曼文化的做法正是在 Finis Germania[日耳曼终结]这一命运之声响起的时代发生，这绝非巧合。

让我们提升到一个普遍的视角来看待这个问题。历史的精神化就像黑格尔的历史哲学那样，是一种世俗化的教会史，通过宏大的构造推向了极致，又像兰克的普遍历史(Universalhistorie)那样，巧妙地掠过了存在的深渊，以神秘的神学方式展现出明暗交替的画面。这些精神化的历史叙述已经无法跟上[24]社会剧烈变革和民族生存斗争的步伐。黑格尔和兰克提供了一个关于西方文化的整体图景，正如社会上层阶级在其统治即将结束时最后一次回顾他们数百年来所创造和维持的文化一样。这种建立在基督教和古典文化之上的精英、保守-自由的历史意识，迎来了史前历史的反革命、异教-北欧的浪漫主义入侵。而这种浪漫主义并非没有显赫的源头。

"回归自然"的呼声最早由卢梭发出。赫尔德接受了这一理念，并越过德国的边界将其植入欧洲东部"年轻民族"的思想之中。所有浪漫主义都怀有一个愿望，那就是将自然和精神从那种"原初的二元对立"中拯救出来，即使是歌德，在回忆起受赫尔德启发的青年时期的狂飙突进运动时，也从未愿意向"博学的康德主义者"承认这一点。这一理念找到了它的立足之地。无论年老时的歌德如何自处，当他在《浮士德》第一部分中惊恐于被唤起的激情时，在第二部分中，他根据赫贝尔的话描绘出一个"勉强治愈的个人"的故事，甚至海涅也参与到这股不可阻挡的前进运动中。

在1833年，正好在纳粹上台的一百年前，海涅在巴黎写下了一篇对其时代的预见性分析，他预言《浮士德》不会仅仅停留在文学层面上。他带着"恐惧和敬佩"看到了"德意志雷鸣"到来的那一天，这个民族在这一天将把他们的自然哲学付诸革命。[25]他看见了古代的石神苏醒,雷神托尔(Thor)举起巨锤,击碎哥特式大教堂和基督教那腐朽的护身符。海涅认为,古日耳曼的泛神论将成为"年轻的欧洲"的宗教。"不要被吓到,你们这些德意志的共和主义者!"他呼喊道,并将他的抒情诗(他认为是歌德诗歌的延续)投入为革命服务的事业,这场革命将融合自然与精神。

尼采也来了,以他自己的方式,作为一个欧洲人。当暴风雨真正来临时,他的宣讲使得那浮士德-狄奥尼索斯式的"超人"确实充满了哲学的力量,直面"地灵"(Erdgeist),踏上了通往"母亲"的道路,进入了那个"无人曾至、无人可至"的境地。最终,尼采问道:"怯懦的恐惧是否使超人屈服?"这种恐惧的确降临了。他带来了这种恐惧。试图将史前历史进行历史化的史前研究,实际上是在将历史学(Historie)史前化,它成为斗争的一个特殊武器。另一个武器是种族科学(Rassenwissenschaft)和种族政治(Rassenpolitik),它们从民族退回到种族,却无法从种族前进到民族。历史的土壤被剥去。裸露的基石上植入了一个无法扎根的文化概念。母亲的国度被暴露在日光之下。

浪漫主义者,那些《夜颂》(*Hymnen an die Nacht*)的吟唱者,难道不是正从明亮走向黑暗的一群人吗?"原始自然"(Urnatur)的沉淀物浮现到了表面。而无力的、非创造的"反抗者精神"(Widersacher Geist)站在一旁:唉,他终究是个孙子!超人沉沦为末人(Untermenschen)。他按照尼采的意愿深入根源,最终却走向毁灭。因为这是一场世界性的变革。由历史逻辑推动的[26]大陆政治重心转移找到了它的地质学-史前类比,而各类浪漫主义者和他们的特殊理论成为发明灾难理论的木偶。谁要道德化这一切,那就去道德化自然吧。而且要彻底地道德化从卢梭、赫尔德,到谢林、海涅,而不仅仅是从张伯伦、罗森堡(Rosenberg)、希特勒开始的整个浪漫主义过程。不要躲在那些精致区分的背后——区分更为文明的或不文明的、道德的或不道德的浪漫主义,好像后者没有从前者中汲取养分似的,好像前者已经完全清白无辜、"去纳粹化",能够保证后者不会再次被其感染。

不,这些深渊只能通过理解和限制浪漫主义的自然冲动及其对母亲国度的倾向来弥补。理解意味着,不能让任何唯灵论的反应表现得好像世界精神只是为了道德审判的乐趣而虚构和实现了浪漫主义的地狱;限制则要求,将浪漫主义洪流中有益的部分加以控制和引导,进入已经被纯粹精神及其抽象思想所抽干了的世界历史之河中,就像尼罗河谷地在雨季前被太阳晒干一样。

清理任务的根本在于确定世界历史开始的那一刻。要抵制起初的错误,确保开端正确。那么,人类如何以及何时从自然状态进入历史状态? 第一自然与人类的第二自然之间如何既相关联又对立? 如何指出那些否认自然[27]和精神之间联系的唯心主义者以及那些否认二者对立的浪漫主义者的局限? 如何将他们的影响排除,又如何避免他们的混合产物——最糟糕的畸形? 史前历史的教条认为,它已经成功将新石器时代纳入历史。这一新石器时代闯入世界历史意识是问题的根源,也是现如今必须解决的问题。

然而,在新石器时代确实发生了决定性的变化。如果我们把中石器时代(Mittelsteinzeit)作为一个时代的前奏——在那个时期,人类作为"高级采集者"、猎人和渔夫,在冰川消退后的最初几千年里依然与动物界共处,那么这种划分是合理的,因为它有助于强调智人所取得的第二个伟大成就:继人工生火之后,农业得以发明。

多么根本的转变,它影响了所有的时代! 在光明使者普罗米修斯之后,另一个神灵——大地母亲登场。火神与大地神的关系贯穿于整个宗教史。男性与女性、精神与物质、指向上方的和指向下方的、随着火焰升向天空的和随着谷物深入大地的原则,现在形成了对立、交融与互补。那么,历史是否始于新石器时代? 定居和农业不仅是历史的前提,也是历史的缔造者吗? 大地母亲是否完成了火灵(Feuergeist)未能完成的使命——因为火灵未能阻止旧石器时代走向光明的人类被彻底遗忘？而这一切的女性主义特质，是否正是浪漫主义的合理之处，以及她们对"反抗者精神"和"国家恶徒"（Racker Staat）的女性主义抗议的合理性所在？

纯粹的农耕民族不创造历史。农夫的生活日复一日、季节更替。他们更关心天气的变化，而不是世界历史的进程。他们不考虑三千年的历史，他们更接近存在的原始状态。一种没有农耕阶层、没有在无意识中扎根的文化，其命运往往被衰败的气息笼罩。农夫并不像都市人歌德所说的那样日复一日生活，停留于"黑暗的无知中"，他们反而比任何人都更熟悉黑暗，熟悉大地母亲的秘密。然而，这种自然存在，这种依附于大地精神的黑暗是没有历史的。新石器时代的农耕民族从未自行发展出任何走向历史的运动。当大地母亲教导人们耕种并保护定居生活免受战斗游牧部落火神的侵害时，这还不足以标志历史的开始。并非一切事物都必须成为历史。

"光明的行为与苦难"

[29]在中石器时代，人类虽然远离了奥里尼亚克（Aurignac）文化的克罗马侬（Cromagnon）文明高度，但已经从头开始了他的使命工作。在新石器时代，他达到了两种对立类型的发展阶段：一种是游牧的、战斗的，由男性特质塑造的类型；另一种是定居的、从事农业的，由女性自然力量塑造的类型。这两种类型在它们的对立中都得到了提升。然而，只要每个元素独立发展；只要男性特质在无目的、忘却起点且没有终点的游牧中追随火神，而女性特质在大地母亲的庇护下，在有限的范围内感到满足；只要不同种族保持未混合的自然状态（即使这些种族没有形成部落，而是以小群体迁徙或定居），那么在这种人类与动植物世界和谐共处的情形下，就不会有进一步的、更高层次的发展。新石器时代的成果是，通过手工业、社会和宗教的发展，这些种族在性别的两极化基础上呈现出明

确的形态。无论是在白种人还是有色人种之间,都可以看到男性和女性特质的明显分化。

这一切还不是历史。在历史的光辉中,出现了某种其他的、额外的事物。只有当这一点变得显而易见时,历史才真正开始。

[30]然而,现在不仅要从经验上,还要从原则上去理解这个第三要素。因为它不像极性那样是由物质决定的,而是由精神决定的。而精神是无法通过现象的部分来理解的,必须通过某个作用于现象背后的原则来把握。换句话说,精神不能通过个别的部分来呈现,而只能通过整体来理解。你不能仅仅从埃及人、中国人中发现某些精神特质,然后逐步在印度人、犹太人、希腊人中增加类似的精神元素,直到今天,得出一种精神的总和。精神不能被简单加总。每一个个体的精神都与整体存在着关联。而整体不是通过经验,而是通过理念存在于部分之前。

而历史,作为精神对自然的作用,具有使这个理念整体逐步显现的倾向,因此,历史的唯一可能的入口是通过提前提出这个理念或抽象的整体框架来作为历史的、有计划地从细节到细节的具体方案的指导。这不是多余的迂回,而是通往世界历史的唯一途径。没有哲学的指导,人们无法在历史的迷宫中找到方向。单独的历史、民族历史、文化圈的历史可能没有哲学、没有原则、没有精神就能写作,甚至可能比那些带有不充分哲学指导的历史更好,但世界历史则不然。所有迄今为止的世界历史作品的不足之处在于,要么没有哲学,要么没有一个涵盖整体的哲学。兰克没有哲学框架,而黑格尔的框架虽然是迄今为止最为全面的,却仍然受限于[31]西方的视角。至于那些缺乏足够的素材和精神但仍合著编写世界历史书籍的人,用图像代替思想,虽然这些可以被认为是优秀的先行者,但我们不再提及他们。画册固然美丽,但它们不是世界历史。

因此,抽象的课程也是世界历史的一部分。但这种抽象应当作为达到目的的手段，而不应将自己提升为目的本身。历史必须紧跟哲学的脉搏。因此，本文从之前探讨的结果即自然力量的两极性出发，基于它们蕴含着足够的哲学本质来进一步发展。当我们问及它们的不足之处，即它们所呈现的物质原则中的缺陷时，补充它们的便是精神的提升原则。当极性和提升趋于形成一个系统时，那个人的影子——歌德的影子——便显现了出来，他首先认识到了这两者的紧密结合，并将其作为一生的研究对象。

歌德的世界仍然远未被完全理解。当然，如果只是用语文学家的尊敬去描绘它，也不可能完全理解它。这种尊敬虽然表现得很庄重，但它往往看不到那些关键的跳跃点。因为它过于拘谨和虔诚，以至于不能与之一起跳跃。然而，历史上的伟人往往不会拒绝人们与他们互动。他们非但不拒绝，甚至会要求这种互动。他们在这一点上类似于至高无上的存在——它也耐心地等待着人类与之抗争，[32]不让人类得逞，然后祝福人类。从歌德的作品中汲取力量，意味着与他共同进行哲学探讨，这也意味着在面对他时保持主动性，哪怕对他表示同意时会成为一种被动的屈从。积极性不一定意味着反对。但是，如果不反对，积极性就会丧失，因此必须反对。

在人们试图将歌德的自然哲学或自然宗教应用于历史方面时，他的智慧最少得到充分理解。虽然确实有这样的尝试，例如斯宾格勒（Spengler，1880—1936）试图通过歌德的形态学世界观来奠定《西方的没落》的基础，如施泰纳派的神智学者们（Theosophen）也尝试利用歌德的概念来解释历史社会现实，但正是在这些头脑中呈现出歌德自然观的消极一面。歌德从未完全克服对历史的反感。这与他的时代有着密切的关系，他比人们想象的要更频繁地认为他的时代是糟糕的和失败的，以至于他甚至猜测上帝可能有意毁灭自己的创造物。

在与埃克曼（Eckermann）的对话中（1828年10月23日），歌德说：

人类会变得更加聪明和有洞察力，但不会变得更好、更幸福或更有作为，或者这些变化只会在某些时代发生。我预见到一个时代的到来，上帝再也不会为人类感到快乐，他将再次摧毁一切，以创造一个焕然一新的世界。我确信，一切都是为了这一目标安排的，在遥远的未来，这一焕然一新的时代到来的时间和日期已经确定了。当然，这可能还需要几千年的时间。人类的发展，谁知道呢，也许是以数百万年为周期设计的。

歌德对历史的这种半负面的态度影响了他的追随者，[33]他们借助歌德的自然理念，将历史引向了一种世界末日般的、逃避现实的倾向。这是他们自身所倾向的。而与之相反的是，尝试将歌德的原则与一种积极的历史观相结合的工作尚未完全展开，或者说尚未取得成功。如果说要做到这一点，必须对歌德的原则进行某种程度的修改，那么这也不是一种根本性的背离，而更像是一种积极的进一步思考。如果有人反对，认为这是将歌德用于他不感兴趣的领域，因为他对历史本就没有兴趣，那么可以回应说，比起借歌德的名义对世界说不，用歌德的思想为任何积极的目标作证更符合歌德的精神。

关键在于，我们选择哪一个歌德作为参照。因为所有伟大的生命历程都是多义的。有人可能会选择年轻的、意大利之行前的歌德作为他的英雄，而在后来的歌德身上，那个不再渴求不可能的歌德，可以找到材料来发起"摆脱歌德"（Los von Goethe）的号召，正如最近一位存在主义哲学家所提出的那样。也有人会以埃克曼式的虔诚来崇拜那位《漫游年代》及《浮士德》第二部中的老年祭司形象的歌德。这里提到的是中年的歌德，他自称为"重新焕发青春"的歌德。对此，我们再多说几句。

您赋予了我第二次青春，并使我重新成为诗人，我几乎已经停止成为诗人了。

这是歌德在一封信中写给席勒的,这封信是他人生中最重要的文献之一。他当时正处于人生的顶点,经历着人生的关键期,在感官的创造力转变为更高的精神生产力的冲突中,他面临着[34]重获青春与提升,或是衰退的问题。他承认,是席勒帮助他度过了这一关。如果从精神历史的角度来看待这一事件,这一过程奠定了两位伟人之间关系的奥秘,他们共同的伟大追求,如歌德在晚年所称,标志着莱布尼茨-歌德的世界观通过康德-席勒的世界观得到了重生,或者可以说,这是德意志精神史上最辉煌的时刻。

因此,当人们试图在此扎根时,可能不会犯下严重的错误。当我们将上面提到的唯心主义-精神主义与浪漫主义-感官主义的世界观对立进一步解释清楚时,我们就可以发现,这两种在各自的片面性上或已过时、或具有腐蚀性的极端观点——男性与女性的两种暴力——在这里被塑造成了一种形式,并合二为一。它证明了,单独一方无法存在,且只有通过唯心的第二种自然使得浪漫的第一种自然重新焕发活力,通过塑造身体的精神使身体重新焕发活力,才能避免它们的糟糕结合,不至于成为一种怪胎。当然,这并不是说歌德曾经接受过席勒那种塑造身体的精神作为他的信条。

无论是康德和席勒,还是谢林和黑格尔,抑或是他们的后继者,所有人的出发点和目的对他来说都不适用。但他们在他的道路上交汇了。这些道路的交汇点便是魏玛事件(Weimarer Ereignis)。歌德的召唤政策,即他将自己的对立者召集到魏玛和耶拿,可能是德意志文化历史上最伟大、最自由、最深思熟虑、最大胆、最无私的文化政策之一。

[35]魏玛学派的"共同努力"处理自然与精神、现实与理念、

客观性与主观性这些关系的成果(无论当时如何称呼这些相关概念)中,最成熟的作品是歌德的《亲和力》(1809)和《色彩论》(1810)。这些作品是关于"感性-道德"(《色彩论》,第六部分)的和谐与悲剧的表达,受到了他当时依然与席勒保持联系的影响,并在二者的一致与分歧中展现出来,这些认识后来常被拿来与黑格尔学说中的"对立统一"相比较。小说《亲和力》将这种和谐运用于生活和社会,而《色彩论》则反过来根据社会的类比来探讨无生命的现象,论述了颜色作为"光的行为与苦难"。在我们所处的这场全球性危机(Weltbrand)中,有什么比这更能带来冷静的氛围呢?

极性和提升

[36]歌德称极性和提升为"自然的两大驱动力",并指出前者更多地属于质料层面的物质,而后者则更多地属于精神层面的物质。这也表明,在他看来,物质(可以从质料和精神两个角度来思考)与精神并不像康德学派所设想的那样处于"原初的二元对立"之中。①

在《色彩论》(页38)中,关于"生命的永恒形式"有如下非常黑格尔式的解释:

> 当眼睛接受黑暗,它便要求光明,当给予眼睛光明,它又要求黑暗,这正是它的活力和权利所在,它通过从自身产生与客体相对立的东西,显示出自己对客体的把握能力。

---

① "《自然》这篇格言式论文的说明",见歌德于1828年5月24日写给缪勒大臣的信。这封信可以说是歌德一生自传式的遗嘱总结,在这篇"伟大的信中,所有的自然现象逐渐在人的精神——歌德的精神——面前相互联系起来",或者像信中最后所写的那样,"这是五十年不断进步的最高成就"。

这让人联想到在更新世的冬夜中人类发明了火。

歌德将主体和客体——这是黑格尔的辩证法——置于对立状态。主体只有通过从自身产生一个客体——而且是与之相对立的客体——才成为主体,并因此不再是客体。由此,给定的客体与创造的客体相对立。

[37]人类创造了一个第二客观世界,并且,绝不应忽视的是,这个第二世界不仅与第一世界不同,而且与第一世界有一个对立的因素。

这种关系对现代物理学,至少对其哲学上的自我解释具有决定性意义。马克斯·普朗克(Max Planck,1858—1947)在《新物理学的世界图像》(1929)中定义了物理科学的世界图像,认为它与感官世界相对立,是一种"人类精神的有意识且服务于特定目的的创造"。他指出,随着科学的不断完善,这个世界图像将越来越远离感官世界,变得更加抽象。最后,他提出了一个"致命的问题",即这个世界图像是否能够保持与感官世界的必要联系,否则它可能像肥皂泡一样破裂。

动物始终不曾分离地停留在最初的客观状态中。它不会成为主体,只是自然的一个客体。它无法在自身之外创造任何东西,除了延续自己。而它创造的东西,比如它筑的巢,仅仅是它自身的一部分。当它不再居住在巢中时,巢就会崩塌。离开了动物,巢失去了意义和存在价值。而人类则不一样,他们创造的东西超越了自身,并且这些东西在与人类分离后依然具有意义:它们成为对他人有用的、普遍的事物。火的发明和农业一旦出现,就属于所有人。艺术作品,尽管源于个人、来自特定的时代,却能够打动每个人、穿越时代。由人类创造的、与自然对立的客体具有普遍性。最初的自然具有个性,而人类创造的、人工的、艺术的东西则具有普遍性。只有通过由人类的对立从第一自然中提取出来的第二自然,并且能够普遍化的自然,才使得只有人类能够拥有的东西成为可能,也就是使[38]历史成为可能。与动物不同,人类能够通过客体化过程超越自身物种,彼此成为公共领域的一部分。在私人领域中,每个人都可以不受干涉,自由主义将这种观点提升为一种世界观。然而在公共领域,每个人都与他人息息相关,这就是普遍化,这就是历史,这就是人性和人道。罗马谐剧中的奴隶曾说:Nihil humani a me alienum puto[我认为,与人类有关的没有一样与我无关]。

因此,席勒——一个具有卓越历史思维的人,天性专制,正如歌德所说,"他天性中带有某种强硬的力量"——毫不犹豫地提出,将个体性像自然服从于精神一样,献祭给普遍性,因为个体只有通过摒弃所有的个体和局部特性,才能"升华为普遍人性"。这是一种专横的表述,反映了历史进程中的一种趋势,即通过不断进步和逐渐完善的客体化,从原始与创造、第一自然与第二自然的两极性(Polarität)中,引发出提升。对于康德、席勒和黑格尔学说中的专制性,人们已经有了充足甚至过多的批评。然而,这种专制表述中所表达的强大而严厉的真理,依然比那些轻易被人们随意调整的真理更值得坚持。而如果坚持这个观点,我们依然可以发现,这种对极性与提升的理解在某些方面存在不足之处。

这种将事情引向方便的做法——他们称之为经验的、真实的——是以可疑的理由自称为新康德主义的哲学和"文化科学"在上个世纪之交所遵循的,它在个体性而非普遍性中看到了真正的历史元素,并且以一种奇怪的颠倒方式,试图将历史学归结为个体化方法,相反,[39]将无处不在、始终如一的自然归结为普遍化方法。当然,他们可以借当时的历史学支持这种做法,因为那时的历史学喜欢将历史解构为传记。然而,哲学应该认可经验的坏习惯吗?因为他们追求并理解世界历史,席勒和黑格尔比那些历史学家更具历史学家的素养。

众所周知,歌德并不欣赏数学家。普朗克的担忧正好表达了他的心声:他对抽象概念脱离感官世界感到恐惧。他并非沉迷于浪漫崇拜，追求个体性而牺牲普遍性。歌德的预感可能考虑了更多问题：他不仅考虑到席勒所要求的牺牲个体性以维持普遍性的理念，这种理念以自我身体消耗的方式得到了英雄般的体现，甚至也考虑到了普遍性的自我毁灭。

我们在回顾这一系列的客观化进程时，可以看到从火的使用和农业的发明一路发展到那些最新的物理化学制品。有些人担心这些制品的进一步发展可能会使人类最终有能力将地球炸毁。不管怎样，人工产物对原初自然的提升已经达到如此程度，以至于这种对自然的征服可能走到毁灭的边缘。这种可能性的前景是当代世界变革的特征。

谁能虔诚地闭上眼睛，忽视这个世界正在经历的个体消解、精神消退以及神性的丧失呢？谁又能否认，神与祖国正遭受威胁？现代工业社会发明了那些摧毁一切的手段，[40]使得对灵魂领域的保护变得不再可能，那么民族国家、祖国还有什么意义，如果我们不能再保护它们的话？不要以为一个不能再为之而战的祖国，仍能保留它的传统意义，仍然是一种力量源泉或一种体验。它正在萎缩。那些由现代社会构成的大陆，这些国家则只是无灵魂的空间，如果把整个人群强行连根拔起，移植到别处，它们终将完全显露出它们本应成为的东西。现在是否要以宗教和灵魂来对抗机器？机器将无情地继续运转，因为它的引擎是逻辑。而机器不仅要揭示所有那种可怜的或英雄般的内在力量的无能为力，反机械主义本身也带有不道德、无政府主义的色彩。因为如果没有机械化——从人类第一次"制造"火开始——没有创造出第二个客观世界，人类就永远无法超越植物状态，也就是说，人类会在植物状态中灭亡，无论那些沉迷于植物状态的浪漫主义者如何反对。提升的引擎无法停止。想要阻止的人——那就依赖宗教吧。

有宗教信仰的人不会试图插手自然的运转，但他会记得，与其纠正自然，不如让自然自行纠正。他看到，要抵御绝对主义带来的虚无主义威胁，其救赎在于另一种自然倾向的对立平衡。两极性将提升控制在一定限度内，事情就是这样进行的：

当自然赋予人类智慧，使其在精神上超越那些他在生理上无法战胜的物种时，自然也没有让他不为这种优越性付出代价：除了与外部环境的斗争，并在这场斗争中战胜动物，[41]他还有一场与自身的斗争，这是动物所不需要面对的。这场斗争关乎整体，所以永远不会结束。它不仅发生在人的两种天性之间——与生俱来的天性与通过自身努力获得的天性，感性与精神本质之间——而且也反映在精神自身。何止是"心灵固然愿意，肉体却软弱了"（译按：出自《马太福音》26:41），就连精神本身也常怀不愿，抗拒自身，与自己不和。

歌德，这位人们常常将其与和谐理念联系在一起的人，曾说他一生中只有一次在罗马时才与自己和谐一致。俾斯麦甚至不认为和谐是一个目标："为什么我要和谐？"他像个孩子一样困惑地问道。他天性中的不和谐是天真的。事情就是如此：精神永远不会停止与自身发生矛盾。它的普遍性与辩证性是同一回事。正是这种创造性的力量使它从自身中产生了一个与前者对立的第二个世界，但这种力量也使其付出了自我分裂的代价。既然通过精神的存在产生了两个客观世界，那么由主体引起的客观世界的分裂也在主体本身中得到了反映。

一种短视的情感上的和平主义认为精神的分裂与不和谐是一种祸害，而实际上它是一种功能性的祝福。因为正是这种不和谐阻止了人类将他们对自然的控制推向彻底毁灭自然的地步。

当精神与自身达成一致时，它可能会伸手去控制自然并征服它。然而，精神永远不会与自身完全达成一致。如歌德所说，自然以轻微的重量（Gewicht）和对立（Gegengewicht）的平衡在不断的权衡中来回摆动。

[42]正如极性限制了提升，提升也同样限制了极性。极性防

止了提升的外部毁灭,而提升则防止了极性的内部毁灭。因为可以将陷入无意义和无目的的存在状态视为一种内在的毁灭。物质中的极性从一个极点到另一个极点的永恒转换将导致内在的虚无,如果不在相对主义(Relativismus)中加入目的概念的话。一切有机存在都有其目的论结构,拥有一个构造计划、一种推动力和一个目标。

提升如何从极性中发展出来,首先可以从个体生命的结构历史中看清楚。人的生命阶段彼此呈现极性关系。童年与青年、成年与老年通过生命中的危机相互转化,这些危机或多或少是有意识地经历的——青春期、漫游岁月的结束、更年期。第四个危机是死亡。在这些危机中,发生了歌德所称的"世界上最微妙的事情":极性的转化(Umpolarisierung)。

"通过最小的条件,正极可以变为负极,负极可以变为正极。"[1]有经验的心理生物学可能会尝试按性别划分生命阶段的发展,认为第一和第三阶段更多受到女性的主导,而第二和第四阶段更多受到男性的主导。母亲在人的第一阶段占据主导地位,父亲作为劝告者在第二阶段主导,到了第三阶段,母性的女性占主导,而在第四阶段,则是塑造自身本质、引领第二次青春并在女性灵魂中参与构建的男性占主导。这样,在每一个[43]生命危机中,通过"最微妙的条件",女性的特质转化为男性特质,男性的特质转化为女性特质。自然地,在第四次危机中,女性特质再次显现,正如有说法称,临终者会再次感受到母亲的存在。

然而,这种生命阶段的心理学如果不通过另一种视角来补充和丰富,即不通过构建性视角补充分析性视角,那么它将是片面的,甚至是破坏性的。分析关注的是存在(Sein),构建则关注的是作为(Wirken)。存在的分析依赖于更多的物质和女性化的极性原

---

[1] 《色彩论》,第八章"内眼色彩"。

则,而作用的构建依赖于更多精神和男性化的提升原则。在每一次极性的转换中,同时也蕴含着一种提升。

生命危机的目的在于促进有机体从一个年龄阶段到另一个阶段的进步。每个年龄阶段都有其固有的价值,年老并不比年轻更有价值,反之亦然,盲目赞美童年也并非无过。每个人在生命的"死亡与重生"过程中,会有许多东西消失,因此后续阶段并不会因为延续了之前的经历而更有价值。然而,年老之人可以做到一些年轻时无法做到的事。

尽管老年时的作品不一定总是人生的巅峰,但在人生的每个完整阶段,总会有一种贯穿到年老阶段的进步,展现出不断增长的、即使在年老时也不减退的力量。无论提香或伦勃朗的中年作品还是年老作品,或者《浮士德》的[44]第一或第二部分,都值得赞赏。关键是要认识到,从早期到晚期的发展,始终是进步、提升和存在的"提高"和"扩展"的过程。

歌德在与埃克曼谈论《浮士德》第一部和第二部时说道:

> 第一部分几乎完全是主观的;它完全出自一个更为天真、充满激情的个体,这种朦胧的状态可能对人们很有吸引力。但在第二部分,几乎没有任何主观性,它展示了一种更高、更广阔、更明亮、毫无激情的世界,而那些没有经历过一些事、没有些许阅历的人,将无法理解它。

"经历"(Umtun)和"阅历"(Erleben):提升主要是指经验的增长。

针对这一观点,也不能以人生攀升到正午高度后,便从此走上通往死荫幽谷的下坡之路来反驳。然而,正是更年期的危机可以清楚地说明极性转换以及其中包含的提升。身体生产力的下降这一负面因素,通过精神生产力的增强转变为积极的因素。当然,并不是每个人都能顺利度过更年期的危机。有些人因在上升阶段消耗过多而失败，例如伟大的诗人席勒便是一个显著的例子。另一些人则根本看不到或经历不到这种危机：由于他们从未经历过真正的上升，也无法经历下降。这些人通常是无关紧要的，平庸度日。然而，一旦危机得以克服，就会出现一种新的动力，歌德在致席勒的信中把这种动力称为"第二次青春"的创造者。这种在下降中的新动力也不能因为其是朝向死亡而产生的而被贬为负面的。因为正是[45]在面向死亡的过程中，人们经历了对死亡的战胜。这种对死亡的战胜意味着在生前经历死亡，将死亡融入生命，从而使死亡的本质失去力量。当人抓住死亡时，死亡已不再能够控制他。这种经历涉及对不朽和复活的思考。这种在生命中克服死亡的过程才是第二次青春的真正标志，是返老还童。这是一种基于生命充实的无畏死亡，与那种因对生活失望而不再害怕死亡甚至渴望死亡的态度完全不同。前者关乎意义的实现（Verwesentlichung），后者则是腐朽（Verwesung）。

通过极性带来的提升，以及通过生命危机展开的生命计划，之所以在个人的机体上得以讨论，是因为每个人都可以从自身的经验出发，将其应用于历史，从而在历史结构中立即识别出正确和错误的方向。

同样，历史时代也可以并且应该像生命阶段那样，为了其自身的存在和权利得到研究。我们将它们集中在自身，并将它们与其他时代隔离开来。我们把握住每个有限的存在对无限的关系，每个瞬间对永恒的关系。正如兰克所说："所有时代都同样接近上帝。"

同样，历史时代相互继承关系中的极性也可以进行分析。在短期内，代与代之间的对立、儿子与父亲的对抗以及与祖父辈的相应联系是常见的。在长期内，占星学（Astrologie）区分了男性和女性的世界时代，占星学对历史意识发展的意义不受其绝对价值或无价值的影响。

[46]占星术根据黄道(Tierkreis)星座区分交替的女性和男性、夜间和白昼,并通过天文学上准确的"春分点岁差"(Präzession des Frühlingspunktes)——昼夜平分时的太阳高度——获得其世界时代,春分时太阳每两千年向前推进一个星座。因此,公元前4000年至公元前2000年间,立春时太阳位于女性的金牛座(Erdzeichen[土象星座],如Stier von Apis[阿皮斯牛]、Goldenes Kalb[金牛犊]、Minotaurus[牛头人怪]),公元前2000年至公元0年间位于男性的白羊座(Feuerzeimen[火象星座],如Goldenes Vließ[金羊毛]),公元0年至公元2000年间位于女性的双鱼座(Wasserzeichen[水象星座],基督教的象征),并将在20世纪内进入男性的水瓶座(Luftzeichen[风向星座],Fliegerei[飞行星座])。占星家的宗教历史思辨之所以重要,在于其所设定的分界线实际上与历史上决定性的主要转折点相吻合,从而在作为世界历史的历史还不存在时,占星学充当了路标。

作为从消极到积极的极化转变的例子,我们可以提到,在德意志人和意大利人的商人——汉萨同盟(Hansen)、威尼斯人(Venezianer)和热那亚人(Genueser)——不得不将他们在中世纪晚期主导的欧洲贸易的"基督教航海"移交给西欧国家时,他们将注意力集中在观察那些主宰航海的星座上。于是,这些国家中出现了哥白尼(1473—1543)、布鲁诺(1548—1600)、开普勒(1572—1630)和伽利略(1564—1642),他们在天空中延续了在地上已经变得不可能实现的事情。

但是,单纯的时代极性并不能构成其完整的结构。虽然兰克认为,一个时代的本质更多地取决于它的存在,而不是它所创造的东西,即更多地取决于它的存在(Sein)而不是它的作为(Wirken),但这种真正浪漫的想象已经尖锐地表明了"所有时代都同样接近上帝"的主张,这不再允许对世界历史进行建设性把握。[47]兰克无疑在发现"世界历史的传说"(die Mär der Weltgeschichte)方面是独一无二的。然而,世界历史并不是"传说"。它不是史诗般的,而是戏剧性的事件。我们应更多地向修昔底德,而非向希罗多德学习,更多地向黑格尔,而非向兰克学习。

专注于各个生命阶段的独特性和独立性,无论是在个体生活还是在历史中,都存在一种危险,即偏爱某个特定的生命阶段,并从该阶段的角度来看待整体。

赫尔德喜欢谈论"青春的鲜花小路",即民族的童年,在那里人性尚未丧失动物的本能。他将日耳曼人的迁徙比作"成群结队迁移的鲱鱼",但他们并不像鱼那样确定地遵循适宜气候的边界。这使得一个历史过程变得生动形象,但却不易理解! 难道日耳曼人应该声称拥有更好的本能吗? 如果是这样,欧洲共同体就不会出现。

历史并不仅仅依靠本能:这种女性主义-浪漫主义的批评是不可接受的。所谓"年轻民族"的理论,尤其是莫勒·范登布鲁克(Moeller van den Bruck)所持的观点,源自赫尔德。德意志浪漫主义,从赫尔德到莫勒,主要是用这种理论激发了斯拉夫民族意识。这种理论为自己的国家提供的可疑帮助源自不成熟的幻想。如果人们在世界上散播不真实的东西,就不应对由此产生的忘恩负义大加抱怨。此外,自1918年解放以来,从波罗的海到巴尔干的斯拉夫民族并没有表现出特定的"年轻气息"。[48]泛斯拉夫主义和泛日耳曼主义是欧洲的老化趋势,而不是青春现象,正如在史前主义(Prähistorismus)那里已经发生的一样。这些趋势在失去第一次青春后找寻方向,显示出老化趋势,因为它们不知道第二次青春是什么。重返童年与焕发青春截然不同。失去第二次青春的老年人变得幼稚。

赫尔德的伟大意图因为与康德对立而破裂,而歌德知道为什么他将赫尔德的理念与他从席勒那里获得的康德思想置于不同的层面。赫尔德与康德的消极关系,在歌德与席勒的"共同努力"中,在更高层次上以积极的形式重新出现,带来了焕发青春的效果。然而,泛日耳曼主义和泛斯拉夫主义在基于史前史来争论20世纪的疆界时,发展再次倒退了。当康德—席勒—黑格尔的辩证法从浪漫主义者的唾弃之手落入布尔什维克主义者的手中时,它如何被那些流连于青春之泉的青年瘾君子们驱逐出去,使浪漫主义丛生的整个斯拉夫-日耳曼领地席卷到易北河边,这成了一个壮观的场面。如果俄罗斯人焕发了青春,那不是通过他们的浪漫主义者陀思妥耶夫斯基,而是通过他们的辩证法家列宁。

如果浪漫主义的自然哲学着重于童年,那么古典主义的精神哲学则将成熟青年的全盛时期绝对化。童年、史前、浪漫的情感围绕女性的极点,而青春、摹拟古典、古典主义的思想则围绕男性的极点。男性是第二个生命阶段,[49]古典民族的文化完全是男性化的,而古典主义也是男性化的,在温克尔曼、布兰登堡门的建筑师朗汉斯(Langhans)、洪堡以及黑格尔等人身上同样体现出来,无论是在舒尔普福尔塔(Schulpforta)还是在带有毛奇-施里芬(moltke-schlieffenscher)特征的伟大总参谋部中。然而,教条主义的古典主义是绝对的,而非历史性的。古典古代和古典文献学的名称本身就暗示了这种绝对主义。古代风格是唯一的风格,古代思维是唯一的思维(Denken)。

布鲁诺·斯内尔(Bruno Snell)在他那本具有深刻洞察力和独创性的分析著作《精神的发现》(1946)的序言中写道:

> 我们的欧洲思想源于希腊,自那时起,它被视为唯一的思维形式。毫无疑问,这种希腊式的思维对我们欧洲人是具有约束力的,当我们以此进行哲学和科学研究时,它从所有历史条件中解脱出来,指向绝对和恒久的真理,实际上不仅指向它,还达到了它。(我对此有保留。)

这几乎是令人羡慕的希腊学者的自信!然而,历史科学无法与一种"脱离所有历史条件"的思维形式相结合，就像人无法跳出自己的影子一样。我看不出，为什么我们的影子偏偏是希腊的。难道因为我们是"欧洲人"？但这可不是评价大陆的方式。希腊思想也起源于亚洲，尤其是在米利都和以弗所。叔本华（1788—1860）的哲学又是向哪里发展？他并不与希腊人对话，而是与印度人探讨。基督教是否因为源于亚洲而对欧洲人不"具有约束力"？但是，人文主义的危机与其宽容度成反比似乎是必然的。自希腊以来，自由主义的非宽容（Illiberalität）一直是个问题。

然而，希腊文化是人类美好的早晨和辉煌的青春，它对反复出现的"文艺复兴"和"人文主义"的吸引力深深植根于其典范的价值和本质。古典主义者和古典语言学家的作品常常显得如此如伊菲革涅亚（iphigenienschön）般美丽，这并非偶然。[50]然而，正如沃尔夫林（Heinrich Wölfflin，1864—1945）所说，这种审美主义（Ästhetismus）中存在着某种不和谐。审美元素虽然可以被视为极为重要的预备知识，但它不能单独解决自然与精神之间的关系。歌德似乎曾接近或完全相信这一点。他曾写道，"风格"应当被视为至高无上的，它是超越"自然现实"的"艺术真实"，是第二种更高的自然的化身，是一种第二青春，既不想"模仿"（nachahmen）第一次青春，也不希望精神与自然脱离而"矫揉造作"（manirieren）。

风格应当同样远离自然主义者的"模仿"和理想主义者的"矫揉造作。然而，正是在审美中，歌德的自然观显露出从历史中退却的致命弱点，席勒也知道为什么他把在歌德影响下构思的"审美国家"（ästhetischen Staat）小心翼翼地放在了时代的尽头。谢林首次提出并由布克哈特采纳并广为人知的古典主义理论，即"国家作为艺术作品"（Staat als Kunstwerk），不无道理地将该定义包括在内，即自然和精神在国家中成为同一体，并在其中以一种"无能"（Impotenz）的形式结合在一起。古典主义者对历史的审美化方式是无能的体现。因此，古典主义对古代的绝对化，无法就浪漫主义对史前时代的崇高化提出有力反驳,而只能用一种由于重复模仿而变得无创造性的"精神"的高贵性来回应。如果古典主义者想要将非古典视为"野蛮"从文化中排除,那么早在亚里士多德提出这一要求时,他就已被亚历山大大帝教训:这样并不能创造出世界历史。

[51] 接下来是成熟期或更年期的人们,或称为"中世纪"(medii acvi)的人们,他们是席勒所说的"感伤主义者",也是黑格尔所称的"分裂者",我们也可以称之为"问题性本性"。他们所偏爱的历史领域是中世纪,充满了"基督教-日耳曼"灵魂的暮光与矛盾。关键在于,冲突被视为不可解决,而"处于冲突之中"被视为个人生活和历史存在的悲剧性普遍形式。唯一的可能解决方案只存在于彼岸。在原罪与最终审判之间,历史被剥夺了存在权利。

死亡体验——media in vita in morte sumus[我们在生命的中间已在死亡中]——在这里活跃,如同更年期危机作为死亡的前兆一样:这种体验不仅适用于中世纪的人性,也适用于所有意义上的"中世纪",无论是生物学上的还是历史上的。值得探讨的是,历史学如何通过跳过"悲剧"这一非常不古老的看法,对整个历史领域做出了贡献,从而抑制了有意义的、在现世逻辑中可辨认的历史进程的观念。值得指出的是,至少从德意志视角来看,中世纪的解放是席勒伟大区分的间接且无意的衍生物,这一区分与威廉·冯·洪堡的观点一致,它并不简单地回到希腊,而是通过"感伤性"即中世纪将新(歌德式的)"天真"与古代区分开来。基督教-日耳曼的浪漫主义者填补了这片被强大的辩证历史哲学排除的空间,[52] 而席勒对此既不承认基督教,也不承认日耳曼文化,并且对十字军东征和民族大迁徙这类被他视为最黑暗的野蛮现象持有非常尖锐的批判态度。作为对他的反击,浪漫主义者将席勒辩证地认可——从而在世界历史中确立——的中世纪提升为绝对时代。

停留在冲突本身,这一理论显然很难接受中世纪的结束。因此,在历史文献中广泛讨论的争论就涉及近代(Neuzeit)开始的日期。关于这一点,像特洛尔奇(Ernst Troeltsch)和马克斯·韦伯这样的自由派历史哲学家并非没有道理地批评了新教正统派的倾向,认为它承认了一个由于脱离天主教而赋予历史形式的断裂,但却试图基于路德和加尔文的思想,将超自然主义作为主导因素维持下来,认为超自然主义既适用于中世纪,也适用于现代。相反,现代宗教社会学家则认为关键的断裂发生在启蒙运动和自然科学思维的开始。对此,他们的观点是合理的,尤其是如果我们考虑到1500年左右的世界变革并不仅仅由于宗教改革,更是由于海外航路的发现的话。

最后,老年时期的感伤主义者登场了。由于他们也绝对看待自己的生命,因此没有将晚年生活与成熟期联系起来。而且,因为他们不知道什么是成熟和返老还童,死亡的幽灵笼罩着他们,并在他们的思维中呈现出奇幻的轮廓。他们未能像问题论者那样处理问题,但又不承认这是堕落生活的形式,因此他们试图通过将其替代为末世论来摆脱这一切。世界末日正站在他们的门口。然而,世界[53]从未真正结束过,他们实际上没有一个影响整体历史进程的历史时期可以应对,就像浪漫主义者那样优先处理史前时代、古典主义者处理古代或问题论者处理中世纪。因此,他们喜欢研究占星术,从印度人、迦勒底人或诺斯替教徒的秘密教义中汲取关于宇宙循环的教义。

谢林的伟大启示神话作为保守欧洲的最后体系——神圣同盟的历史哲学——开启了这样的思辨,这种思辨在我们这个时代,在全球性拓展的基础上,特别是通过作为神智学入侵的佛教思想而得到继续发展。另一方面,斯宾格勒的没落学说也对世俗(Irdischen)转化为星体(Astrale)做出了贡献,他通过前所未见的"文化灵魂"——诸如神秘的、浮士德式的,使历史变得透明,使它们随着每一个时代从一个新的空间、新的"母性地区"中重新开始,而这些灵魂应该在其中显现。他不承认空间和时间的连续性。斯宾格勒在引用歌德的形态学时未能看到这一点：每一次没落都会同时转化为一次兴起，这一最具歌德特色的部分即"世界上最精妙的事物"在他的理论中缺失了。

所有这些特殊倾向，无论是史前主义的、人文主义的、问题导向的还是末世论的，用它们的法杖从某个生命阶段的深处带来了有价值的东西。通过历史追踪人类历史与其原始本性的持续联系是富有成效的；将[54]"风格"这一原则视为自然与精神之间的超历史的绝对联系原则，将之作为衡量现象的标准是富有成果的；探寻作为形成性格基础的分裂、矛盾、二元对立，并将 Memento mori[铭记死亡]理解为所有宗教历史的核心是富有成果的；同样，将历史视角与宇宙视角连接起来，超越人类边界而对自然界的事件进行分期，以便从上面和外部对混乱的人类领域进行节奏化的重塑也是富有成果的。自然，各个生命阶段必然有其特定的真理，童年、青春、成年和老年都应对整体的发展有所贡献。虽然人们高度赞扬兰克未曾偏袒任何时代，而是将每个时代都置于同样接近上帝的明暗对比中，但是对某些生命阶段的单方面强调同样值得重视，因为它们表达了对事物单纯流动和对事件单纯叙事的不满，并试图通过部分去勉强呈现整体，尽管这种呈现是扭曲的，但是整体还是呈现出来并得到了把握。史前时代、古典时期、中世纪和占星时代(Sternzeiten)对整体的干预，在整体尚未自我显现出它对各部分的纪律化时，是不可避免的，对那些实施干预的人来说，这一切都是显而易见的。

此外，他们的历史原则也不必害怕与另一种世界观，即与启蒙时代的历史观进行比较。然而，他们本可以从启蒙思想中[55]领悟到，他们所缺乏的是一种进步和提升的观念。但他们可能并不完全认为自己是错误的，因为他们发现启蒙时代的处理方式使这一原则受到了贬低。正如梅特涅讽刺地说，"人类以如此迅速的速度向完善迈进"的进步曲线彻底贬低了每个存在，因为它只保留了作为继任者的前阶段和它值得记忆的部分。人们意识到启蒙的谬误,这种谬误认为进步不仅存在于人类的作品和客观体现中,还在于人类自身的存在也应该提升、净化和改善,并愈加接近"美德"。这不仅挑战了所有心理学的常识,而且为道德设定了目标,因为最终状态必然是一种强制性和普遍性的美德状态,而在这种状态下,人们免于任何道德进步的挑战,暴露于物理痛苦之中,除非神的仁慈决定自然的不利条件不再出现,疾病和死亡不再带来痛苦,神经系统完全麻木。

平庸的启蒙时代的"迟钝"是由 16 世纪和 17 世纪敬虔的新教教派通过培养世界主义的美德和理性信仰的结果。这些教派将个人启蒙和神的拣选原则进行了民主化。进步和提升不是通过个人的努力得到实现,而是通过自上而下赐予某些进步者的恩典,而那些在罪恶中滞留、不被选中的人则被剥夺了这种恩典。因此,尽管这一提升原则非常有效——从教派的少数原则转变为民主的多数原则——但预定论在内在本质上削弱了提升的意义和动力,最终体现为谁拥有更多的钱。

[56] 显然,这种以法国大革命元年为纪元的历史理论,未能促使以各个生命阶段的固有价值为导向的理论对其存在的绝对主义进行任何修正,以支持提升的原则。尚古主义者、古典主义者、中世纪主义者和末世论者一致谴责启蒙运动的非历史意义。至少在欧洲,他们是成功的。启蒙时代的"有德"市民阶级逐渐消失。从 1848 年开始,这一阶级的影响力减弱。因为自 1848 年以来,革命无产阶级登上历史舞台,它将资产阶级的非历史进步观念,联系德意志唯心主义的伟大历史哲学构思,转化为辩证的进步观念,最后列宁将其总结为:

> 对于客观辩证法而言,即使在相对的事物中,也就是在生命各阶段中,也包含着绝对的成分。

而且，就像个体只能在联系中存在一样，普遍的东西也只能通过个体存在。① 在无产阶级这一更具武装性的进步理念面前，各个生命阶段的革命恐惧更加趋向于排除提升，欧洲反应的不同社会形式纷纷逃往某种过去的绝对主义，其中自由派通常追溯到古典古代，保守派回到中世纪，法西斯主义者回到原始时代，而绝望者（Desperados）则寻找宇宙的起源，然而没有人关注世界历史。

世界历史的显现

[57]部分对整体的亵渎已经成为一个丑闻，这是因为整体在部分时代（Teilzeiten）的绝对主义者未察觉的情况下已经显现出来，并通过世界历史的理性得以形成。而且，整体缺乏代表性，宛如那个他们亵渎的上帝，因为祂在他们中间徘徊。

为什么他们看不见整体或上帝的形象呢？首先，原因在于整体的新颖性（Neuartigkeit）。它刚刚在当下显现出来。只有历史文化在全球范围内的融合，才让人类直面人类的整体性，而他们仍然被困在种族灵魂和原始民族的范畴中，陷入文化与野蛮、信仰与不信仰的对立中。其次，原因在于整体的创伤。谁会承认和宣称世界的统一性，尤其当它通过世界大战显现出来，而事实上这些战争之间的和平甚至无法以法律形式存在？第三，原因在于它的无形性（Unbildhaftigkeit）。人类整体性或世界历史的构建之所以如此难以理解，并且人类共通的情感（无论是积极的还是消极的）之所以如此难以建立，是因为将历史的整体与个体生命的整体类比的方式——通过人生阶段来象征世界各个时期的方式——在某个关键点上似乎失效了。

个体生命是一个有机体。从生命各阶段的结构中得出的两条

---

① 《论辩证法问题》残篇。

法则[58]——极性和提升——是关于有机体的法则。它们源自有机体，表达了有机体的行为。遵循这些法则永远不会损害有机体的成长，然而不遵循它们却可能会影响成长。正是由于不遵循这些法则也是被允许的，才显示了它们对于有机体的决定性价值。因为这表明，个体生命的成长有其相应的信念，这种信念从内在推动它的外在发展，并且在与极性和提升所体现的成长法则保持一致时，能够滋养和丰富它的内在。个体生命可以自由选择是否遵循这些法则，这正是其生活过程具有魅力、变化、自发性和有机性的原因，而不是被强制的、机械的。

人虽然无需主动参与就能出生，死亡也是不可避免的，但他对自己的人生和死亡"做出什么样的决定"完全取决于自己。他可以利用并塑造自己的生命，也可以浪费和抛弃它。他可以选择在经历生命中的各种危机时投入提升所需的精力，也可以选择不投入。孩子可以在父母面前确立自己的个性，或者终生携带母亲那威胁的手指带来的自卑情结。成年人成为真正的自己后，能够结束他人生中的漫游岁月，或者永远停留在学徒状态。成熟的人可以在更年期焕发青春，或者无所作为。而老人则可以昂首战胜死亡，或者弯腰畏惧地等待它的到来。廊下派认为，人的最高自由使他甚至[59]超越神的地方在于，他可以通过自由选择结束生命。生命能够提升，但并非必须提升，这正是极性与提升法则的有机性质，体现出这些法则是适用于有机体的规律。

然而，人类本身也是一个有机体吗？如果不是，那么极性和提升的法则是否能够应用于人类整体呢？

将有机体的概念从个体转移到群体，这一思想由来已久，并且在动物界已经找到相似的例子。比如有群体生活的动物，如我们所说的蜂群和蚁群，甚至在动物界里也有"国家"的概念。同样，自古以来，人类民族常被视为有机体，并且我们将人类的国家称为"组织"（Organisationen）。我们甚至会在谈论"组织"时使用

"有机"的词汇,即使我们实际上指的是完全相反的东西,例如人为的组织化或机械化。我们谈论一个"过度组织化的国家"——无论是官僚体制还是集体主义——显然并不意味着这个国家过于表达原始的、自然的、有机的特性。然而,语言在看似随意运作时,往往隐藏着深意。因此,我们不得不问,是否在"组织"(Organisieren)和"有机体"(Organisation)的概念中暗示了某种其他可能性。接下来,我们先停留在介于个体和世界之间的中间层次——民族。

是否可以像看待个体一样,将一个民族视为一个有机体,这一点非常值得怀疑。民族是否像个人一样,真正掌握着自己的命运?民族是否自行决定其发展?它是否能够将自身的[60]潜力转化为实际的成就?如果它未能取得什么成就,或成就甚微,这是否意味着其文化能力不存在或非常有限?但一个民族是否总是尽其所能地去创造成就?也就是说,它是否必须去创造成就?如果一个民族没有通向积极和美好的自由,而只有强制,那是否意味着它也对负面和邪恶没有自由,而是同样受制于强制?我们能否让一个民族为其成就或失误承担责任?它是否拥有良知?是否存在集体的功德或集体的罪责?

我们很难在没有责任感的前提下继续前行。我们不能像逃避烫手山芋一样逃避最棘手的问题。不论一个德意志人站在什么立场上——无论他在纳粹德国时期是积极的支持者或所谓的追随者,还是最坚定的反对者或政权的受害者——如果他作为一个德意志人,不愿意承担在纳粹德国所发生的一切中的那份责任(尽管这份责任在个人层面上肯定是有很大差异的),那么他无疑已经脱离一个应该被称作有机体的民族共同体。如果他选择脱离这个民族共同体,那么他不能再把民族视为一个有机体,而只能把它看作个体的集合体,其中每个人都可以轻松地撇清自己的关系。他必须因此全面接受这个自己选择的可能性,即将自己完全从这个民族中解放出来的全部后果。作为德意志人,他也就不能再为他的民族所取得的成就感到骄傲,正如他拒绝为他的民族的错误承担责任一样。

虽然一个人可以承认歌德(代表着德意志文化的光辉)并拒绝希特勒(代表着民族的污点),但作为德意志人,若他为自己属于产生了歌德的民族而感到自豪,并且[61]要求这个民族的承认,那么他就不能在同一呼吸间免除自己为同一个民族产生了希特勒所应负的共同责任。毕竟,单个德意志人对歌德的出现与对希特勒的出现所负的责任是一样的。如果他拒绝承认希特勒与他的民族有任何关联,好像希特勒属于另一个民族,那么他实际上已经完全破坏了"民族有机体"的概念,这也意味着他将失去作为德意志人承认歌德的任何资格。最后,他只能建立起自己这个个体与歌德个体之间的关系,而他认为这也许已经足够了。

但更进一步说,他甚至也无权倡导将德意志人民引向歌德,或引向其他任何一位伟大的德意志人物,因为在这样的教育中,"歌德或其他同类伟人是德意志人"这一事实在某种程度上被当作重要依据。因此,一切民族因素理应从所有面向民族的教育使命中剔除。这当然是可能的,因为存在超国家的教育力量。例如,将一个非犹太民族引导向基督是一种高尚的教育方法。然而,如果有人认为在国家教育中,选自自己民族的教育者的民族特性可以完全无关紧要,那么他也不能忘记耶稣的话,他来是为了成全犹太教的律法,而不是废除它。只要一个德意志人为自己是歌德的同胞而感到哪怕最微小的骄傲,那么他如果拒绝与希特勒的民族有任何关系,就犯下了不诚实和不道德的错误。[62]再次重申,这并不意味着认同歌德就必须认同希特勒,但他也不能为自己的民族在歌德身上取得的成就感到骄傲,同时却将希特勒的罪行完全与自己撇清关系。

或者,一个父亲或母亲会逃避他们的孩子所做或未做之事的责任吗？因为家庭也是一个有机体。

然而，在集体有机体中的责任层次比在个体有机体中要深刻得多。可以说，从个体到集体有机体的过渡中出现了一个新的因素，即已经提到的，个体在其能力范围内可以做他想做的事，也可以浪费他想浪费的资源；但在家庭或民族这样的集体中，所有在其内部的潜能，无论是积极的还是消极的，都必须成熟发展。集体之所以成为集体，正是为了在一代或一个个体中实现那些在另一代中未能实现的潜能。这意味着，在民族有机体的发展中，自由的范围比在个体有机体中要小。虽然民族的自由、主观性和信念也很重要，但它们远不及在个体那里重要。因为信念本质上与必然性相对立。倘若"可悲啊，你不是孙辈"这句话适用，那么想不成为孙辈是没有用的。如果信念和自由主要体现在个体愿意或不愿意付出多少精力去构建生活并积极度过危机，那么当集体有机体在其信念上没有与个体同样的自由度时，[63]它如何做到这一点呢？当它不仅能构建，或许还在另一个时间能拆除时，这还能称为自发的、有机的吗？这时，是否会引入某种必然性和机械性？集体有机体中是否总有某种机械性的成分？浪漫主义错误地认为，民族像个体一样是一个有机的结构，其错误就在于它否认或至少谴责了民族历史中的机械性。浪漫主义希望民族尽可能少地被机械性影响，希望民族也尽量少依赖国家，依靠信念而不是法律，依靠灵魂而不是理智，依靠内在性、主观性和自由，而不是外在表现、客观化和专制。然而，浪漫主义错了：在民族有机体中，情况从未像在个体有机体中那样简单。

然而，民族的主观性并未完全消失。它依然可以被追究责任。它的责任在于，民族是由个体的主观性组成的，这些个体的意志通过国家表现出来。每个民族都对自己的国家负有责任，即使对于独裁政权来说也是如此：为什么民族容忍了独裁的存在，为什么它让独裁产生?① 但是民族对于一个国家的责任就像艺术家或科学家对自己作品的责任一样。作品中的缺陷尽管与其作者的性格有关联,但更多的是与其天赋有关。并不是每个人都能成为拉斐尔、莎士比亚或莫扎特,尽管他们的性格可能与天才相当。

[64]一种次等的治国之术,如同次等的艺术作品一样,并不意味着不道德。真正的责任在于行动(Machen),而不是存在(Sein)。因此,一个民族是不会感到悔恨的。悔恨是一种对存在的批评和改变。个体可以悔恨,但一个民族的赎罪只有一种方式:做得更好。因此,惩罚一个民族就像惩罚一个计算错误的物理学家一样不合适。试图惩罚尼采的世界观,仿佛存在"犯罪的世界观",是一种暴力行为。批评它可能是有益的,但只有当一个同样有力量和影响力的积极事物取而代之时,"摆脱尼采"或其他思想才会被相信。一个民族不会通过悔恨来赎罪,而是通过行动。最深刻的赎罪责任引发最精神性、最纯洁的行动。

一个民族的主观性必须依赖于客观化。相比之下,个体的存在即是他的本质。他的存在对他而言是本质性的。正如席勒所说,他应该比他的作品更伟大。正如歌德所说,他的作品只是一个伟大自白的碎片,即他自己所成就的东西。一个民族的本质则在于它创造了什么、做了什么。

"做"(Machen)是一个对比较语言哲学来说极其有启发性的概念。对希腊人来说,poiein[做]是卓越的 poiesis,即"诗"(Poesie)。对于德意志人来说,"做"是"创作"(Dicht-machen,Dichten)。然而,德意志人所说的"做"更多指的是"权力"(Macht),它并不是一个完全客观的概念,而是没有完全脱离主观的构建物。德意志人所说的"权力"(Macht),在拉丁语中则是"能力"(Können,potentia,法

---

① 那些以这样的方式执政或不执政,以至于让希特勒上台并赋予他权力的政党,不应完全忘记这一点。

语中的 puissance 来源于 posse)。权力对他们来说是"可以做到的东西"(Gekonntes),即一种能够达成的力量。"可以做到的东西"(Gekonntes)对德意志人来说则不再是"权力",而是"艺术"(Kunst)。由此,语言揭示了民族的特性。

[65]毋庸置疑,一个民族通过其个体成员来成就其事业。但从个人的角度来看,个人所做的一切仅仅具有"自白"、自我塑造或自我解放的目的和价值。然而,从民族或人类的角度来看,他的作品获得了自身的意义,个体所象征的个人性的重要性退居其次,而且作品越不带有个人性,便越能发挥普遍意义的作用。

然而,制造的东西总是技术性的、机械的。艺术和技术并不是对立的。没有技术,就没有艺术,也没有科学,甚至没有任何形式的客观呈现。对于希腊人来说,Technitcs 指艺术家,而对于这个世界上最具艺术天赋的民族来说,这显然并不是一种贬低。一个群体有机体的本质在于它的技术性、机械性,必须通过客观呈现,不仅要存在,还要产生影响,通过作品来实现自身的本质。这种技术性不是一种束缚,而是一种工具。一个民族并不是通过主观的能量来度过它的生命危机,而是通过客观呈现来完成。它的提升不是通过那种可以释放或浪费的纯粹内在性的力量之源来实现。只要它还有力量,它就必须释放这种力量,直到它的生命力枯竭,表明它的时代即将结束。

然而,必须释放的能量并不会自由生长。一个民族的能量只能通过将其自身的——无论是繁荣的还是衰败的——内在性转化为行动来实现。一个瑜伽圣人可能通过正确的坐姿、呼吸和专注于鼻尖来获得强大的精神能量,从而实现自我提升。但内在性作为自我价值只适用于个体。在一个群体有机体中,[66]极性和提升并不表现在其主观的存在中,而是在其客观的行动中体现为法则发挥作用。正是通过这种客观呈现,它们作为有机的法则,展示了群体有机体在"做出什么"时才是有机体。

然而，人类并不作为一个民族而存在。如果历史是由各个民族作为持续存在的群体有机体组成的，并且在这些群体上可以有效地运用极性和提升的有机法则，这并不意味着存在一个世界历史。因此，在第一次世界大战前夕，德国莱比锡学派的历史学家们意识到他们所处的时代缺乏世界历史的构想，并试图将这一缺陷转化为一种优势。他们主张以比较民族史取代他们认为不可能存在的世界历史概念。这是一个值得注意的现象：德国在进入帝国主义时期的同时，也否认了世界历史的逻辑——而这正是俾斯麦曾宣称比普鲁士最高审计院的逻辑还要准确的东西。

这其中难以看出对该历史理论代表性价值的高估。虽然它没有赢得学术界的关注，但首先，这并不是因为学术界更倾向于普遍历史——恰恰相反，学术界甚至没有将各个民族相互联系起来进行比较。其次，这一理论比学术界更能赢得国家的关注。

卡尔·兰普雷希特（Karl Lamprecht，1856—1916）至少有一个功劳，那就是他看到了一个问题，而学术界（那些贬斥他的人）甚至没有意识到问题的存在：人类整体作为一个有机体，因此作为历史上可描述的实体，至少是值得怀疑的。显然，我们不能忽略的是，民族史和[67]世界史之间的差异远大于民族史和个人历史之间的差异。因为即便是更大的群体，仍然只是部分中的一个部分。而"世界"意味着并且就是整体。

因此问题在于，那种所有有机生长所特有的结构计划——目标与目的的思想，能够克服两极对立的相对主义并实现提升，这一同样适用于个人和民族有机体——即使是以不同的形式——的原则是否也能适用于世界整体？如此一来，是否能够使整体作为有机体摆脱世界历史的强暴，即当世界历史被从某个时代的角度，而不是从其连贯的继承中看待时，就会被史前史化、人性化、问题化或末世论化。世界是否真的有像个体生命或群体生命一样有机地构建起来的年龄阶段？还是说，它根本没有，因为它并不是一个有机体？现在的问题是，整体能成为一个有机体吗？

直接肯定这个问题并不是一个有力的回答。根据经验观察，这个问题的答案是否定的。谁会主张那些彼此毫无关联甚至彼此毫不知情的民族和文化圈具有有机的联系呢？古代中国人与埃及人有什么联系呢？日耳曼人和印度人又有什么关联，尽管他们也许被称为"印欧人"？这一点无须进一步展开，也不必追溯至近代，随着逐步增加的世界认知，这些联系逐渐减弱。即使在我们当下的全球化时代，上海发生的事情能够影响到柏林，反之亦然，也仍然可能有人怀疑，一群显然[68]更致力于不让自己"被组织起来"的人类，是否有可能成为一个有机体，哪怕在这条道路上迈出了一步。

成为一个有机体，这不正是关键所在吗？整体与部分的区别是否在于，部分从一开始就是某种存在，而整体却是通过逐渐形成才成为某种存在？部分或个体的有机体从出生起就存在，其成长在于实现其潜在的存在。而在这里，所谓的"提升"就是神秘主义者所说的"成为你本质上所是"，"人啊，成为其本质"。但是，如果要有一个整体的有机体存在，或者说要有一个普遍个体存在，它不是成为它已经存在的东西，而是成为它尚不存在的东西，即成为一个有机体。这一整体不是存在的成长，而是原来非存在之物的生成。然而，这只能发生在它以理想的方式存在于经验之前的情况下。如果整体的理念在其显现之前就已经存在，那么所有显现背后的计划，就是逐步将整体带入现实。最终的目标将是所有部分紧密结合在一起，形成一个有机体。

首先要认识到，一个"非存在"成为"存在"的过程，也可以在较小的范围内发生。即便不否认民族是一个有机体，它们也不像个体那样作为个体出生。尽管远古民族的起源尚不明了，但我们不能假设它们从一开始就是民族，而没有从不同的元素中逐渐合成，或从一个元素中分裂出来。事实上，有许多民族的形成过程[69]

是在历史的明亮背景中可见的。希腊人最初并不是作为"希腊人"（Hellenen），而是作为阿凯亚人（Achäer）、伊奥尼亚人（Ionier）、多里安人（Dorer）出现的，他们在与野蛮人的对抗中，尤其是在波斯战争之前，逐渐获得了他们的"希腊意识"。罗马人由贵族（Patrizier）和平民（Plebejer）组成，这两者最初并不是一个民族的两个阶级，而是可能属于不同种族的两个民族，直到公元前5世纪和公元前4世纪通过重大的立法行动，才合并为一个populus［人民］。①

如果以色列从一开始就是一个统一的民族，那么其各个部族之间的对立——只有大卫（David）和所罗门（Salomon）两位国王能够超越——就难以理解。众所周知，德意志人最早在9世纪开始成为一个民族，而其组成部落也是在切鲁斯克人时代（Cheruskerzeit）与民族大迁徙之间从较小的组织中演变而来。费希特的"原始民族"（Urvolk）学说在历史上并没有明确的对应对象。因此，原则上我们没有理由认为当今的各个民族不能在某种特定条件下形成更大的、有机的统一体。

接下来讨论群体有机体与个体有机体之间的区别：群体的形成需要客观的设定，这些设定取代了个体所拥有的主观自由，即他可以选择是否从自己的生命创造出什么。群体有机体必须从自身创造出某种东西，无论其意愿如何，［70］必须发展自己的潜能。

然而，群体所创造的并不是其本质的存在，而是其所做的事情，即它的作品。它从自身创造的作品是它与感性世界、第一自然相对立的产物。群体所发生的提升，不在于其存在着的存在，而在于其行动着的存在。这种提升不是通过其存在本身来体现，而是通过其作品来体现。它的作品并不像不区分个人与民族的个人主

---

① 经典短语Senatus Populusque Romanus［罗马元老院与人民］也暗示了罗马来源于两个不同民族。

义者所认为的那样是作为自我表白的碎片,而是作为本身存在于一个作品体系中的作品。它们在一个作品的关系中。

尽管可以承认某些民族有适合客观化的特定素质,甚至可以认为一个民族对某种物理学的适应性强于另一个民族并非偶然,但真理仍然是真理,错误仍然是错误,物理学仍然是物理学。将普朗克的量子理论置于德意志精神史的脉络中,并试图从德意志积累的世界观中去解释,当然并不比从德意志的性格与艺术中思考康德哲学、歌德诗歌和贝多芬音乐更为冒险。然而,任何物理学的核心内容仍然是物理学,无论其来源如何。因为这些客观化的事物之间形成了一种脱离了主观性的机械联系。它们的普遍性变得越来越不受其个体性的影响。

因此,衡量一个民族提升的标准是其对普遍价值的贡献。那些仅仅关注普世价值中的民族特性,或者因为某种[71]真理或美并非德国的或美国的而将其拒绝的民族主义,甚至从民族的角度来看也是自相矛盾的,因为只有一个民族所创造的客观化事物才能提升它的民族特性。民族本身的存在并不会因此提升。今天的德国人,作为德国人,并不比巴巴罗萨时代(Barbarossas)的德国人更高贵,而杜鲁门时代(Truman)的美国人,作为人类,也并不比华盛顿时代(Washington)的美国人更高贵。然而,德国人和美国人在这期间已经完成一些成就。相比之下,一个年长的人确实比一个年轻的人有了提升,前提是他没有通过自由选择放弃自我提升。正是因为他可以选择不提升自己但并没有这样做,所以他的第二次青春是他第一次青春的提升。这当然也不是在没有作品、没有行动的情况下发生的。

然而,作品和行动对个人而言只是达到目的的手段。民族则不同,它们提升的不是自身,而是它们的作品。民族不提升自身,因为它们的能力必须得到发展,并且没有德性(Ethos)来通过自由决定发展这些能力。如果它们的生产力停滞或沉睡,这不会像对待个体那样被归咎于良心。民族不会"浪费"时间。它们可以沉睡，正如它们可以消亡一样。但它们的沉睡或消亡并不是出于自由选择、懒惰或自杀。

这种客观化的趋势愈演愈烈，已经使得群体有机体有别于个体有机体。当群体扩展到整个人类物种的整体时，这一趋向就更加显著了。因为此时一切都变得不可避免，机械化的力量愈加强大。人类在任何时刻都必然是[72]生产性的。人类不会像一个民族那样"死去"。一个濒临灭亡的民族仍然可以超越自我，想到整个人类，并将其思想的种子传递给其他民族。然而，人类终将走向灭亡，但不会再将任何东西传递出去，甚至无法跨越一个地质时期，比如冰河纪。到那时，一种教化(Bildung)已经完全圆满，已实现其内部的计划和目的。

然而，个体生命的计划和目的在于提升个体的自我，实现其本质，这通过个体去做一些它可以选择不做的事情来实现。因此，这种提升体现在自由中，在于个体通过自我努力去获得它。人类整体则不同，因为它的提升并不取决于自由选择，而是必然的。人类并没有在其自我中得到提升。今天的人类并不比古代或中世纪的人类更高尚。过去的人类和现在一样具有生产力。人类始终是生产性的，必须一直保持其最大可能的生产力。整体不可能变得比它已经是的状态更有力量或更本质化，就像上帝不可能比他现在更完美一样。完美的事物或整体无法"变得"更完美，因为如果它需要通过提升来达到完美，它就不是真正的完美。有些人可能会反驳说，人类无论作为整体还是正因为作为整体，都远非完美，自从"原罪"以来，已经显著偏离了光明的方向。

然而，即便事实果真如此，人类也终究不会比其曾经和当下的状态更完美，因此，这样的反驳最终会归结为一个问题：我们是否应当将人类——如其现状那样——视为上帝或自然的成功或失败的创造物。我们认为，自然所创造的整体不应被视为失败的产物，无论是对人类物种,[73]还是对任何动物或植物物种,都不能简单地说它们不完美。当然,这并不排除个体人类可以更完美或不完美,就像某只狮子或某棵橡树可以比其他的狮子或橡树更像狮子或更像橡树一样。

但是,如果人类作为整体不能得到提升,因为整体从一开始就是它该有的样子,那么提升究竟在哪里呢? 提升在于整体的显现。整体显现的形式是它在意识中被揭示。只有显现出来的整体才能成为被意识到的整体,反过来说,对整体的意识就是它的显现。提升的所在,只有在整体的显现或意识中,只有在这里,整体才有提升的可能。只有作为显现或在意识中,整体才构成一个能够进行提升的有机体。整体的存在并不像个体那样被提升。人类保持它的本质。人类作为一个物种,并不像尼采所说的那样需要被超越,尼采提升了存在(Sein)的地位,使其凌驾于作为(Wirken)之上,这是典型的浪漫主义观点。正是这个误解导致了纳粹主义(Nationalsozialismus)的失败,因为他们试图培育"超人"。个体如果具备能力的话,可以也应该将自己提升为"超人"。但他应当时刻记住,他仍然是一个人类中的超人。一旦他对周围的永恒人性失去了意识,他就失去了他"超人性"中的人性,剩下的只是一个抽象的、无法组织的"超越"(über),这就是自我膨胀所带来的毁灭的原因。人类作为一个整体,永远不会像个体或某个民族那样形成一个有机体。

[74]一个替代所有民族的"世界民族"永远不会出现。即便未来有一个世界国家,它也将永远由多个民族组成。所有民族的混合将产生某种低劣的结果,即使有机的混合往往是富有成果的。然而,万物的混合不会是有机的,而是机械的。这种混合在色彩领域只会生成一种普遍的灰色。然而,"整体意识"将通过这种混合得到提升,促成这种提升的正是部分的存在。即便部分的存在没有得到提升,它们仍然形成了一个有机体。部分通过意识到整体

的存在,明白它们只是整体的一部分,而不是独立的整体。当历史上独立发展的文化汇聚于一个舞台,超越了种族、阶级和道德体系的对立时,根据极性和提升的法则,这种负面的开端或许正预示着一场大规模的积极满足。整体的显现需要一个像太阳一样的眼睛。没有意识,没有眼睛,整体就不能"组织"起来。

个体有机体不仅可以(如动物和植物所示)在没有意识的情况下存在,而且实际上必须在某种程度上保持在无意识状态中,因为即使是最高度发达的人类类型也无法获得真正的自我意识。德尔斐神谕的"认识你自己"(Gnothi sauton)如果没有认识到自我认知的界限,反而会导致一种疾病,这种疾病早在古希腊历史中,通过智者学派的分析就已经表现出来,这种疾病也正是我们当今面临的。唯一解药是对整体的理解。因为只有在整体中,主客体关系才能得到纯粹的展开,存在才能被意识的镜子捕捉。只有整体[75]能够被反映,只有整体可以显现,而部分则不能。尽管一个民族不知道也不可能和不应该知道它对自身而言是什么,但它可以知道它对整体意味着什么。

白色依然是白色,黄色依然是黄色,黑色依然是黑色。但所有人都能明白,这一切如何在整体互相联系以及这一切如何产生出其关联,即这一切都为整体的建设和世界历史的架构履行了某种功能。这种架构作为人类意识的创造,正如物理世界图景——通过从感性世界逐渐抽象出来而获得的人类精神的有意识创造——一样,可以被概念化并归纳到其内在的规律性中。它的精确性与任何从主观创造的世界或任何机制一样。所有在其架构中起作用的功能都可以得到标示;甚至那些保留非历史性领域以确保不是所有东西都进入意识的功能也包括在内。世界的整体将显现出来,多样性将作为一个系统变得可见。人类将睁开一只眼睛,这只眼睛将看到其整体性。

机械论和有机体

[76]在前一节中,机械论(Mechanismus)与有机体(Organismus)的关系被定义为:机械论是意识借以将整体认识为一个有机体(即一个由极性和提升法则所决定的、有目的性的结构)的媒介。这一关系被置于自本世纪(译按:20世纪)初以来占主导的历史重大危机之中。这类危机并不局限于某一特定领域,而是影响到政治、社会以及科学领域的各个方面。同样的趋势搅动着每一个领域的浪潮。欧洲的危机、其保守-自由社会的崩溃、物理学和生物学中的伟大变革,以及人文学科的混乱都传达了相同的信息。歌德曾经在他心灵中如同在一片澄澈的山湖中反映出来的东西,如今已被证明充满了能量,这些能量还需要很长时间才能在一个新的状态中平息。这是世纪之中巨大、可怕、极具破坏性和净化作用的风暴,既无人能躲避,也无人能抗拒!在这些风暴中穿越深渊的机会仍然存在。疾病与健康、死亡与生命在风暴中被搅动和释放。

通过机械论这一媒介显现出来的整体有机体,具有两个使其区别于个体有机体的属性:必然性(Notwendigkeit)和可知性(Erkennbarkeit)。

人类整体没有自由去完成或阻碍自身的提升[77],即关于自身意识的生成,正如个体确实有自由决定是否利用其生命的天赋。人类因此也不能被追究责任,也不会像一个民族因为其国家而被追究责任。人类至今还没有自己的国家,即使有一天它拥有了国家,也没有人能够要求它承担责任——除非是上帝。整个人类整体是不可被追究责任的,而"世界良知"也不会因为谈论它或召唤某种无法具象化的事物而变得更加不成问题。① 整体在其生成过程中没有自由。地球的联合不会因此中断。西方的衰落并非错

---

① 关于整体在部分中具象化的可能性,参见下一节。

误。在这里，命运以其庄严的姿态主宰着一切。所有个体都臣服于普遍的联系，但臣服是为了在其中找到自己的位置，并在生命与力量的期限内继续参与其中——也就是说，个体通过其设定、客观化活动来支撑整体的联系。

必然性是可知的，自由则不可知。因此，个体的生命永远不会被真正理解，即使其中多少是可理解的。因为其中有太多自由，另一个人无法完全理解它：如果传记在历史的田野上盛开，那历史也许带有艺术气息，却变得认知能力薄弱、疲惫不堪，这并非偶然。而自我认识最终也无法达到目的：即使自我知道一些他人不知道的事情，但它对自身的真正本质也一无所知。印度人谈论阿特曼（Atman）时说："认识者[78]无法被认识。"只有神知道个体的本质。同样，一个民族的历史只呈现出多种视角，却不呈现一个完整的视角。真理只能是唯一的。只有整体，作为一个统一的存在，才给予唯一的真理。当然，世界计划的认知并不轻而易举可得，而是必须处理大量的材料，必须形成抽象概念。但一切总要有一个开始。终有一天，这一任务会成功。Il y a trop d'ordre[秩序太多了]，这是弗里德里希大王（Friedericus Rex）在经过长期的思考与生命中的怀疑后所言。

一种彻底令人厌烦的论调在流传，即认为人类的有限性更适合不去冒险探求整体，而应以"自我约束"（Selbstzucht）前往个体、个性的小村落。这是多么错误的真理追求，多么狂妄的谦逊！个体并不能被精确认识，因为它是自由的。整体却能被认识，因为它是必然的。这种生物体的自由与不可知性，与法国存在主义者所认为的人类存在的"完全无规定性"毫无关系。存在主义者推论出，正是这毫无意义的和荒谬的存在所引发的恐惧与厌恶，使得人有权从完全无规定性中创造出任何可能的东西。这便是危险的源头之一，正如马克斯·普朗克从自己的认知中所预见到的那样，并且他不懈地试图扑灭这一危险，他不愿松散的决定论被令人担忧的非决定论所取代。

谁不愿赶紧跟随这位已故大师的脚步,遏制时下流行的非决定论及其无政府主义,并告诉它,仅仅在世界的最微小、最内在的层面上,在每个个体的细胞中,它已经统治[79]并推翻了因果性,因此物质主义的权杖已不再得以挥舞,但这并不会使宏观世界不再是决定论的。人类创造了普遍客观化的世界,个体部分的自由通过人类的对象化活动进展到普遍整体的必然性,该世界将不会松开其坚固的铁环。它甚至会迫使无政府主义者和荒诞主义者接受历史逻辑赋予并指派给他们的位置,而非其他任何位置。不可知的个体内核被可知的普遍性之铠甲保护起来。伟大的个体存在不是为了被个体化,而是为了被普遍化。

对席勒来说,有趣的不是他喜欢闻腐烂苹果的气味,而是他写作了《审美教育书简》,并在他的戏剧中实现了从法国大革命的承认与超越中诞生的思想。对于歌德,有趣的不是他爱过哪些女人,而是他与拿破仑会面,以及为什么拿破仑在1813年禁止演出《浮士德》。这种普遍性的铠甲,我们称之为机械论,因为它由一系列被创造的现实组成,这些现实是人类精神将其有机的、个体化的感官世界与黑暗相对立的光明,以证明其"权利"和"生命力"。因此,机械论在这里被广义地使用,涵盖了国家、艺术和科学,以及所有意义上的"人造物"。以前人们认为原初自然就是一种机械论:

> 她对创造者的荣耀无动于衷,
> 如同钟摆无生命的摆动,
> 卑躬屈膝服从重力法则,
> 这被剥夺了神性的自然。

[80]现在,物理学已经知道,自然并非奴隶般地顺从法则,它确实"会跳跃"。电子会跳跃,基因也会跳跃。宇宙是一个有机体,而不是机械论的产物。但是,这场革命的物理学只是一个方面,另

一个方面——迄今为止似乎尚未被察觉——是历史的层面。因为随着第一自然逐渐向有机体的理解开放,机械论逐渐在过去被排斥的地方占据了它的席位,即精神领域。自然界越自由,历史领域就越必然。自然在其最小部分上的不可知性越发明确,世界历史的可知性也就越加明确。命运仍然保留了足够的不可知性与生命力:未来是不可计算的。但过去,已经发生的命运,可以被计算,从而当前的每一刻也能够被计算——这无疑是极为重要的。

难道这样一来,概念的秩序才真正得以确立吗?一直以来,令人反感的是,最具精神性和抽象性的活动,比如数学中的那些,竟然要为一种唯物主义的世界观提供支持。难道机器不是最抽象和最具精神性的事物吗?一个如此依赖机器的文化,难道不是通过自身推翻了它是唯物主义的理论吗?马克思主义本身难道是源于一种肉体解放的趋势吗?恰恰相反,它将一切,甚至国家,都转化为机器。与之相比,某些浪漫主义的变种倒更可以被视为向感性世界的倒退。如果说马克思主义将所有历史归因于经济,那么"生产关系"难道不是某种"创造物",不是某种精神性的东西吗?生产关系是否像一块食物或某个生物为另一个生物的繁衍而存在,是否天然地出现在[81]自然界或感性世界中?当马克思主张社会优先于哲学,客观存在优先于主观意识时,人们当然可以争论是否也存在反向作用,而马克思主义也不否认这种作用。马克思主义主要反对的是那种极端的唯心主义观点,仿佛世界在意识之外并不存在一样。

众所周知的是马克思和恩格斯以及列宁的表述。恩格斯称思维与存在之间的关系问题为"整个哲学的最高问题"。根据对这个问题的不同回答,哲学家划分为两个主要阵营,即唯心主义者和唯物主义者:"不是意识决定存在,而是相反,社会存在决定意识。"[1]

---

[1] 《路德维希·费尔巴哈和德国古典哲学的终结》,见《马克思选集》,莫斯科,1934,页359。

然而,马克思也承认存在一种自我思考的物质——"不能将思想与思考的物质分开"(马克思)。列宁则说:"世界图景是一个关于物质如何运动和物质如何思考的图景。"①

然而,争论可以被提升到一个层次,在这个层次上它变得不再有意义,因为经济也可以同样被看作某种"创造出来的"、主观的、精神性的东西,就像意识形态一样。伟大的工业家和经济领袖们可以在他们的工厂和办公室里投入与哲学家和艺术家在各自领域中同样多的精神力量。如果某种特定的"精神"声称,构建一台机器比构建一个哲学体系需要更少的精神,那么这就是傲慢;认为一个工程师或商人只有当他们对文学感兴趣时才"精神化"了他们的职业或生活,这也是一种傲慢。即使没有著作,拉特瑙(Rathenau, 1867—1922)也会是一个精神类型的人,事实上,如果他没有将如此多的精神投入到 AEG(德国通用电气公司),他的作品可能会更加充满精神[82]与力量。诚然,人们可以说经济服务于物质需求。但难道学者通过他的书籍谋生的程度比商人通过他的商品谋生的程度要小吗?当然,人们可以这样刻画"商人"的类型,即对他来说,金钱是他的行为标准;同样可以刻画"学者"的类型,即对他来说,真理是他的行为标准。然而,对这种类型化的怀疑是合理的。商人和工业家中也有艺术家,而早在席勒的时代,他就已经注意到那些他称之为"面包学者"(Brotgelehrten)的人,即他所认为的所有不具备哲学思想的人。

现在还有一个领域,它充分显示了艺术和科学与物质的紧密联系,正如任何物质文化的产物一样。无论是最富有灵魂的诗歌、最具呼吸感的雕像,还是最缜密的宇宙系统,都是无生命的作品。人们常说,文字、音符、色彩、石头是有生命的,但这只是一种比喻

---

① 《马克思恩格斯全集》,第一部分第三卷,页305;列宁,《唯物主义与经验批判主义》,页371。

的说法。人类确实与动物不同,人类能够创造出某种不同于自身的东西,并将它从自身分离出来。但这种"不同的东西"从未是活的。生命从未被创造出来过,也永远不会被创造出来。人造人(Homunkulus)永远不会诞生,皮格马利翁(Pygmalion)的象牙情人(Elfenbeingeliebte)是关于人类创造力界限的美丽传说。正是因为人类的创造物没有生命,它们才能长存。如果我们总是停留在比喻层面,而不回到实际层面,那是不好的。因为即便是最"生动的"精神创造,实际上也是死的。

这最终引导我们进入有机体与机械论、原初与人造之间关系的最深层含义,即"死亡与生成"(Stirb und Werde)的意义。[83]在随着人类的出现而达到的生命体发展的这一阶段,正如人类是地球上唯一具有死亡意识的生物一样,死的机械论被纳入活的有机体之中,并且其普遍性原则被个体性所吸收。这种吸收并不像康德和席勒所理解的那样,是自然的"世界公民意图"通过普遍性来根除个体性,而是个体性通过普遍性得到提升。席勒的世界观比歌德的更加普遍化、精神化、单一化、抽象化——正如歌德所说,更加机械化和具有暴力性质,而歌德的则更加从容、个体化、多样化、感性化、具体化和有机化。正是因为席勒的这种结构特征,他才能促使歌德的生命得以更新。有机体通过机械化得到更新,具体通过抽象得到提升,正如对死亡的预感和内在的提前经验是从生命的成熟期向老年过渡的标志一样。

机械论既没有像生命主义者所要求的那样被贬低为有机体的奴隶或被废除,也没有像机械主义者所要求的那样成为有机体的暴君或毁灭者,而是作为其工具促进有机体更高的发展。机械论让有机体继续存在,正如死亡多次接近生命却不夺走生命一样。正如生命在其进程中必须接近死亡一样——在这个意义上,"我们在生命之中即处于死亡之中"依然保持其真理性——同样,有机体必须作为有机体将机械论纳入其本质结构之中,以通过它获得成长,而不是停留在纯粹有机状态——动物性的状态——并因此陷入腐朽。[84]因为此时纯粹的物理潜力根据生命阶段的法则必须转变,否则就会在纯粹物理状态下开始丧失活力。人类物种只有通过这种将机械论纳入其有机体的能力,才能够维持并延续其存在。人类从其存在的第一天起便证明了这一点,正是通过其发明的火的机械论,他们在更新世维持了自己的生存。

这种机械论在有机体中的功能,即人造物在原初存在中的作用,人类通过对立创造出来的东西与自然赋予并强加给他的世界之间的关系,第二种更高的"艺术真实"与第一种"自然真实"之间的关系,从以下方面得到了阐明:机械论让有机体存在,普遍性让个体存在,必然性让自由存在,可知性与意识让不可知性与无意识存在。追求整体的意识并不以消灭存在于部分中的无意识为目的。无意识即使在意识的框架中,也依然是无意识。自由即使在必然性的框架中,也依然是自由。部分即使在整体的框架中,也依然是部分。个体即使在宇宙的框架中,也依然是个体。整体只在意识的更高层次上实现,而在无意识存在的较低层次上,部分依然持续存在。

只有在更高的意识层次上,整体的提升才会发生,而在存在的较低层次上,只有个体或单个生命体得到提升,并且这种提升是根据其自由选择进行的,可能甚至不进行提升。整体的有机体局限于作为一种人造物,即机械论,或者局限于在意识的领域中活动,从而维护了个体有机体的自由。然而,它仍然在不侵犯这些自由的基础上,迫使它们融入整体的联系中,使各部分必然认识到它们是与整体协调一致的。这种认知的进程是不可阻挡的。历史上的每一代人都为这种认知作出了贡献,尽管他们的目标往往对他们自己来说是模糊的。所有的"活动",每一个国家和宗教,所有的商业和交易,每一门艺术和技术,每一种哲学、物理学和历史学,都在推动更多的世界被揭示,变得为意识所感知,直到全球一体化的世界舞台得以呈现,我们成为其中的演员,进行关于人类整体性的对话。这种不可避免的过程,即整体在意识中的显现或生成,并保持部分的自由,就是世界历史。提升同时在整体和部分中发生,但在整体中是必然的,并且表现为意识的提升,而在部分中是自由的,表现为存在的提升。

这种提升的差异——个体的存在有机体(Seinsorganismus)根据其自由意愿进行提升,与整体的意识有机体按命运的必然性进行提升之间的差异,尽管并不构成个体性与普遍性之间的绝对对立,却形成了两者之间的最大张力。在这种张力之下,仍然保持着相对的平衡,而没有演变为一种绝对对立,其中一方必须毁灭另一方。这种张力之大,体现在生命与死亡的[86]相互作用中。"死亡与生成"并不是一个纯粹有机的过程,而是一个复杂的机械-有机过程。这是一个艰难而刺痛的过程,正如歌德所言,这种真理只能告诉智者:

> 别告诉凡人,只说给智者听,
> 因为众人总是轻视嘲弄,
> 我要赞美那生机勃勃的存在,
> 它渴望在烈焰中重生。

个体性应当受到赞颂,因它在普遍性中得到升华,或更确切地说,它通过普遍性回归自我;有机体通过机械论找到自我。提升是生命通过死亡的必经之路。将赋予人类的生命从出生时被"强加"的状态转化为人类通过自身行动所"创造"的生命,这一转化过程通过死亡这一媒介来实现。要使这种转化或提升成功,必须战胜生命最强大的敌人——死亡。因此,没有什么比将死亡这一媒介轻描淡写并赞美成一种不"渴望在烈焰中重生"的生命更荒谬和错误的了。这样的生命只是在单纯的活力、健康、原初的自然性、原始的青春、史前状态中膨胀,从而将个体更加个体化,而不是普遍化,也就是说,没有将它纳入整体的秩序中。被过度个体化的个体,或者伪装成"超人"的"末人",是日耳曼对撒旦主义的贡献,所有深刻的民族都可能触及这一领域。

愿每个人都与自己的恶魔抗争。这是任何人都无法为他完成的任务,没有任何"外来朋友"或道德法官能够代替他完成。邪恶与疯狂源于[87]恐惧:恐惧那具有救赎意义的疾病,而这种疾病,若被深入理解,只不过是个体通过普遍化所经历的过程,通过对个体固执于自我个体性的打击,使僵固的事物变得灵活;恐惧死亡,尽管死亡最终成就了疾病的预兆所要达成的东西。没有任何真正伟大的精神客观化能从其主观性中成功产生,除非这种主观性在这一过程中表达了它最高的"权利"和"生命力",并且在最强的生命力状态下与死亡抗争。至高的生命恰恰是与死亡抗争的生命。这一抗争不会发生在不消耗生命力的情况下,生命力必然会因此耗尽并在某种程度上被死亡夺去。In patriae inserviendo consumor[为祖国服务而消耗殆尽],这适用于任何为一项工作或客观化付出的能量。生命力的损耗是不可避免的,但这种生命的损耗最终是为了生命本身服务的。

正如人们所说,作品是用心血写成的,任何伟大的事业都是如此,这就像一次放血疗法,能防止生命窒息而亡。相反,出于对舒适生活的渴望而避免生命的损耗,就像是引发中风的挑衅。安逸最终无法帮助任何个体对抗死亡。如果死亡不发生,个体就无法转化为普遍性,部分无法形成整体,享受生命的快乐也不会形成文化:部分将变得过于强大,许多强大的部分之间的战争,或者物种的毁灭将成为不可避免的后果。但个体与死亡的抗争并非徒劳。如果个体不逃避它,如果生命邀请死亡作为客人,那便是为了在死亡作为主人到来之前[88]认识并预见它,从而使得当生命最终屈服于死亡时,仍有某些生命的东西得以保留,这些东西是死亡无法再夺走的,那就是生命的不朽性,正是这一不朽之处使人类的本质进入某种超越了人类、超越了世俗的领域。

死亡与生命、机械论与有机体、世界图景与世界、普遍性与个体性、整体与部分、意识与存在、第二自然与第一自然之间的张力如此之大,以至于它们容易被误解为一种绝对的对立,一种原始的二元性,甚至是一种"生死仇敌的关系"——这将意味着死亡战胜生命。事实上,即便最伟大的思想家在这种冲突中也往往片面地支持其中一方。为了维系这种关系,为了不让和谐在这种极性对立中被破坏,必须再一次进行提升,通过这一提升,产生一个第三者,一个能够维持整个系统的要素。

死亡与生命在你死我活的斗争中彼此对抗。如果它们是终极的力量,那么它们的斗争将无法达成任何目标,除非在它们之上出现一种至高无上的力量。

让我们再次回忆起歌德与数学家们之间的争论。实际上,启蒙时代的伟大数学家们是绝对机械论的支持者。伽利略曾宣称,自然之书是用数学语言书写的,而牛顿在1686年出版的《自然哲学的数学原理》(*Philosophie naturalis principia mathematica*)中写道:

> 让我们抛开实体形式和隐藏的属性,将自然归于数学法则。

虽然自然认知的所有进步都建立在这种抽象上,但这种抽象中所预示的机械主义对有机生命的专制却是极为暴力的。莱布尼茨开创了反对这种机械主义的潮流,用单子(Monade)对抗原子(Atom),而歌德则以他的"原始现象"(Urphänomenen)学说继续了这一反抗。不仅如此,这也解释了他在抨击牛顿时所表现出的敌意——尽管他在其他生活表现中始终刻意保持着最严格的纪律,但在为生命权利而战时,他也不介意使用不公正的武器。

《色彩论》

[90]这是历史意识发展中的一个重要时刻,当时正值法国大革命,历史意识受到它的启发与刺激,德意志开始了对历史的三分法进行普遍历史(即哲学性)的奠基,这种分法自此成为我们观念中约定俗成的框架。其基础是选择古代对抗中世纪,但同时伴随着一种意识,即人类在经历了中世纪的分裂之后,无法彻底回归到希腊时代。于是,在第一阶段(即朴素感性的时代)和第二阶段(即感伤精神的时代)之后,必须出现第三个阶段,这一阶段最初被审美地定义为"第三帝国",如席勒所称的游戏与美的表象的王国,随后在黑格尔那里被解释为绝对精神中的主观与客观的圆美,在绝对的艺术与宗教中的哲学。这是将辩证法的三段论(即正题、反题、合题的范畴)应用于世界历史的表现。①

[91]歌德曾利用由席勒和黑格尔(即康德主义)提供的机械论,但他将其与他的有机观念编织成一个整体,在这个整体中,合题与原始现象处于相对立的两端。虽然歌德的发展不是以哲学的形式呈现的,但他确实形成了一个系统,并且他通过光学来表达这一系统,认为这是他一生中最重要的作品。对他而言,自然的整体性在色彩现象的整体性中得到了象征。将歌德的光学系统作为世界历史现象的蓝图,或许被视为一个大胆的尝试,但必须认为这是有依据的,因为可以在世界历史现象中"重新识别"这一系统,这并不是简单地将光明与"混乱的世界"对立,而是用光的整体性来回应。

---

① 兰克通常不喜欢使用概念术语,特别是不愿将进步理念与他所认为的各个时代都与上帝同等接近的观点结合在一起。然而,他在《法国史》这部他最具构思的作品中,也采用了黑格尔学派的模式。他在分析"法国本质的要素"的过程中,基于凯尔特、罗马和日耳曼三个时代的三元结构进行了解析。

如果歌德最喜爱的观念,即"光的行为与受难"和人类的行为与受难之间的类比成立,那么这一类比必须被用作打开世界历史结构的钥匙。

在正极或正面枢纽上,歌德看到的是白色或纯粹的光;在负极或负面枢纽上,则是黑色或纯粹的黑暗。光的代表使得器官进入活动状态,而黑暗的代表则让它保持在静止状态(18,译按:此为《色彩论》页码,后文同)。活动位于正极,静止位于负极。

在这种极性中,蕴含着一种独特的构造,虽然歌德没有明确指出,但从他的整体思想来看,这一构造是显而易见的。极性并不是一种真正的对立,也不是一种严格的反抗。光确实需要黑暗,[92]反之亦然,但我们将看到,从白色中产生的黄色和从黑色中派生的蓝色并不是对立的颜色。因此,歌德的极性概念包含了一种不分裂的二元性,或者说一种没有冲突而是包含和平的分裂。

> 只有当极点接触极点时,
> 才感受到终极的宁静。
> 因此,感谢上帝吧,时间之子们,
> 因为他让两极永远分离。

然而,歌德又说:

> 在永恒的和平中,
> 黑暗与光依旧分离。
> 说它们彼此争斗,
> 那纯粹是无稽之谈。

同样,此处与彼处、上与下、前与后、多与少、作用与反作用、行动与承受、进取与退缩、男性与女性这些极性之间的关系,正如自然在其中"以轻柔的重量(Gewicht)与对立的力量(Gegengewicht)

来回平衡"(《序言》),并非绝对的对立或对抗,而是"在和平中分离"的时空现象。

从分离且和平的二元性中,出现了第一次综合的可能性。白与黑混合并中和为灰色。然而,这种简单的综合依然缺乏生命,它实际上是反生命的、死的,仅仅是纯粹的机械,本质上是不存在的东西,一种从未拥有过生命的死亡机制,它缺乏有机体的神经系统——也只有在有机体的基础上,机械才能存在。这是抽象的绝对,卑微且卑劣的东西。

> 黑与白,死亡的景象,
> 混合成一种卑劣的灰。

[92]当哲学以灰色对灰色作画时,生命的某种现象已经变得衰老了,黑格尔以其体系所具有的客观精神的自我批判之尊严说道。他在一封给歌德的关于《色彩论》的信中也批判了相同的颜色,他在信中谈到哲学家们所追求的"牡蛎般的、灰色的绝对",他们努力避开空气和光。黑格尔说:

> 我们的灵魂会化为烟雾,如果我们直接把它们置于这五彩斑斓、纷乱的世界中去对抗的话。在这个阴影的光晕中,你们的原始现象对我们大有裨益;它们因其简单性而在精神上是可理解的,因其感官性而在视觉上或触觉上是可感知的,两种世界——我们抽象的世界与显现的存在——在这里相互致意。

歌德认为这两种世界的"致意"足够重要,因此特意将其作为"最新的鼓舞人心的参与"收录在他的作品中(《色彩论的附录》)。这表明,假如没有辩证哲学,他就不会得出自己的结论与理论。这同时也表明,席勒与黑格尔的综合观念,即从二元性中得出统一,而非从统一中得出二元性,并不能令他满意。对他而言,综合严格来说是一种机械的而不是有机的方法,是一种用来扼杀生命而不是发展生命的工具。如果这种方法要为原始现象服务,他必须以不同于黑格尔的方式使用它。

与此同时,死亡的表现形式不仅仅在于为生命设定的极性在综合与中和之中的体现。灰色不仅是黑与白结合的结果,也可以是所有颜色混合的结果。同样,所有生命的混合、所有色彩个体的混乱融合成一个灰色的普遍性,也具有死亡的色彩。人们可能会想到古代和现代大城市中蔓延的种族混乱,以及一种抽象的世界主义的观念。

然而,是否绝对没有一种不"卑劣"的综合存在呢?综合是否总是堕落,而不是向上提升?它是否只能是一种死亡的景象,而不能是生命的景象?[94]生命是如何产生的,颜色又如何产生于白色和黑色的两极?通过提升。提升如何产生?通过"浑浊"(Trübe)。

浑浊是歌德的自然观中最奇特的概念之一。从字面上看,它是一个负面的词,但从意义上看,它却有积极的价值。浑浊本质上属于负极,但它应当被热爱,因为它带来最美妙的事物:

> 你要怀着爱意紧紧依偎
> 那透光的浑浊之物。
> 因为当最浑浊之物面对太阳时,
> 你会看到最美妙的紫红光彩。

浑浊是一种"物质性的,或多或少是有形的、透明的媒介,它可以是气态的、液态的,也可以是固态的"(145)。它是物质介入光与黑暗之间的存在,将光与黑暗分开,使并不相互争斗的两者通过浑浊发生争斗:

它们与物质世界争斗,

而物质世界将它们永远分离。

由于物质站在光与黑暗之间,光与黑暗都得以提升。白色提升为黄色,黑色提升为蓝色(150、151)。

歌德提到,他之所以开始研究色彩,是因为他对蓝色——一种与黑色直接相关,仅在程度上与黑暗有所区别的颜色——的无力感有了明确的感受(《色彩论的历史:作者的自述》)。

这种向黄色和蓝色的第一次提升,就像第一次的综合——灰色——代表的是死亡的、抽象的机械论,对应于有机存在在其两极上的第一次提升。凭借这种提升,人类在正极(即精神的、男性的极)掌握了火的制作,[95]在负极(即物质的、女性的极)掌握了耕地的技术。

然而,歌德并未将白色与黑色视为所有颜色的起源,也就是说,他并未将某种原色纳入色彩系统。因此,黄色与蓝色作为简单的、未提升的颜色,也被歌德视为母色。作为母色,它们仍然像白色和黑色一样,能够向下进行综合或结合,并生成绿色。绿色是有机体的综合,正如灰色是机械的综合。绿色带来一种"现实的"满足感:"人们既不想更进一步,也无法更进一步。"(802)它象征着有机的结合,但尚未提升至历史层面。绿色是"停留点",既存在于史前和永恒的原始状态中,也存在于未形成历史的自然、无意识、种族和部族的世界中,是所有发生于历史中的非历史性或亚历史性成长的广阔而富饶的领域。然而,"更完美的事物尚未到来"(698)。简单的对立(黄色与蓝色)的结合,让眼睛和心灵"在混合色上如同在单一色彩上"(802)停留。对立的统一在这种综合中只是表面的。亚历史的结合永远无法带来人类的整体性,例如,波利尼西亚人(Polynesier)无法征服世界。综合无法创造出现实和真实的总体性。如果按照歌德的观点,人们为房间选择绿色墙纸,是因为这些房间是我们总待着的地方,那么人们既不想进一步,也无法进一步。然而,这样的房间并不代表世界建筑的宏伟性,还缺少一种颜色,那就是最高、最重要的颜色。

[96]然而,事情并未止步于此。随着黄色和蓝色的进一步提升,它们之间开始显现出某种共同的东西,这就像一个尚未完全可见的理想消失点,将它们向上引导,避免它们的终端向下逃往绿色的虚假统一。当黄色和蓝色通过进一步的浑浊、更强的大气介质、更浓的雾气再次提升时,黄色变成橙色,蓝色变成紫色。这时,在两种现象上都出现了一种我们称之为"红色"的光晕。真正的红色还未出现,但黄色和蓝色都呈现出红色的色调。这表明了"提升的对立统一"的可能性,但这与简单对立的统一本质上有所不同。它不是综合性的。试图像把黄色与蓝色混合成绿色那样,把橙色与紫色混合成红色,这将无法实现。因为橙色与紫色本身就是黄色与红色或蓝色与红色的综合。那么,红色本身究竟是什么?

红色并不是黄色与蓝色的混合物,虽然它像绿色一样实现了黄色与蓝色对立的统一,但它是一种独立的第三母色。歌德称红色为"所有色彩现象中最高级的",其中包含了所有其他颜色,部分是现实地(teils actu),部分是潜在地(teils potentia)包含于其中(793、794)。红色既非正极也非负极,而是位于两极之上的顶点,与它们形成一个等边三角形。它在潜能中是整体,而在现实中作为部分存在于部分之间。作为部分化的整体,它以整体性照亮了其他部分,不论是正极还是负极。它是显现的原始现象,或是进入意识的整体性象征。只要[97]黄色和蓝色作为白色与黑色的流出物(Emanationen)存在,就只有二元性及其在绿色中的虚假统一,这是一种综合。当红色加入时,它既不是正极也不是负极的流出物,此时便出现了三位一体(Trinität),即通过三元性实现的统一,红色作为第三者出现在两极的对立之中,成为统一的象征。

那么,红色一方面是潜在的整体,另一方面作为现实是各部分中的一个部分,这意味着什么呢？它作为一种第三者,位于对立的两极之外,而不是通过综合从这些部分中产生,而是与各个部分一样原初,这又意味着什么呢？这个第三者同时是第三者和统一者,并且它不是以综合的形式将二元对立统一,而是通过原始现象学的方式让三位一体的统一显现,统一本身展开为三位一体,这又意味着什么？

　　红色作为最高的颜色现象,与正极和负极的关系等距。黄色和蓝色与红色的距离相同,但红色是提升的对立统一的消失点,而不是未提升的简单对立的消失点,后者在较短的、只有一半长的轨道向下与绿色汇合。提升意味着活动,因此红色是最活跃、最明亮的颜色。它是最高的活动性,不仅体现在主动性上,也体现在被动性上。红色将不仅是作为(Wirken)的提升能量,也是受难(Leiden)的提升能量。红色不仅代表行动的天才与活动性,也代表受难的天才与活动性。红色是既属于光也属于黑暗的光。它超越了正极和负极,是最高的正极性,因为它是正极与负极的正极性之统一。它是[98]"肯定之肯定"(Ja des Ja),即提升本身的原则。不可说没有"肯定之肯定",或它只是简单的肯定。确实存在"肯定之肯定",这就是红色。红色象征着正极而非负极可以得到提升,而不必放弃自身的本质。"肯定之肯定"是可能的,这并不消解其正极性。"否定之否定"(Nein des Nein)无法实现,这不使否定的负极性消亡。因为"否定之否定"实际上是"肯定"。

　　"否定之否定"如同一种新教式的"肯定",它是基于理性真理(Vernunftswahrheit)的原则,莱布尼茨将其与事实真理(Tatsachenwahrheit)区分开来。这是逻辑原则,根据该原则,某物之所以正确,是因为无法设想其反面。"否定之否定"也是综合的真理,综合否定了未提升的二元性,将未提升的东西融为一种虚假统一。"否定之否定"与"肯定之肯定"相对,就像绿色与红色相对,或综合与原始现象相对；或者,若以历史名词象征性地表达,"新教的肯定"

与"天主教的肯定"相对，基于"矛盾"的理性真理与基于"普遍性"的事实真理相对。

那么，自然整体是积极的吗？在两极的平等中，是否正极占有特权？确实如此。但这是否意味着极性实际上被消解了呢？的确如此。如果极性被消解，是否意味着曾与极性紧密相连的提升，作为自然界唯一剩下的驱动力，不会无止境地向前推进，并引发精神摧毁物质的前景，即精神性－正极性摧毁物质性－负极性的前景，[99]机械论摧毁有机论的前景？这是否意味着最高的正极性和最高的活动性将导致精神的绝对化，成为死亡对生命的胜利？确实如此。歌德是否拒绝接受这一前景？他绝不接受。他在谈到红色时说（798）：

> 紫色玻璃下的风景，在可怕的光中显现。这便是审判之日天地之间弥漫的色调。

因此，在当下的情境中，"肯定之肯定"作为提升本身，消解了极性，中止了其驱动轮，确保了无限的进步。正如上帝在火红色中，如同对待索多玛（Sodom）和蛾摩拉（Gomorrha）那样，将毁灭的炸弹投向绿色的综合地狱。

因此，我们来到了红色色调及其前阶段——黄红色和蓝红色在社会历史领域中的类比。红色是宗教和超越（Transzendenz）的色调。只有红色带来了色彩的整体性，从而引出了宗教和历史性。正如在光学现象系统中红色不可被消除一样，神性也无法从历史整体的展开中被排除。

歌德本人也毫不迟疑对此作出他所谓的神秘暗示（919）：

> 当人们完全理解了黄色与蓝色的分离，尤其是充分观察到二者提升至红色的过程时，这种对立的元素趋向彼此并在第三者中统一，必然会引发一种独特的神秘观念，使人能够赋

予这两种分离且对立的事物以精神意义。当人们看到它们[100]在下方产生绿色,在上方产生红色时,很难不联想到埃洛希姆(Elohim)在尘世和天堂的产物。

在正极上,黄色通过黄红色接近红色;在负极上,蓝色通过蓝红色接近红色。若将这种关系应用于性别关系,则表明性别双方在未提升的情况下,通过下方的绿色——尘世的产物——结合;而在上方,它们趋向于同一事物,但并不结合,而是各自在通向这个"同一事物"的过程中自我提升,直到它们在最高处达到了本质上的统一,并在自身中发生本质变化后彼此融合。在通向神性的旅途中,它们所经过的站点分别是黄红色的国家和蓝红色的教会。歌德也从其"感官-道德的影响"角度理解了这两种混合色。他写道:

> 正极的颜色有黄色、红黄色(橙色)和黄红色(铅丹、朱砂红)。① 它们使人感到活跃、充满生气和进取心。(764)
>
> 正如纯黄色很容易转变为红黄色,这后一种颜色向黄红色的提升是不可阻挡的。红黄色带来愉快、明朗的感觉,最终在高强度的黄红色中变成无法忍受的暴烈。在这里,主动的一面达到了它的最高能量,难怪那些充满活力、健康、粗犷的人们对这种颜色格外喜爱。人们发现在野蛮民族中普遍存在对这种颜色的偏好。若注视一片完全的黄红色表面,似乎色彩真的钻入了人的感官,带来令人难以置信的[101]震撼。(774-776)

这种棕色国家的照明可与由黑色和蓝色上升到红色的教会等级的照明相比较。

---

① 在黄红色旁边,还应提到棕色,尽管歌德没有提到它,特别是当棕色更倾向于与红色而非黄色相结合时。

> 负极的颜色是蓝色、红蓝色和蓝红色。它们给人一种不安、柔软和渴望的感受。(777)
>
> 蓝色让我们感到寒冷,也让我们联想到阴影。我们知道它是从黑色派生出来的。蓝色有某种矛盾性,既是刺激点,又是静止点。因此,我们喜欢看蓝色,不是因为它对我们施加压力,而是因为它吸引我们。(779–782)

红蓝色的魅力"与红黄色完全不同,它不是使人充满活力,而是让人感到不安"(787)。

> 随着提升至蓝红色,不安感继续增加。高阶教会的成员选择了这种不安的颜色,可以说,他们不断攀登在不断提升的不安阶梯上,不可阻挡地迈向枢机主教的紫红色。(790–791)

的确可以说,国家是这样一种表达形式,其中男性元素引导女性元素;而教会则是另一种形式,其中女性元素主导男性元素。一切教会-祭司性质的压迫都有着某种单方面的男性特质。男性的火神往往甚至不需要特别的祭司阶层。在古印度宗教历史的顶峰,婆罗门(Brahman)与阿特曼(Atman)的同一性的确立,是武士阶层反对婆罗门阶层的产物。希罗多德曾指出,奥林波斯诸神并不是祭司的创造,而是希腊诗人的创作。罗马的最高祭司(Pontifex Maximus)是一个高级国家官员。[102]在萨克森人中,沃坦的祭祀由贵族(Ethelinge)负责。早期路德教派中,法学家介入神学事务是一大困境。

相反,围绕着女性种族的神祇形成了强大的宗教等级制度。在中国,为佛教铺路的道教将"道"视为一种女性的原始原则,称其为"深邃女性的谷神"。围绕着伊什塔尔(Istar),即所谓的"巴比伦的娼妓",聚集了一群庙妓的服务者。伊希斯(Isis)和克柏勒(Kybele),这两位"伟大的母亲",拥有有影响力的祭司团体。天主教会将玛利亚尊为上帝之母,在拜占庭,这个多次由伟大女皇统治的地方,她被提升为"圣母"(Theotokos),不仅是人类的母亲,也是她的儿子的神性的母亲。

在罗马天主教会内部,人们可能会想到理性主义的多米尼加会士与感性主义的方济各会士之间关于无玷始胎教义的长期争论。这个争论直到 19 世纪中期,才在教会民主化的背景下,由罗马做出裁决,支持后者(方济各会士)的立场。

在国家与教会、君权与祭司权之间的永恒冲突中,我们能看到这一对立从历史时间的真正开端开始延续——可以追溯到古埃及法老第四王朝向第五王朝的过渡时期,并贯穿至今,横跨所有历史时代。这反映了人类在正极和负极两个方向上通向神圣的双重道路……

世俗权力与宗教权力这两种"姐妹"或"光明"之间冲突的强度和不可解性,在于提升后的对立之间无法像简单的对立那样通过综合来解决。黄色与蓝色可以在绿色中相遇。然而,棕色和紫色并不会[103]从自身中产生红色。实际上,它们本身是红色和黄色或红色和蓝色的产物。因此,它们无法从自身中创造和平,正如红色也无法由它们生成一样。它们的和平在于红色,来自上方,来自上帝。上帝保留了在国家与教会之间建立和平的权力。任何试图通过皇权至上主义(Cäsaropapismus)来解决这一冲突的尝试都没有长久存在过。

世界历史曾在哈里发(Khalifat)的体系中给了皇权至上主义一次展现的机会,但这只是发生在一个特定的、适合这种发展形态的大陆背景下,以此展现一种魔幻的幻想,揭示出国家提升后的男性力量和教会提升后的女性力量对神圣的双重篡夺,不过像《一千零一夜》中的海市蜃楼一样。在这里,不存在历史力量的永恒和平,即使像伊斯兰教这样的世界宗教试图强行实现这种和平,它的伟大和全球意义在于,它成了世界精神最杰出的作品之一,用宏伟而丰富的风格来证明某些东西无法存在,或者说它存在只是为了证明它不应存在。提升的对立无法被综合。综合只能存在于简单的对立之间,如在绿色中,即在那些停滞不前的、亚历史性的领域,"人们既不想,也无法继续前进"。

然而,历史想要继续前进,而且能够继续前进。历史并不以综合的方式展开。那些附加在历史上的综合不过是对对立的虚幻掩盖,这些对立在现实中从未被真正超越。始终有一个通往上方、通向上帝的缺口敞开着。拱形结构的拱顶石不会被嵌入。因为两极不会相互接触,因而最终的宁静不会被感受到。那些知道历史是什么的[104]"时间之子"感谢上帝。

"基督教-日耳曼"中世纪的所谓综合是一种虚构的综合。虽然不可否认,这两个元素的对立构成了中世纪,但同样正确的是,它们从未真正达成综合,因此无法在撰写一部关于"神圣罗马帝国"(sacrum imperium)的历史时忽视皇权与教权之间的对立作为主要的推动力。当哈布斯堡家族最终解决了这个对立时——尽管他们的解决也带有某种延迟的因素——这个所谓的"综合"已经不再是"基督教-日耳曼"的了。日耳曼元素退回到了维滕贝格,而反宗教改革本身也不是一种综合文化,而是每一根筋脉都体现了其原生且排他性的天主教本质。

因此,我们接近了思考的目标。通过对国家中提升到整体的正极和教会中提升到同一目标的负极的分析,以及由于它们无法通过综合来统一而产生的不可调和的冲突,我们已经分析了历史必须具备的条件,以便其从亚历史和史前状态中展开自身。火的制作和耕作是男性和女性力量的创造,通过这些力量,它们达到了第一次提升。每一种力量都创造了它自己的机制,并通过"创造"某物,从其自身"被创造"的状态中解脱出来。白色提升为黄色,黑色提升为蓝色。它们的纯机械综合——灰色——在生命面前退却。

然而，这种提升尚未达到真正的自由，因为双方尚未意识到它们正在朝向共同的目标提升：在黄色和蓝色中还没有出现红色的迹象。在红色的光芒出现之前，简单的对立就会满足并愉快地消融于在绿色中，[105]而绿色一直是无历史性和无意识性的肥沃土壤。但是随后，历史的曙光到来了。正极的力量提升为国家，负极的力量提升为教会。所有综合都被抛弃了。新石器时代的农耕社会的无历史性不再被保留。武士和农夫的民族在敌对中相遇，争夺土地：在那里，历史树立起它开端的门楣——金字塔和巴别塔。国家诞生了，从一开始就不曾与教会分离。国家与教会是火的制作与耕作在更高层次上的体现，在历史性的层次上的体现。它们是棕色和紫色，超越了黄色和蓝色。但是，红色在哪里？

我们可以在此结束关于历史起源问题的讨论。显然，历史的起源并不在于史前的绿色，因为绿色代表了对提升原则的背离和对历史的逃避，意味着对无历史性的享受。倘若从这里踏上征服历史的征程，便是让历史陷入史前化；将母亲的国度——那个永远无历史性的世界——带到光明中来，而这种光明并不存在，因为在这里看不到提升，也不相信或不愿提升。因此，最低的东西反而被推向了上方，而这只会带来无序的混乱。当一个历史力量被判定要从历史中退出时，史前主义（Prähistorismus）就出现了。

通过整体性达到自由

[106]但我们尚未完成讨论。在绿色上出现了红色的反照。红色和绿色是彼此相互要求的颜色，正如黄色和紫色、蓝色和橙色是补色一样。然而，歌德并不认为这种反照是敌对的。他甚至不介意对占星术的"悖论性侧视"，并批评了占星术将直接对立与斜对立同样视为有害，将180度的对立与90度的关系都视为有害。相反，歌德认为，满月与太阳的对立是一种友好的关系；满月友好地将它从太阳那里借来的光返回给太阳。诗人基于这样的观点，

认为这种对立并非来自二元性,而是源自三元性(Trinität)。光与黑暗、白与黑或许仍然被视为二元对立,作为绝对的对立存在。

它们的综合——灰色——因此成为死亡的象征。然而,黄色和蓝色并不相互要求,而是黄色要求紫色,即蓝色和红色的混合物。同样,蓝色要求橙色,即黄色和红色的混合物。红色要求绿色,即黄色和蓝色的混合物。因此,三种母色的每一种都与由另外两种母色混合而成的一种颜色相对应,这样在每一种对立关系中都展现了整体性,而在三元对立关系中则展现了整体性的系统。歌德称这种由三种元素参与的对立关系为"真正的和谐"(813)。

[107]绿色的无历史性向红色的超越性敞开。正如在歌德的比喻中,综合体友好地将它从原始现象那里接收到的光返还给它。黑格尔指出,"显现之物"对"抽象之物"极为有用。或许可以进一步比较,从历史性和帝国中被排除的德国成为显现整体光芒的一部分。在其灾难和失势中,德国目睹了欧洲的十字架——美国与亚洲对立所带来的分裂穿过它的土地。这成为这样一个前提:世界的光可以在欧洲的中心升起,带来世界历史意识,即对人类历史有计划和有结构的理解,以及一种不附于任何权力意志的、不会模糊认识的精神。这种精神将人类的整体性吸纳进自身,没有这种精神的扩展,世纪的世界性灾难就无法平息,世界的转折点也无法从死亡的痛苦与新生的阵痛中提炼出其真正的意义。

尽管我们讨论的内容似乎超出了目标,从确定历史的开端要素,即从极性和提升的整体互动中推导出国家和教会,转向确定发展的目标,即所有历史文化的行星级联合,但是仅以国家和教会的现象作为起点仍然是不够的。我们必须预先认识到其中包含的目标导向的演进趋势,否则历史的结果将只是世界历史的"传说"(Mär)。然而,为了[108]不失去线索,有必要进一步探讨我们先前提出并尚未回答的关于红色或超越性的问题,确定红色"作为部分的整体"在所有部分的整体中的地位。因为在色彩的整体性中,红色不仅仅是黄色和蓝色的淡红色化现象，还必须作为红色本身存在。

当然，红色的原则已被向上发展为"肯定之肯定"，发展为那种消除两极平衡的提升，融合光与黑暗于最高的、"可怕"的光中。在这种毁灭性的光中，整体或全能可能在审判日显现。

然而，只有在这样一种情况下，红色的概念才是充分的和正确的：若我们能够从一种真正的"梅菲斯特"式前提（即一切存在的事物都有其毁灭的价值）中得出"梅菲斯特"式的结论，那么最好什么都不产生。然而，古以色列的上帝，即"光与黑暗的主宰"，虽然象征的不是光，而是更本质上的红色，是神性最崇高的显现之一，但在宗教历史中，神性并非仅以这种形式出现，其他形式同样是其本质的一部分。红色也是显现的事物，或是作为部分存在于诸多部分之间的整体。它是显现的上帝的颜色，象征着他的道成肉身。

我们指的是所有宗教教义中最有影响力的教义——"道成肉身"的教义，即"逻格斯"（Logos）现实化的教义。要真正理解文化的传播和融合，这一教义不可或缺。宗教史追溯了这一教义的最早起源，可能追溯到[109]埃及普塔霍特普（Ptahotep）的神秘教义，从那里传递给了希腊人和犹太人。到了基督诞生时，亚历山大的斐洛（Philo von Alexandrien）恰逢其时地总结了这些思想，以便《约翰福音》的作者能够将其应用到基督本人身上。同时，当犹太教转变为基督教时，早期佛教也转变为大乘佛教，佛陀放弃了原始理想，即涅槃（Nirwana），或象征性的绝对红色，即毁灭的红色，而是出于对人类的慈悲，接受了在地球上继续轮回的化身。这一转变——很可能也受到了希腊思想的影响——正如犹太教向基督教的转变一样，使得佛教在远东、基督教在古老世界的最西端都获得了世界使命。通过这一背景，我们更能理解显现整体的原则，即理性的实现、普遍性的个体化或者上帝的道成肉身，对于揭示世界整体的意义与功能。

从这里可以导出一种对三位一体的理解，这种理解也能够使那些认为基督教教义过于僵化、封闭的人获得新的领悟。对这些人来说，三位一体的教义似乎被"封壳"得太过严密，以至于他们无法打开这个"壳"，于是转而求助于那种廉价的嘲讽。然而，这种嘲讽无法真正触及教义的核心，因为若没有深刻的内涵，这一教义不可能成为千年普世真理的基石。然而，教义也无需以拒绝向哲学理解敞开其教义形式的方式去回应这些嘲讽。我们可以将[110]未显现的整体，或绝对红色，即超越的正极性（überpositivität），那超越正负两极的"肯定之肯定"，称为父；将显现的整体，即"部分化的整体"称为子；而将对由三部分组成的整体的认识，即对三位一体总体性的意识称为圣灵。如果我们可以将第一个为我们所知的历史纪元，即基督教前的两千年称为父的纪元，即尚未显现的整体的纪元，并将第二个纪元，即基督教-佛教的两千年，称为子的纪元，那么我们也可以合乎逻辑地推断出，第三个纪元，即20世纪的门槛，应当被解释为圣灵的纪元，在这个纪元中，人类将获得对其整体性的意识，或对其正在形成的有意识的有机体的认识，并出于这一认识而行动。

因此，我们还需要概述圣灵的生命应如何显现和证明自身的存在。这与世界历史的前理解密切相关，因为如果没有这一点，世界历史的构建根本无法进行。并非每一种精神都具有神圣的和治愈的力量。只有那些真正试图充满这种力量、努力将一切与其对立的东西置于其下的精神，才能迈出纪元之路的第一步。这意味着在每一个瞬间，都要拒绝不神圣的诱惑，拒绝那些无法使整体神圣化的力量。正如一种认为十年可以决定千年的自负，源自绿色的无历史性；同样，那些在世界转折之际试图[111]躲入过去的行为也不应被视为虔诚的表现，仿佛这场混乱不是由某种精神引发的，而只是由一小撮偶然的罪恶人物所为。

伦理与整体

为了避免将我们的讨论引向过于不确定的方向,我们在此概述歌德从其光学中引出的伦理观。对于他而言,整体性作为一种态度和行为规范意味着什么？如果在回答这个问题时出现了某些意外,甚至可能是令人不安的东西,我们不应该试图掩盖它。歌德并不像有些人想象的那样,容易被简单理解或轻松接受。他的存在并非为了取悦大众,尽管有时人们试图将他变得更易理解和受欢迎。事实上,尤其是在他的最先进的和最广泛的思想中,他或许比人们想象的要更具革命性,更贴近当代。那些只从他散布在各处的装饰性、暂时性的细节中获得乐趣的人,可能并未真正领会他的深刻思想。值得记住的是,歌德在他的世界观中认为,"生命力"和主体的"权利"在于,主体能够从自身中生成与所面对的对象相对立的对象。因此,光明要求黑暗,而黑暗要求光明。

然而,这种通过对立生成所表现的生命力并不能完全带来满足,原因有两个。首先,任何现象,无论是来自正极还是负极,都是单一的、有限的,并因此具有局限性。这种现象只能引发局部的感受,并不能使整个灵魂共鸣,给人的感觉就像某种不完整的、异常的事物,甚至是病态的。其次,这与另一个问题有关:主体并未真正获得自由。虽然在这种对立生成中,主体通过从自身中产生与外界对立的对象,实现了某种自我解放的行为,但它仍然被困在对立的框架中[112],依然受制于外界。他必须用黑暗对抗光明,用红色对抗绿色,反之亦然。即使这种对立过程带来了提升、技巧的进步,并形成了第二种更高的自然,它也仍然无法带来真正的满足,因为这种更高的自然依然像第一种自然一样将主体束缚住。

艺术作品无法真正解放艺术家,机械论无法解放有机体。因为在这一过程中,经验性的人格总是被忽视,甚至会被其更好的一部分耗尽,因为那更好的一部分完全被投入作品中了。有些创造性的灵魂作为个人可能是难以忍受的。但也有一些人"比他们的作品更伟大",他们通过他们的客观化提升了他们的主观性。这些人甚至达到了"人,成为本质"的最高境界,获得了那种"超然的境界",在这种境界中,束缚我们的普通事物以虚无的幻象落在他们身后。然而,若是他们的第二种更高的自然失去了与第一种自然的联系,且带着一股神圣的气味,他们也会变得令人难以忍受。因为神圣的"气味"不应是本质化(Verwesentlichung)的气息,而是腐败(Verwesung)的气味。

本质化不应切断第二自然与第一自然的联系,就如物理学的世界观不应与感官世界脱离。实际上,关键在于"和谐的对立",即人为与原始、提升与未提升之间的平衡。不仅绿色需要红色(象征着超越性的光芒照进感官世界的腐败中),而且红色也需要绿色,因为超越性并不逃避物质的内在性,也不因毁灭的幻象而消失,而是愿意在世间安顿下来。耶和华(Jehova)在与人类缔约和离开他们之间摇摆不定,直到他决定[113]派遣他的儿子到人类中间。整体想要进入部分,以便部分能够回归整体。

现在请注意这意味着什么。歌德说:

> 我们之前在观看单一颜色时,会在某种程度上产生病理性的反应,在单一的感受中,我们时而感到充满活力与追求,时而感到柔和与渴望,时而被提升到崇高的境界,时而被拉低至平庸。然而,我们天生对整体性的渴望将我们从这种局限中解放出来。(812)

这句话的意义极其深远,而其中的非凡之处在于那毫不掩饰的"时而–时而"。

我们时而升入崇高,时而堕入平庸,然而这两者都限制了我们。无论崇高还是平庸,都以某种病态的方式影响我们,都将我们撕扯开来。撕扯我们的正是单一的事物。如果我们不想被撕扯开来,而是想保持我们本来的状态,保持与生俱来的平衡,那么我们需要的是整体。这个整体既不是平庸,也不是崇高。我们并不需要平庸或崇高,因为我们已经拥有了它们,但它们只能将我们撕裂,无法让我们的本性保持平衡。我们没有的,而我们的本性要求我们去获得的,是整体,而整体超越了善与恶。

这并不是说善与恶不存在于整体中。它们作为部分存在,就像光与黑暗,如同正极与负极一样。也不是说这些部分不能被考察和评判。对部分现象的道德或任何其他批判是必要且有益的。但这种批判无法触及整体。人们可以对历史现象进行道德化,特别是在这些现象还存在或其影响仍然活跃时,[114]因为这是生活的一部分。但是,即便在道德领域,我们尽力避免混乱,这也已经足够了;与此同时,视野会变得开阔,得以看到整体,即人类的本来面貌——世界历史并不被道德化。我们可以这样做,但这本身就是一种自相矛盾。一旦我们这么做了,我们就失去了对整体的意识。当我们这样做时,我们并未让红色成为颜色中的一种,而是用它毁灭性的光芒淹没了所有的部分,这种光芒应属于上帝或自然——在它们想要消灭地球上的人类时代时——而不是属于人类。人类只能道德化个体、部分现象。

然而,这种道德冲突将是无法承受的,除非存在着一个这种冲突并不存在的层次。这个层次就是普遍性或世界历史的层次。在这个层次上,人类的表现,无论是最崇高的还是最卑劣的,都像是自然现象一样,因为人们并不会对地震、海啸或瘟疫进行道德批判。这就是世界历史意识一旦充分发展起来时所能提供的成果:它将展示所有部分共同参与世界整体的计划性建构的协调作用。这种参与将带来一种态度和道德规范,通过对人类整体性的理解而通向自由。歌德的《色彩论》总结道:

> 简单的和谐对立虽然看似简单,但最重要的是,自然通过

整体性来提升我们,走向自由。(813)

我们也可以这样表达:将人类整体视为一种自然现象,[115]其中确实存在善与恶、真与假、美与丑,但这种整体本身,作为一种自然现象,既不善也不恶,既不真也不假,既不美也不丑,这就是宗教。宗教远未使道德变得多余。历史书写不应缺少最尖锐的道德刻画。然而,宗教与道德截然不同。它们的区别就如同部分现象与整体现象的区别。将道德的光明和阴影分配给个体是一回事,将个体作为整体的一部分来看则是另一回事。对于整体而言,黑暗与光明同样具有功能和作用。魔鬼也必须为上帝的圣殿贡献力量。

如果我们将真正意义上的道德关系——即个体被赋予的自由,即决定如何对待自己的生命、是否要从第一自然中提升到第二自然、是否要使自己焕发新生并获得真正的本质——仅仅道德化地理解,那将导致一种柔和的暴力! 甚至在理想的要求中,即每个人都要使用这种自由,这已是何等的暴力! 如果这个世界上只有超人,那么这将不再是自然。试想,如果美善合一(Kalokagathie)将所有人都塑造成希腊理想中的人物,或者救世主的爱在1949年以前就一直统治着人类,这世界会成为什么样子? 也许我们会来到天堂,但那将不再属于自然的范畴。

如果有人由此推断出,这个世界是痛苦与罪恶之谷,那么就应当指责那位创造了这个世界的造物主,无论是上帝还是自然。这种指责也是一种宗教。然而,不可或缺的是这样一种宗教,它不指责自然。[116]恰恰在不指责自然中体现了宗教的本质。事实上,宗教难道不是对"自然为何如此"这一问题的最终回应吗?

上文提到,第一自然与第二自然、有机体与机械体、生命与死亡之间的张力是如此巨大,以至于要使它变得可以承受且富有成效,必须出现第三种更高的事物。这个第三种更高的事物展现为一个整体,在这个整体中,既有提升的部分,也有未提升的部分,正如绿色的存在与红色同样牢固地确立了自己的位置。人类必须、愿意且应该保持原样。作为一个整体,人类不会被提升,不会被道德化,不会被精神化。道德性只属于个体,而个体拥有提升自我的自由。然而,无论个体是否选择提升,这对作为存在的人类整体没有丝毫影响。说基督让人类变得更好,或者柏拉图、康德、佛陀或孔子让人类变得更好,都是不真实的。人类不会变得更好,也不应变得更好。道德的巴别塔并不符合自然的意图。即使这种道德建构符合精神的意图,自然的力量仍然远远强于精神的意图,足以阻止它。只需要一场新的冰河期,就能终结所有自以为能够自我提升的精神的傲慢。这才是所谓的"基督教现实主义"(christlicher Realismus),而不是那种认为人类永远不健康的教义。人类作为整体没有提升,这并不是她病态的表现,否则动物和植物也必须是病态的了。

我们全都是罪人的说法基于两个前提,并使得这种基督教现实主义在实践中如此有成效,这对开发世界和汇聚人类起了非常大的作用,[117]可能是最大的作用。第一个前提表达了本质化对个体而言是自由的,即使是最发达的个体也不能绝对成功地实现这种本质化,因为每个人都必须背负自己的一部分尘世残留。认真对待《山上宝训》(Bergpredigt)中的"要爱你们的仇敌,为那逼迫你们的祷告",即承认每个个体的"罪"以及个体处于第一自然与第二自然的冲突中,并认识到这种冲突或生与死关于生命提升的斗争在原则上无处不在,在每个人身上都存在。因此不该在那些应对得更好和应对得更差的人之间,在"高尚"和"卑贱"之间,做出如此巨大的区别,这是不合适的,因为你们自己也只是高尚与卑贱或多或少的混合体。

是的,如果完全摒弃原罪的概念,仅仅满足于说我们全都是人,这不会减少对人类行为的现实主义评判和处理的深度。这样,在两种自然的斗争中，我们不仅会看到消极、不完美和罪恶，还会感受到同情，甚至是共同的喜悦。我们可以将每个个体内生命与死亡的斗争视为自然的伟大戏剧，崇敬并享受它，而不是因为在上帝面前的堕落而感到羞愧并避而远之。至少，值得认真考虑的是，基督教的爱与对人性的理解是否能够在实践中取得更好的结果。如果我们将这些人性视为消极的、带有原罪的，这是否真的比我们选择将整个复杂的局面[118]转向正面，并在奋斗中的造物中看到积极的一面更好？不应去追求一个人类应该是却不是的理想状态，而应在人类本来的样子中发现伟大的东西。如果人们能够习惯于更多地互相展示彼此的优点而非缺点，更多地谈论各自的长处和成就的可能性，而不是主要关注彼此的弱点和错误，如果人们能够从他人身上挖掘出他们的创造性天赋，并承认每一项成就都必然伴随着局限性，而不是让问题掩盖了真正的价值，让琐碎的事情成为主要焦点，那么这种态度可能比将爱建立在罪恶的基础上更加有助于实现真正的爱。

未来的基督教现实主义要取得成果，另一个重要前提是承认人类整体无法改变，因此即使罪恶以个体不完美的本质化或神圣化的形式顽固地存在于每个个体之中，这罪恶也不能归咎于人类的整体，因为人类作为一个整体既不能也不应被提升。或许确实存在着罪恶的个体，但并不存在罪恶的普遍性。即便所有个体都在犯罪，人类整体也没有犯罪。有一种理想主义，它的崇高之处在于追求一个可能被嘲笑的领域，它或许不是某种超越时空的道德良知的表达，而是反映了某种特定的社会结构。与此相比，现实主义——它也完全可以是基督教的——意味着放弃那些乌托邦式的理想，解除人类背负的、自然并未赋予人类的任务。[119]如果精神试图通过某种违背自然的理想主义崇高（正如弗里德里希·恩格斯对康德和席勒的批评）强加给人类这一任务，现实主义将把精神从这种不切实际的强制中唤回正轨。①

然而，有人会说，如果没有人，甚至连基督都未能提升人类整体的品格，那么所有个体的努力又有何意义呢？是否可以设想，个体被赋予的道德任务即自我提升对整体毫无反应？难道所有个体的生命历程对人类整体的提升毫无影响？如果整体无法提升，甚至不应提升，那么每个个体的提升又有什么意义？难道不应存在某种个体自由与整体自由之间的对应关系吗？如果个体有自由在有限的范围内决定其人生方向，那么难道整体不也应该有一种自由的前景吗？难道人类整体不也应有决定自身命运的自由，否则的话，这种必然停滞是否会让每个个体感到绝望，失去提升自身的动力？难道这种对人类整体任务绝望的情绪，不也是现代个体无目标地陷入存在中的整个无政府状态的根源吗？确实如此。

[120]因此，整体确实经历了提升，并且在整体中也有自由，但整体的提升和自由与个体的提升和自由有根本的不同。整体不是在存在的领域提升，而是在意识的领域提升；整体的自由也仅存在于意识领域，而不在存在领域。今天的人类整体并不比耶稣诞生时更好，它的存在没有改变，但它对自己的意识发生了变化。这种意识不仅是颜色的变化，不是从绿色变为红色的简单转变，而是提升到了对全人类（Allmenschlichen）的意识。所有的颜色在其中得以统一，整个色彩系统在人类面前显现出来。在人类意识的这种提升中，每个个体的提升都作出了贡献，并且这种提升也是每个个体可以作为其历史成就而宣称的荣誉。佛陀和基督并没有改变人类的存在，但他们改变了人类的意识。同样，柏拉图和但丁、康德

---

① 参见恩格斯在其关于路德维希·费尔巴哈的著作中对康德的绝对命令的批评，他认为康德的绝对命令是无力的，因为它要求不可能实现的东西，并且从未达到任何现实性。恩格斯认为，这体现了德国中产阶级对不切实际的理想的"市侩狂热"：这是一种论战形式，但其中的社会历史分析，即对德国版本的世界公民中产阶级哲学的批评，并非没有道理。

和歌德、达尔文和马克思也都改变了人类的意识。

没有一项个体的努力是白费的。即使那些没有留下历史名字的人们,也在历史进程中起到了作用。因为每个在历史上产生影响的个体,都有其父母、子女和朋友。而且,破坏性的灵魂也参与其中。如果教会理应珍视其殉道者,那么,没有戴克里先(244—312),教会又会是什么样?没有阿里曼(Ahriman),琐罗亚斯德教(Zarathustra)又会是什么样?没有成吉思汗(1162—1227)和帖木儿(1336—1405),世界的揭示会是什么样?或许他们根本不是破坏者?

但是,人类整体意识的发展是自由的吗?并不是。它不可能被阻止,就像基督可以选择不接受撒旦的诱惑,[121]或歌德可以选择抵抗康德主义者的诱惑一样。正因为人类精神有机体是"人为的",因此它的形成也是必然的,就像数学-物理学世界观的建构是必然的。前面已经解释了为什么所有人为的、机械的事物都是必然的。然而,即使这个过程的整体是命运的必然性,其中也蕴含着最高的自由。但这最高的自由并不是承认命运的必然性,那还不能称为自由。因为,虽然作为个体的我可以选择不承认人类命运的必然性,甚至可以否认对人类整体性意识的认可,否认它的意义,甚至否认它的存在——有许多历史学家至今仍然否认它——但历史上,它必然会得到承认。

正是在这种必然性中,令人信服的力量才得以展现。个体对人类整体意识的承认或不承认并不重要,因为它必然会被承认。因此,自由不在于承认,因为如果承认是根据世俗-地球法则必然发生的,那么承认就不是真正的自由。真正的自由并不在于拥有做某事或不做某事的自由,而在于达到自由的状态。人们将被从监禁中,即从人类的部分视角中,诸如史前视角、人道主义视角、问题化视角、末世论视角,或任何其他曾经有效的部分视角中带出,进入总体视角的自由。人们被事物的力量、全球进程强行带入自由的整体视角。你可以欢迎这种变化,也可以不欢迎;[122]尽管你心中仍怀有对这些监禁的渴望,但你已经自由了。对于这种被强制带入的自由状态,站在世界当代舞台上的人们可以选择欢喜或不欢喜。你可以将人类数千年来的发展成果视为显现的理性的一项伟大成就,并让所有汇聚而成的思想源泉在你自己的灵魂中流淌。你可以体会到圣灵的存在,它既是神圣的力量,也是治愈的力量,这种精神体现在人类历史上每一位救世者的祭司-医生般的思想和道德中。通过这种自由的提升,也就是通过将被迫的自由状态提升为一种有意识的、被接受的状态,你便形成了对这种自由的积极肯定,即对自由的肯定之肯定,这时你意识到人类整体的统一性展现在其各个部分的协同作用中。

　　这里仍然体现出歌德所认识的主体的生命力,即从外部现实中产生其对立面。因为当下展现的是人类整体,它的对立面在于不将整体视为单一的灰色或单一的斑斓色彩,更不会视为毁灭性的红色。这种对立性不仅对整体存在,而且恰恰是完整地面对整体时才发生的。这个整体仅仅作为一个显现的整体,一个在意识中实现而不是在存在中实现的整体来被理解。这个整体不仅不会消除各部分的存在性,反而在这些部分中展开并延伸。最高的提升或最高的自由,在于保留不自由的状态,即保留那些限制,无论是来自高贵还是卑贱的限制。但这并不是出于对多样性的相对主义欢欣[123](那最多只能作为通向最高自由的预备阶段),而是源于一种更高层次的认知,即个别现象或不自由的状态无论是在光明的正面,还是在黑暗的负面,无论是在道德层面,还是非道德层面,无论是在提升的自然中,还是未提升的自然中,都共同构成了一个体系——色彩的整体。

　　只有这种肯定之肯定的最高的自由承认并容纳这种多样性,承认红色并不被绝对化,而是作为整体中的一部分,并认识到它是从超越领域传达来的使者,它才不会带有那种破坏性,即世界审判者的破坏性角色，这种角色是超越的全能力量为自己保留的，用于人类在完成其生命能量的使命后消亡的那一天。这种自由的幸福，在于能在每一个点、每一种母色和混合色中感受到并意识到多样性的系统，它是生命的动力，也是我们这个时代的宗教。

引导我们去享受这种自由并践行它的途径，不在于部分的神圣化——无论这些部分是多么罪恶或无罪——而在于整体的神圣化，即部分在整体中的服务与崇拜，正如所有个体在人类大教堂中的共同礼拜。这种引导的关键在于证明整体在数千年的历史中是有计划地构建起来的，且只能是如此。这正是通过世界历史的引导。构建世界历史的建筑，如同人类的大教堂，是这一进程的前期工作。当这座建筑竣工时，神职人员将到来，唱响弥撒。

在黑暗中漫步的民族

[124]存在主义者否认世界历史的理性。但仅仅批评存在主义是不够的，它不会因此崩溃。正如它之所以能凭借否定理性和哲学的哲学思想发展壮大，绝非仅仅依靠理论，而是因为它背后有着一种欧洲体验的支撑，这种体验促使其成长，甚至吸引了许多原本可能不会追随它的天才思想家，他们原本可能不会选择用哲学证明哲学本身的无效。这种体验便是欧洲世界时代的终结。因此，这种哲学风格汇聚了各种对立的思想根源：来自丹麦、奥地利、西南德国的影响，新教、天主教和犹太教的思想交织在一起，极端正统与极端自由的理念相互碰撞，最终通过法国无神论的过滤，并经过这种精心的蒸馏，甚至渗透到了戏剧领域。这种真正混合的世界观的代表性特质毋庸置疑，其历史意义是有依据的。欧洲必须在其衰落体验面前做出某种让步，正如这种哲学所展现的那样。

我们与存在主义者达成一致，承认我们处在历史事件的最低点，深陷最黑暗的午夜。然而，我们从这一处境中得出了完全相反的结论。我们想提醒存在主义者阅读歌德在其关于光与色的研究

中最美的段落之一,并[125]希望他们能将其运用于他们的思想:

> 在人类历史中,尤其是在哲学、科学和宗教中,我们注意到,可怜且受限的人类经常将他们最黑暗、最主观的情感和狭隘的感知投射到对宇宙及其死寂现象的观察中,然而这并非恰当的做法。我们承认,光作为生命的源泉,值得一切的尊崇,因为它使我们焕发活力,带来喜悦。但这并不意味着因为黑暗让我们感到不安、冰冷或困倦,所以它就应立刻被视为邪恶的原则而遭到憎恶。相反,我们看到的是,这种态度反映了被现象所支配的忧郁和感官存在的特征。①

在最低点,太阳每天开始重生。对信仰奥西里斯(Osiris)的古埃及人来说,午夜的太阳位置是至福之地。死去的人沐浴在它的光辉中,并未真正死亡。这种地下的光成为人类最初不朽信仰的源泉。用歌德的光学观来解释:在不愿或不能继续前行的未提升存在的绿色中,映射着作为提升原则的红色反光。极性转换发生了。于是,"世界上最微妙的事情"开始了。正如太阳在午夜从下沉到升起的无形转变一样,世界的理性在存在的深渊中得以认识。在帝国的毁灭中,世界历史的意义显现出来。——这段话必须得到深刻的理解!

"最微妙的事物"并不容易理解,它很容易从那些不懂得如何触碰它的手中溜走。有两种[126]截然不同的派别,它们对这种微妙之物毫无敏感,也对极性转换(Umpolarisierung)毫无概念。

一方面是爱国者,我们指的是那些特定类型的爱国者。我们认识他们。即使在1918年之后,我们也更愿意和他们站在一起,而不是和他们的对手结盟,尽管对手的哲学比存在主义者的哲学要崇高得多,因为他们表现出对理性的敬畏和"智识上的正直"。

---

① 《色彩学附录》第25节(象征主义,语言的拟人化)。

这些爱国者认为,世界从未像今天这样被如此多的不理性所统治,如今,一个在不同历史时期,如在亚琛、霍亨斯陶芬、维滕贝格、魏玛和萨克森森林等地充分表现出其卓越能力的国家,却被剥夺了其政治实体,在道德上如同麻风病人般被对待,并被单独归咎为世界缺乏和平的唯一原因。

然而,即便在其尸体上,世界的和平也无法在五年的时间里实现,这让人怀疑,所谓的替罪羊理论是和整个世界历史一样不合逻辑的,而且人类文明从未真正反驳过野蛮。今天,谁还能对德国人谈论世界事件中的理性和"宇宙的崇高现象"?但另一方面的对手只是将水倒在同一磨坊上。这些人在帝国的毁灭和欧洲中心的真空状态中看到了证据,它们证明这里曾存在一种独特的力量,这种力量自其诞生以来,至少自其在勃兰登堡从三十年战争的苦难中不幸复兴以来,便以某种难以捉摸的方式冒犯了世界的良知和理性。即使承认它曾经为世界贡献了最伟大的思想家、诗人[127]和音乐家,这些成就也必须与其政治存在完全无关。必须假定在这种情况下,存在一种精神与权力的非理性脱节,这种脱节被世界理性视为一种可以原谅的重大过失,因为它在终结德国权力方面表现得如此可靠。

当然,也无需提醒大家,普鲁士-德意志的力量在某些时刻确实非常重要,比如在罗斯巴赫(Roßbach)和滑铁卢(Waterloo)的战斗中。像教宗利奥十三世(Leo XIII, 1810—1903)这样具有世界经验的领袖,在 1890 年之后的世界格局变化中发出叹息——"我怀念俾斯麦"(mi manca Bismarck),这并非什么必须重新发掘的冷僻材料。尽管这可能令人不适,但历史必须有一个像皮提亚(Pythia)那样的声音,对这种新德国的中间存在做出解释,并提供一种承认其负面特征的解答。毕竟,古希腊人早就善于通过神谕来解读这种谜题。

在这个阵营中,人们认为,尽管随着岁月的流逝,某些历史可能会得到宽容,这种宽容既可能出于历史兴趣,也可能是为了应对未来世界局势的变化,但有一件事必须毫无疑问地坚持,即德国最近的历史阶段——即使不是威廉时期,至少是希特勒时期——必须永远保持其应有的位置,即在诅咒之中。

首先必须指出的是,这种关于世界理性的构建——它在世界各地都起作用,唯独在德国没有发挥作用——也许会被许多人接受,但绝不会被理性本身所接受。

[128]允许世界理性的偏离只会玷污其威严。此外,我们还需要提出以下问题:什么时候人们才会认识到,通过这种宣传只会再次召唤出那些曾经被两次带到舞台上的幽灵,它们给我们带来了无尽的痛苦和在欧洲最具破坏性的血腥战争造成的损失?难道不应该考虑一下,是否有另一种更有希望成功的出路?难道不应该接受这样的可能性,即纳粹主义的真相若完全由反法西斯者独占,就根本不会被揭示出来?人们难道不该明白"也应当听听另一方的意见"这一原则从来没有被无偿地忽视过?那些没有亲身经历的人,即使他们竭尽全力保持最严格的客观性,又怎么可能知道在那些狭小的思想空间中究竟产生和发展了什么样的普遍观念?他们真的认为不接触真正的核心秘密,一切就能得到充分的解释和澄清吗?这个核心秘密并不在于可以从档案中逐步揭示的高级政党和国家机构的秘密政治,而是这个国家以希特勒绝不可能仅凭暴力或伪造获得的多数支持他的事实。是否因为害怕新法西斯主义(Neufaschismus),就不应该揭示任何真相?因此,法西斯主义的自我批判也不应该公开讨论吗?难道我们就不想知道这些吗?难道我们认为将这些问题强行排除出讨论,就不会恰恰造成想要极力避免的后果,即这些问题在内部发酵、燃烧,并最终有朝一日再次爆发?人们真的相信,[129]德国人追随希特勒仅仅是因为他们对他有一种被禁止的而非一种被允许的快感吗?

即便这是一个生命中的错误——此处并不打算讨论大众"随

从者"当时究竟知道多少恶行——难道要认真声称并相信,一场如德国从 1914 年 8 月到 1945 年 5 月所经历的全国性运动,会在没有强烈的积极动力的情况下产生?我们在两次战争中付出了六百万条生命的代价。我们不仅仅是被国家领导人误导了,也如歌德曾对埃克曼所说的那样:自然的意图总是好的,但她的条件却不尽如人意。我们的命运也是如此引导我们。对于那些被命运牺牲的人,不应通过道德说教的形式来写他们的讣告。我们请求让帝国的墓地得到安宁。对于那些没有完成的事业,以及那些犯下的错误与罪行,代价已经付出——那就是帝国的灭亡。

难道要拒绝在此过程中看到真正的理性?真正的理性并不会仅仅作为消极力量登场。那种认为德意志帝国仅仅因为纯粹的邪恶而存在,并且它的权力和覆灭都没有履行任何历史使命的理论,违背了一切理性。黑格尔和歌德、兰克和俾斯麦的民族充满了理性,不会接受那种由短暂精神错乱所支配的宣传,认为他们只是成了一小撮匪徒的牺牲品,从而自我否定。认识到帝国覆灭的逻辑是一项更高层次的任务,[130]这项任务的解决绝不是通过粗鄙的宣传手段能够实现的。但这并不意味着现在已经到了深入探讨纳粹主义的时刻,或是通过冷静、客观的方式去把握它的个性的时刻,sine ira et studio[不带愤怒和偏见],既不伤害,也不偏爱任何人。

不,愤怒和偏见仍然波涛汹涌。没有人有兴趣知道"事情本身是怎样的"(wie es eigentlich gewesen)。目前纳粹主义的整个篇章在细节上并不引人关注,即使半官方的反法西斯主义者试图收集现有的半真半假的资料,也不会让民族对此更感兴趣。人们几乎可以说这是一个精神错误,并表现出对历史在现实中的有用条件的认识不足。纳粹主义的历史只有在为这些细节构建框架,赋予其尺度和比例,并创造出那种能吸引人的历史前提时才会变得有趣。正如埃里希·马尔克斯(Erich Marcks,1891—1944)曾美妙地表达的那样,历史只有在能够看到伟大事物的伟大、微小事物的微小时,才能真正吸引人。

因此,比起任何对纳粹主义的"客观"描述,更为紧迫的任务是它在全球背景中的普遍性定位。为什么欧洲必须放弃其世界地位?为什么德国必须捍卫它?为什么必须以这种方式捍卫它?这是一个为大陆政治观念、精神历史的反思和一种无情的仁慈下的自我批判提供广阔空间的领域。另一边则是那些狭隘的道德主义,[131]它不给对手任何荣誉,并且将"无论对错,我的国家"(right or wrong, my country)的逻辑排他性地应用于自己。这正是之前所提到的,个体本身根本无法被完全理解,尤其是在涉及纳粹主义这样时间上如此接近、在其第一本性的爆发中如此原始的现象时,情况尤甚。

然而,可以认识到的是那种普遍性,它冷静地超越个体的产物,在其宏大的轨迹中不被个体所扭曲或动摇。如果能够认识到,早在俾斯麦时代德国捍卫欧洲的任务从根本上已经变得不可能,而这种最高的国家艺术只是被历史理性唤起,以展示即便对于它来说,这个任务也是无法解决的;如果认识到,德国的毁灭并不是因为俾斯麦没有找到同等水平的继承者,而是因为他自己已经达到他所能做到的极限,那么我们的理解或许会有所不同。

即使我们不对希特勒最后一次尝试的过度行为进行任何修饰,它也会因此展现出一种不可避免的命运的视角。所有这一切当然并不是在为任何事情开脱,这对任何看过莎士比亚的《理查三世》(Richard III)并理解为什么莎士比亚并非在进行道德审判,而是在进行戏剧化表现的观众来说,都是显而易见的。更何况这是真实的历史,而非虚构的戏剧。

还有一点:当历史已经两次发出它的声音、两次说出同样的话时,任何有意义或尊严的反抗就都不再有了。如果今天仍有人看不到这一点,希望这篇文字能说服他们。第三次布匿战争[132]是一次永远的毁灭。它不仅仅是一次时间上和历史上的毁灭,它是迦太基(Karthago)的永恒死亡。没有发生任何极性转变。布匿元素没有像希腊那样拥有足够的精神资源,使其能够从失去独立的事件中得出其他结论。珀律比俄斯(Polybios,前203—前121)来到罗马,向斯基皮奥家族(Scipionen)教授罗马的历史。廊下学派来到罗马,西塞罗和恺撒则在罗德岛(Rhodos)和雅典学习。人道主义的宗教诞生于各民族的交流中。希腊的神学家们使基督教希腊化。科林多(Korinth)被毁灭五百年后,帝国迁至拜占庭。

在这种变革中,生命力离开了已经变得不再有创造力的领域,转而投向另一空间,在那里,生产力量的集中可以伴随着对意义和成功的信念,尤其是在最艰难的努力中。这里没有任何放弃,除了放弃那些本质上不具有创造性的东西,放弃那种未得到充分净化的良心,在这种良心中,渴望和复仇被融合成一个对过去和未来的呼唤,而这正是通向毁灭的最可靠途径。从更深的意义上说,最具精神性的事物也是政治性的。它不是通过追求隐藏的目的,或者偷偷关注权力的副产品,并将绝对的东西出卖给眼前的成功。放心吧,我们不会像洪堡那样,打算通过创办柏林大学的方式来进行"武装"。但精神性的东西在某种意义上确实是政治性的,因为它"处于时代之中",它不回避为生命中的某项任务服务,也不会在那些无关紧要、可以忽略的事情上徘徊。因此,柏拉图和谢林都将精神性转化为政治性。[133]谢林曾说:

> 哲学不再是科学,而是成为生活,这就是柏拉图所称的politeuein[政治生活],即在其道德总体性中与生活同在并活在其中。

如歌德所说,自然将通过人的感性-道德总体性提升我们到自由之中。如果经过无与伦比的高峰和深渊的跋涉,留下的经验材料使得这个民族必须领悟人类历史进程的计划与意义,从而在内心点燃那光明，这光明在黑暗中为她照耀，那么帝国的力量并非白白存在，也非徒然消亡。这光明不仅仅为她而发，它的使命是让人类在世界转折的混沌中也能得见此光。为了这一使命，这个在古老大陆中心预感到自己将复兴的民族不得不走上通向夜晚的道路，加入那些洞悉太阳在天底运行、掌握现象的生灵之列。

图书在版编目（CIP）数据

普遍历史中的政治单元及其权力 /（德）奥托·韦斯特法尔著；罗晓军译. -- 北京：华夏出版社有限公司，2025.（西方传统：经典与解释）. -- ISBN 978-7-5222-0925-8

Ⅰ．K01

中国国家版本馆CIP数据核字第2025AB0597号

普遍历史中的政治单元及其权力

作　　者	［德］奥托·韦斯特法尔
译　　者	罗晓军
责任编辑	马涛红
美术编辑	殷丽云
责任印制	刘　洋
出版发行	华夏出版社有限公司
经　　销	新华书店
印　　装	北京汇林印务有限公司
版　　次	2025年10月北京第1版 2025年10月北京第1次印刷
开　　本	880×1230　1/32
印　　张	9.875
字　　数	248千字
定　　价	88.00元

华夏出版社有限公司　地址：北京市东直门外香河园北里4号　邮编：100028
网址：www.hxph.com.cn　电话：(010)64663331(转)
若发现本版图书有印装质量问题，请与我社营销中心联系调换。

西方传统：经典与解释
Classici et Commentarii
HERMES
刘小枫◎主编

古今丛编

罗马兴志 [古希腊]珀律比俄斯 著
迷宫的线团 [英]弗朗西斯·培根 著
伊菲革涅亚 吴雅凌 编译
哲学、历史与僭政 [美]伯恩斯、弗罗斯特 编
克尔凯郭尔 [美]江思图 著
货币哲学 [德]西美尔 著
追忆施特劳斯 张培均 编
施特劳斯学述 [德]考夫曼 著
欧洲中世纪诗学选译 宋旭红 编译
论源初遗忘 [美]维克利 著
阅读施特劳斯 [美]斯密什 著
施特劳斯与流亡政治学 [美]谢帕德 著
驯服欲望 [法]科耶夫 等著
孟德斯鸠的自由主义哲学 [美]潘戈 著
莫尔及其乌托邦 [德]考茨基 著
试论古今革命 [法]夏多布里昂 著
但丁：皈依的诗学 [美]弗里切罗 著
在西方的目光下 [英]康拉德 著
大学与博雅教育 董成龙 编
探究哲学与信仰 [美]郝岚 著
民主的本性 [法]马南 著
梅尔维尔的政治哲学 李小均 编/译
席勒美学的哲学背景 [美]维塞尔 著
果戈里与鬼 [俄]梅列日科夫斯基 著
自传性反思 [美]沃格林 著
黑格尔与普世秩序 [美]希克斯 等著
新的方式与制度 [美]曼斯菲尔德 著
科耶夫的新拉丁帝国 [法]科耶夫 等著
《利维坦》附录 [英]霍布斯 著

或此或彼（上、下） [丹麦]基尔克果 著
海德格尔式的现代神学 刘小枫 选编
双重束缚 [法]基拉尔 著
古今之争中的核心问题 [德]迈尔 著
论永恒的智慧 [德]苏索 著
宗教经验种种 [美]詹姆斯 著
尼采反卢梭 [美]凯斯·安塞尔-皮尔逊 著
舍勒思想评述 [美]弗林斯 著
诗与哲学之争 [美]罗森 著
神圣与世俗 [罗]伊利亚德 著
但丁的圣约书 [美]霍金斯 著

古典学丛编

法律与理性 汪雄 娄林 选编
伊壁鸠鲁主义的政治哲学
 [意]詹姆斯·尼古拉斯 著
迷狂与真实之间 [英]哈利威尔 著
品达《皮托凯歌》通释 [英]伯顿 著
俄耳甫斯祷歌 吴雅凌 译注
荷马笔下的诸神与人类德行 [美]阿伦斯多夫 著
赫西俄德的宇宙 [美]珍妮·施特劳斯·克莱 著
论王政 [古罗马]金嘴狄翁 著
论希罗多德 [苏]卢里叶 著
探究希腊人的灵魂 [美]戴维斯 著
尤利安文选 马勇 编/译
论月面 [古罗马]普鲁塔克 著
雅典谐剧与逻各斯 [美]奥里根 著
菜园哲人伊壁鸠鲁 罗晓颖 选编
劳作与时日（笺注本） [古希腊]赫西俄德 著
神谱（笺注本） [古希腊]赫西俄德 著
赫西俄德：神话之艺 [法]居代·德拉孔波 编
希腊古风时期的真理大师 [法]德蒂安 著
古罗马的教育 [英]葛怀恩 著
古典学与现代性 刘小枫 编
表演文化与雅典民主政制
 [英]戈尔德希尔、奥斯本 编
西方古典文献学发凡 刘小枫 编

古典语文学常谈　[德]克拉夫特 著
古希腊文学常谈　[英]多佛 等著
撒路斯特与政治史学　刘小枫 编
希罗多德的王霸之辨　吴小锋 编/译
第二代智术师　[英]安德森 著
英雄诗系笺释　[古希腊]荷马 著
统治的热望　[美]福特 著
论埃及神学与哲学　[古希腊]普鲁塔克 著
凯撒的剑与笔　李世祥 编/译
修昔底德笔下的人性　[美]欧文 著
修昔底德笔下的演说　[美]斯塔特 著
古希腊政治理论　[美]格雷纳 著
赫拉克勒斯之盾笺释　罗逍然 译笺
《埃涅阿斯纪》章义　王承教 选编
维吉尔的帝国　[美]阿德勒 著
塔西佗的政治史学　曾维术 编
幽暗的诱惑　[美]汉密尔顿 著

古希腊诗歌丛编
古希腊早期诉歌诗人　[英]鲍勒 著
诗歌与城邦　[美]费拉格、纳吉 主编
阿尔戈英雄纪（上、下）
　[古希腊]阿波罗尼俄斯 著
俄耳甫斯教辑语　吴雅凌 编译

古希腊肃剧注疏
欧里庇得斯及其对雅典人的教诲
　[美]格里高利 著
欧里庇得斯与智术师　[加]科纳彻 著
欧里庇得斯的现代性　[法]德·罗米伊 著
自由与僭越　罗峰 编译
希腊肃剧与政治哲学　[美]阿伦斯多夫 著

古希腊礼法研究
宙斯的正义　[英]劳埃德-琼斯 著
希腊人的正义观　[英]哈夫洛克 著

廊下派集
剑桥廊下派指南　[加]英伍德 编
廊下派的苏格拉底　程志敏 徐健 选编
廊下派的神和宇宙　[墨]里卡多·萨勒斯 编
廊下派的城邦观　[英]斯科菲尔德 著

希伯莱圣经历代注疏
希腊化世界中的犹太人　[英]威廉逊 著
第一亚当和第二亚当　[德]朋霍费尔 著

新约历代经解
属灵的寓意　[古罗马]俄里根 著

基督教与古典传统
保罗与马克安　[德]文森 著
加尔文与现代政治的基础　[美]汉考克 著
无执之道　[德]文森 著
恐惧与战栗　[丹麦]基尔克果 著
托尔斯泰与陀思妥耶夫斯基
　[俄]梅列日科夫斯基 著
论宗教大法官的传说　[俄]罗赞诺夫 著
海德格尔与有限性思想（重订版）
　刘小枫 选编
上帝国的信息　[德]拉加茨 著
基督教理论与现代　[德]特洛尔奇 著
亚历山大的克雷芒　[意]塞尔瓦托·利拉 著
中世纪的心灵之旅　[意]圣·波纳文图拉 著

德意志古典传统丛编
传奇与诗　[德]特蕾西娅·比肯豪尔 著
论德意志文学及其他　[德]弗里德里希二世 著
卢琴德　[德]弗里德里希·施勒格尔 著
黑格尔论自我意识　[美]皮平 著
克劳塞维茨论现代战争　[澳]休·史密斯 著
《浮士德》发微　谷裕 选编
尼伯龙人　[德]黑贝尔 著
论荷尔德林　[德]沃尔夫冈·宾德尔 著
彭忒西勒亚　[德]克莱斯特 著
穆佐书简　[奥]里尔克 著

纪念苏格拉底——哈曼文选　刘新利 选编
夜颂中的革命和宗教　[德]诺瓦利斯 著
大革命与诗化小说　[德]诺瓦利斯 著
黑格尔的观念论　[美]皮平 著
浪漫派风格——施勒格尔批评文集　[德]施勒格尔 著

巴洛克戏剧丛编

克里奥帕特拉　[德]罗恩施坦 著
君士坦丁大帝　[德]阿旺西尼 著
被弑的国王　[德]格吕菲乌斯 著

美国宪政与古典传统

美国1787年宪法讲疏　[美]阿纳斯塔普罗 著

启蒙研究丛编

动物哲学　[法]拉马克 著
赫尔德的社会政治思想　[加]巴纳德 著
论古今学问　[英]坦普尔 著
历史主义与民族精神　冯庆 编
浪漫的律令　[美]拜泽尔 著
现实与理性　[法]科维纲 著
论古人的智慧　[英]培根 著
托兰德与激进启蒙　刘小枫 编
图书馆里的古今之战　[英]斯威夫特 著

政治史学丛编

大国更迭与普遍历史　刘小枫 编
普遍历史中的政治单元及其权力
[德]奥托·韦斯特法尔 著
启蒙叙事　[英]欧布里恩 著
历史分期与主权　[美]凯瑟琳·戴维斯 著
驳马基雅维利　[普鲁士]弗里德里希二世 著
现代欧洲的基础　[英]赖希 著
克服历史主义　[德]特洛尔奇 等著
胡克与英国保守主义　姚啸宇 编
古希腊传记的嬗变　[意]莫米利亚诺 著
伊丽莎白时代的世界图景　[英]蒂利亚德 著
西方古代的天下观　刘小枫 编

从普遍历史到历史主义　刘小枫 编
自然科学史与玫瑰　[法]雷比瑟 著

地缘政治学丛编

地缘政治学的黄昏　[美]汉斯·魏格特 著
大地法的地理学　[英]斯蒂芬·莱格 编
地缘政治学的起源与拉采尔　[希腊]斯托杨诺斯 著
施米特的国际政治思想　[英]欧迪瑟乌斯/佩蒂托 编
克劳塞维茨之谜　[英]赫伯格-罗特 著
太平洋地缘政治学　[德]卡尔·豪斯霍弗 著

世界历史与地理丛编

黑格尔世界史哲学疏证　[美]彼得·霍奇森 著
施米特与国际战略　[德]埃里希·瓦德 著
布克哈特书信选　[瑞士]雅各布·布克哈特 著

荷马注疏集

不为人知的奥德修斯　[美]诺特维克 著
模仿荷马　[美]丹尼斯·麦克唐纳 著

阿里斯托芬集

《阿卡奈人》笺释　[古希腊]阿里斯托芬 著

色诺芬注疏集

居鲁士的教育　[古希腊]色诺芬 著
色诺芬的《会饮》　[古希腊]色诺芬 著

柏拉图注疏集

《苏格拉底的申辩》集注　程志敏 辑译
挑战戈尔戈　李致远 选编
论柏拉图《高尔吉亚》的统一性　[美]斯托弗 著
立法与德性——柏拉图《法义》发微　林志猛 编
柏拉图的灵魂学　[加]罗宾逊 著
柏拉图书简　彭磊 译注
克力同章句　程志敏 郑兴凤 撰
哲学的奥德赛——《王制》引论　[美]郝兰 著
爱欲与启蒙的迷醉　[美]贝尔格 著
为哲学的写作技艺一辩　[美]伯格 著
柏拉图式的迷宫——《斐多》义疏　[美]伯格 著
苏格拉底与希琵阿斯　王江涛 编译

理想国　[古希腊]柏拉图 著
谁来教育老师　刘小枫 编
立法者的神学　林志猛 编
柏拉图对话中的神　[法]薇依 著
厄庇诺米斯　[古希腊]柏拉图 著
智慧与幸福　程志敏 选编
论柏拉图对话　[德]施莱尔马赫 著
柏拉图《美诺》疏证　[美]克莱因 著
政治哲学的悖论　[美]郝岚 著
神话诗人柏拉图　张文涛 选编
阿尔喀比亚德　[古希腊]柏拉图 著
叙拉古的雅典异乡人　彭磊 选编
阿威罗伊论《王制》　[阿拉伯]阿威罗伊 著
《王制》要义　刘小枫 选编
柏拉图的《会饮》　[古希腊]柏拉图 等著
苏格拉底的申辩（修订版）　[古希腊]柏拉图 著
苏格拉底与政治共同体　[美]尼柯尔斯 著
政制与美德——柏拉图《法义》疏解　[美]潘戈 著
《法义》导读　[法]卡斯代尔·布舒奇 著
论真理的本质　[德]海德格尔 著
哲人的无知　[德]费勃 著
米诺斯　[古希腊]柏拉图 著
情敌　[古希腊]柏拉图 著

亚里士多德注疏集

亚里士多德论政体　崔嵬、程志敏 编
《诗术》译笺与通绎　陈明珠 撰
亚里士多德《政治学》中的教诲　[美]潘戈 著
品格的技艺　[美]加佛 著
亚里士多德哲学的基本概念　[德]海德格尔 著
《政治学》疏证　[意]托马斯·阿奎那 著
尼各马可伦理学义疏　[美]罗娜·伯格 著
哲学之诗　[美]戴维斯 著
对亚里士多德的现象学解释　[德]海德格尔 著
城邦与自然——亚里士多德与现代性　刘小枫 编
论诗术中篇义疏　[阿拉伯]阿威罗伊 著

哲学的政治　[美]戴维斯 著

普鲁塔克集

普鲁塔克的《对比列传》　[英]达夫 著
普鲁塔克的实践伦理学　[比利时]胡芙 著

阿尔法拉比集

政治制度与政治箴言　阿尔法拉比 著

马基雅维利集

解读马基雅维利　[美]麦考米克 著
君主及其战争技艺　娄林 选编

莎士比亚绎读

哲人与王者　[加]克雷格 著
莎士比亚的罗马　[美]坎托 著
莎士比亚的政治智慧　[美]伯恩斯 著
脱节的时代　[匈]阿格尼斯·赫勒 著
莎士比亚的历史剧　[英]蒂利亚德 著
莎士比亚戏剧与政治哲学　彭磊 选编
莎士比亚的政治盛典　[美]阿鲁里斯/苏利文 编
丹麦王子与马基雅维利　罗峰 选编

洛克集

洛克现代性政治学之根　[加]金·I.帕克 著
上帝、洛克与平等　[美]沃尔德伦 著

卢梭集

致博蒙书　[法]卢梭 著
政治制度论　[法]卢梭 著
哲学的自传　[美]戴维斯 著
文学与道德杂篇　[法]卢梭 著
设计论证　[美]吉尔丁 著
卢梭的自然状态　[美]普拉特纳 等著
卢梭的榜样人生　[美]凯利 著

莱辛注疏集

汉堡剧评　[德]莱辛 著
关于悲剧的通信　[德]莱辛 著
智者纳坦（研究版）　[德]莱辛 等著
启蒙运动的内在问题　[美]维塞尔 著

莱辛剧作七种　[德]莱辛 著
历史与启示——莱辛神学文选　[德]莱辛 著
论人类的教育　[德]莱辛 著

尼采注疏集
尼采引论　[德]施特格迈尔 著
尼采与基督教　刘小枫 编
尼采眼中的苏格拉底　[美]丹豪瑟 著
动物与超人之间的绳索　[德]A.彼珀 著

施特劳斯全集
思索马基雅维利
论法拉比与迈蒙尼德
苏格拉底与阿里斯托芬
论僭政（重订本）　[美]施特劳斯 [法]科耶夫 著
苏格拉底问题与现代性（第三版）
犹太哲人与启蒙（增订本）
霍布斯的宗教批判
斯宾诺莎的宗教批判
门德尔松与莱辛
哲学与律法——论迈蒙尼德及其先驱
迫害与写作艺术
柏拉图式政治哲学研究
论柏拉图的《会饮》
柏拉图《法义》的论辩与情节
什么是政治哲学
古典政治理性主义的重生（重订本）
回归古典政治哲学——施特劳斯通信集

施特劳斯讲学录
《王制》讲疏
洛克的政治哲学
马克思的政治哲学
苏格拉底面对美诺
维柯讲疏
苏格拉底与居鲁士
追求高贵的修辞术

——柏拉图《高尔吉亚》讲疏（1957）
斯宾诺莎的政治哲学

施米特集
宪法专政　[美]罗斯托 著
施米特对自由主义的批判　[美]约翰·麦考米克 著

伯纳德特集
古典诗学之路（第二版）　[美]伯格 编
弓与琴（第三版）　[美]伯纳德特 著
神圣的罪业　[美]伯纳德特 著

布鲁姆集
伊索克拉底的政治哲学
巨人与侏儒（1960-1990）
人应该如何生活——柏拉图《王制》释义
爱的设计——卢梭与浪漫派
爱的戏剧——莎士比亚与自然
爱的阶梯——柏拉图的《会饮》

沃格林集
自传体反思录

朗佩特集
施特劳斯与尼采
哲学与哲学之诗
尼采与现时代
尼采的使命
哲学如何成为苏格拉底式的
施特劳斯的持久重要性

迈尔集
施米特的教训
何为尼采的扎拉图斯特拉
政治哲学与启示宗教的挑战
隐匿的对话
论哲学生活的幸福

柏拉图全集
    柏拉图全集：中短篇作品
    柏拉图全集：理想国
    柏拉图全集：法义

阅读柏拉图
    默涅克塞诺斯
    克里同
    帕默尼德
    希琵阿斯
    苏格拉底的申辩
    普罗塔戈拉
    吕西斯

大学素质教育读本
    古典诗文绎读 西学卷·古代编（上、下）
    古典诗文绎读 西学卷·现代编（上、下）